全国“八五”普法
普法知识题集系列 2

U0862501

国家工作人员

GUOJIA GONGZUO RENYUAN

普法知识题集

PUFA ZHISHI TIJI

中国法制出版社
CHINA LEGAL PUBLISHING HOUSE

图书在版编目（CIP）数据

国家工作人员普法知识题集／中国法制出版社编
．—北京：中国法制出版社，2021.6
（普法知识题集系列）
ISBN 978－7－5216－1746－7

Ⅰ.①国… Ⅱ.①中… Ⅲ.①法律－中国－习题集
Ⅳ.①D92－44

中国版本图书馆 CIP 数据核字（2021）第 049392 号

策划统筹 胡 斌 唐 鹍
责任编辑 李连宇　　封面设计 李 宁

国家工作人员普法知识题集
GUOJIA GONGZUO RENYUAN PUFA ZHISHI TIJI

经销/新华书店
编者/中国法制出版社
印刷/三河市紫恒印装有限公司
开本/880 毫米×1230 毫米 32 开　　印张/8.5 字数/213 千
版次/2021 年 6 月第 1 版　　2021 年 6 月第 1 次印刷

中国法制出版社出版
书号 ISBN 978－7－5216－1746－7　　定价：35.00 元

北京西单横二条 2 号
邮政编码 100031　　传真：010－66031119
网址：http：//www.zgfzs.com　　编辑部电话：010－66066820
市场营销部电话：010－66033393　　邮购部电话：010－66033288

（如有印装质量问题，请与本社印务部联系调换。电话：010－66032926）

编辑说明

当前，我国已开启全面建设社会主义现代化国家新征程，进入新发展阶段。通过开展“八五”普法，使公民法治素养和社会治理法治化水平显著提升，形成全社会尊法学法守法用法的良好氛围。多层次多领域依法治理深入推进，全社会办事依法、遇事找法、解决问题用法、化解矛盾靠法的法治环境显著改善。

提升公民法治素养是全民普法的主要目标，也是全面依法治国的迫切要求，要突出重点对象，分层分类指导。实行公民终身法治教育制度，把法治教育纳入干部教育体系、国民教育体系、社会教育体系，不断提升全体公民法治意识和法治素养。坚持学用结合、普治并举。注重在立法、执法、司法和法律服务过程中开展实时普法，把普法深度融入立法、执法、司法和法律服务全过程，把普法融入法治实践、基层治理和日常生活。

为配合“八五”普法工作需要，我们组织编写了“普法知识题集系列丛书”。定位普法，覆盖公民、国家工作人员、领导干部、青少年、企业人员等，题型丰富、解析精准、难度适中，从试题角度为普法工作学习提供检验测试工具。丛书具有以下特点：

一、题型丰富。题型涵盖判断题、单选题、多选题、填空题、简答题，完备系统。

二、解析精准。习题均附有参考答案，解析有法律条文做依据，精准可靠。部分判断题、填空题的解析出于节省篇幅考虑，只列出答案和条文序号。

三、难度适中。习题设置避免难题、偏题、怪题，以突出应知应会和重点条文为出发点设置。

本丛书既适合机关、团体、学校、企业、事业单位等组织相关培训配套使用，也适合有学习需求的广大读者阅读。希望本丛书的出版能够有助于引导广大读者养成自觉守法的意识，形成遇事找法的习惯，培养解决问题靠法的意识和能力。为建设信仰法治、公平正义、保障权利、守法诚信、充满活力、和谐有序的社会主义法治社会贡献一份力量。

由于时间和水平有限，不足之处在所难免，敬请广大读者批评指正。

中国法制出版社

2021 年 6 月

目录

一、宪　法……………………………………………………………… 1
二、立法法 ……………………………………………………………… 15
三、地方各级人民代表大会和地方各级人民政府组织法 ………… 26
四、监察法 ……………………………………………………………… 33
五、国家安全法 ………………………………………………………… 47
六、网络安全法 ………………………………………………………… 60
七、保守国家秘密法 …………………………………………………… 66
八、反间谍法 …………………………………………………………… 73
九、反恐怖组织法 ……………………………………………………… 79
十、民族区域自治法 …………………………………………………… 90
十一、公务员法 ………………………………………………………… 95
十二、法官法…………………………………………………………… 107
十三、检察官法………………………………………………………… 114
十四、公职人员政务处分法…………………………………………… 120
十五、治安管理处罚法………………………………………………… 153
十六、行政强制法……………………………………………………… 159
十七、行政许可法……………………………………………………… 165
十八、行政复议法……………………………………………………… 172
十九、行政处罚法……………………………………………………… 178
二十、行政诉讼法……………………………………………………… 185
二十一、国家赔偿法…………………………………………………… 194
二十二、民法典………………………………………………………… 200
二十三、民事诉讼法…………………………………………………… 209

二十四、刑　法 …… 215
二十五、刑事诉讼法 …… 228
二十六、税收征收管理法 …… 235
二十七、土地管理法 …… 240
二十八、城市房地产管理法 …… 245
二十九、城乡规划法 …… 250
三十、环境保护法 …… 255
三十一、环境影响评价法 …… 260

一、宪　法

（一）判断题

1. 国家的根本任务是，沿着中国特色社会主义道路，进行社会主义现代化经济建设。（　　）
2. 完成统一祖国的大业是包括台湾同胞在内的全中国人民的神圣职责。（　　）
3. 爱国统一战线是由中国共产党领导，有各民主党派和各人民团体参加的广泛联盟，包括全体社会主义劳动者、社会主义事业的建设者、拥护社会主义的爱国者、拥护祖国统一和致力于中华民族伟大复兴的爱国者。（　　）
4. 中国人民政治协商会议是有广泛代表性的统一战线组织，过去发挥了重要的历史作用，今后在国家政治生活、社会生活和对外友好活动中，在进行社会主义现代化建设、维护国家的统一和团结的斗争中，将进一步发挥它的重要作用。（　　）
5. 任何组织或者个人都不得有超越宪法的特权，可以在特殊的情况下超越法律的界限。（　　）
6. 一切国家机关实行精简的原则，实行领导责任制，实行工作人员的培训和考核制度。（　　）
7. 一切国家机关要不断提高工作质量和工作效率，反对官僚主义。（　　）
8. 一切国家机关和国家工作人员必须依靠人民的支持，经常保持同人民的密切联系，倾听人民的意见和建议，接受人民的监督，努力为人民服务。（　　）
9. 国家工作人员就职时应当依照法律规定秘密进行宪法宣誓。（　　）
10. 任何国家机关、社会团体和个人不得强制公民信仰或不信仰宗教，不得歧视信仰和不信仰宗教的公民。（　　）
11. 因国家安全或者追查民事、行政、刑事案件的需要，公安机关、检察机关可以依法对公民的通信进行检查。（　　）

12. 全国人大有权罢免国家主席、副主席，国务院总理、副总理，中央军委会主席，最高人民法院院长和最高人民检察院检察长。(　　)
13. 全国人大各专门委员会由全国人大产生，受全国人大领导，与全国人大常委会是平级关系。(　　)
14. 国务院每届任期与全国人大相同，总理、副总理、国务委员连续任职不得超过两届。(　　)
15. 国务院有权批准省、自治区、直辖市的区域划分，批准自治州、县、自治县、市的建置和区域划分。(　　)
16. 人民法院依照法律规定独立行使审判权，不受任何国家机关、社会团体和个人的干涉。(　　)
17. 监察机关独立办理职务违法和职务犯罪案件，不受审判机关、检察机关的干涉。(　　)

（二）单项选择题

1. (　　)是中国特色社会主义最本质的特征。

A. 中国共产党的领导　　B. 党的政治建设
C. 党的思想建设　　D. 改革开放

2. 除因国家安全或者追查刑事犯罪的需要，由公安机关或者(　　)依照法律规定的程序对通信进行检查外，任何组织或者个人不得以任何理由侵犯公民的通信自由和通信秘密。

A. 监察机关　　B. 司法机关
C. 检察机关　　D. 其他执法机关

3. 我国《宪法》规定，宪法的修改，由全国人民代表大会常务委员会或者(　　)以上的全国人民代表大会代表提议，并由全国人民代表大会以全体代表的(　　)以上多数通过。

A. 四分之一；三分之二　　B. 三分之一；三分之二
C. 五分之一；三分之二　　D. 四分之一；二分之一

4. 有权决定特别行政区设立的国家机关是：(　　)

A. 全国人民代表大会　　B. 全国人大常委会
C. 国务院　　D. 国家主席

5. 下列选项中，不由全国人民代表大会选举的是：(　　)
A. 中华人民共和国副主席　　B. 最高人民法院院长
C. 国务院副总理　　D. 最高人民检察院检察长

6. 在我国，有权制定和修改刑事、民事、国家机构的和其他的基本法律的是：(　　)
A. 最高人民法院
B. 全国人民代表大会
C. 全国人民代表大会常务委员会
D. 全国人民代表大会和国务院

7. 最高人民法院(　　)地方各级人民法院的审判工作，最高人民检察院(　　)地方各级人民检察院的工作。
A. 监督；领导　　B. 领导；领导
C. 领导；监督　　D. 监督；监督

8. 全国人大常委会的重要日常工作由(　　)处理。
A. 委员长　　B. 委员长会议
C. 秘书长　　D. 各专门委员会

9. 中华人民共和国主席、副主席都缺位的时候，由全国人民代表大会补选。在补选以前，应由(　　)暂时代理主席职位。
A. 最高人民法院院长
B. 中央军事委员会主席
C. 国务院总理
D. 全国人民代表大会常务委员会委员长

10. 省辖市人民代表大会常务委员会的组成人员可以担任的职位是：(　　)
A. 市委政法委书记　　B. 市司法局局长
C. 市中级人民法院院长　　D. 市人民检察院检察长

11. 有权决定乡、民族乡、镇的建置和区域划分的是：(　　)
A. 国务院　　B. 省人民政府
C. 省辖市人民政府　　D. 县人民政府

12. 全国人民代表大会每年举行一次，由(　　)召集。
A. 全国人民代表大会常务委员会

B. 全国人民代表大会主席团

C. 委员长会议

D. 委员长

13. 在全国人民代表大会闭会期间，全国人民代表大会常务委员会有权审查和批准国民经济和社会发展计划、国家预算在执行过程中所必须作的(　　)调整方案。

A. 整体　　B. 部分

C. 重大　　D. 个别

14. 全国人民代表大会会议每年举行一次。如果全国人民代表大会认为有必要，或者有(　　)以上的全国人民代表大会代表提议，可以临时召集全国人民代表大会会议。

A. 八分之一　　B. 七分之一

C. 六分之一　　D. 五分之一

15. 下列选项中哪项是国务院的职权？(　　)

A. 批准特别行政区的设立

B. 批准省、自治区、直辖市的区域划分

C. 批准同国外缔结的条约

D. 批准全国总动员

16. 下列说法错误的是：(　　)

A. 国家监察委员会是最高监察机关

B. 地方各级监察委员会对国家监察委员会负责

C. 上级监察委员会与下级监察委员会是领导与被领导的关系

D. 监察委员会依法独立行使监察权

(三) 多项选择题

1. 中央和地方的国家机构职权的划分，遵循在中央的统一领导下，充分发挥地方的(　　)的原则。

A. 主动性　　B. 组织性

C. 调动性　　D. 积极性

2. 下列哪些选项的内容是国家机关工作人员必须要做到的？（　　）
   A. 经常保持同人民的密切联系　　B. 倾听人民的意见和建议
   C. 接受人民的监督　　D. 努力为人民服务
3. 按照我国《宪法》的规定，下列属于全国人民代表大会常务委员会的职权的是：（　　）
   A. 解释宪法和法律
   B. 决定特别行政区的设立及其制度
   C. 决定省、自治区、直辖市范围内部分地区进入紧急状态
   D. 监督宪法的实施
4. 全国人大常委会的组成人员不得兼任：（　　）
   A. 国家行政机关职务　　B. 民主党派的领导职务
   C. 国家审判机关的职务　　D. 国家检察机关的职务
5.《宪法》的修改由（　　）提议，并由全国人民代表大会通过。
   A. 全国人民代表大会主席团
   B. 全国人大常委会
   C. 全国人民代表大会的各专门委员会
   D. 五分之一以上的全国人民代表大会代表
6.《宪法》规定，连续任职不得超过两届的国务院组成人员有：（　　）
   A. 总理　　B. 副总理
   C. 秘书长　　D. 国务委员
7. 根据《宪法》的规定，关于动员和紧急状态的决定权，下列哪些选项是正确的？（　　）
   A. 全国人大常委会有权决定全国总动员
   B. 全国人大常委会有权决定全国进入紧急状态
   C. 国务院有权决定个别省、自治区、直辖市进入紧急状态
   D. 国务院有权决定局部动员
8. 根据《宪法》的规定，下列哪些选项是正确的？（　　）
   A. 国务院由总理、副总理、国务委员、秘书长组成
   B. 国务院常务会议由总理、副总理、国务委员、秘书长组成
   C. 国务院有权改变或者撤销地方各级国家行政机关的不适当的决定和命令

D. 国务院依法决定省、自治区、直辖市的范围内部分地区进入紧急状态

9. 全国人民代表大会各专门委员会在(　　)领导下，研究、审议和拟订有关议案。

A. 全国人民代表大会　　B. 全国人大常委会

C. 全国人大常委会委员长　　D. 全国人大常委会办公厅

10. 根据《宪法》，下列人员中，由国家主席任命的有：(　　)

A. 国务院总理　　B. 国务院秘书长

C. 中央军委主席　　D. 国家副主席

11. 关于全国人大常委会，下列选项中表述正确的有：(　　)

A. 组成人员必须是全国人大代表

B. 组成人员连续任职不得超过两届

C. 组成人员不得兼任行政机关、监察机关、审判机关和检察机关的职务

D. 组成人员中必须有少数民族的代表

12. 下列选项属于全国人大常委会职权的有：(　　)

A. 决定战争和和平的问题　　B. 决定战争状态的宣布

C. 决定全国总动员　　D. 决定全国进入紧急状态

13. 国家主席行使下列哪些职权，需要根据全国人大或全国人大常委会的决定？(　　)

A. 代表国家接受外交使节　　B. 授予勋章和荣誉称号

C. 任免国务院副总理　　D. 进行国事活动

14. 根据我国《宪法》的规定，下列有关审计机关的表述哪些是正确的？(　　)

A. 县级以上的地方各级人民政府设立审计机关

B. 国务院审计机关对国务院各部门和地方各级政府的财政收支，对国家财政金融机构和企事业组织的财政收支进行审计监督

C. 国务院审计机关在国务院总理领导下，依照法律规定独立行使审计监督权，不受其他行政机关、社会团体和个人的干涉

D. 地方各级审计机关依照法律规定独立行使审计监督权，不对同级人民政府负责

15. 根据《宪法》的规定，下列哪些选项是不正确的？(　　)
   A. 中华人民共和国主席对全国人大及其常委会负责
   B. 国务院对全国人大负责并报告工作，在全国人大闭会期间对全国人大常委会负责并报告工作
   C. 最高人民法院、最高人民检察院对全国人大及其常委会负责
   D. 中央军事委员会对全国人大负责并报告工作，在全国人大闭会期间对全国人大常委会负责并报告工作
16. 下列说法正确的有：(　　)
   A. 监察委员会主任每届任期同本级人民代表大会每届任期相同
   B. 国家监察委员会主任连续任职不得超过五年
   C. 上下级监察委员会是领导与被领导的关系
   D. 监察委员会的组织和职权由国务院决定

(四) 填空题

1. ____领导的、以____为基础的____，实质上即无产阶级专政，得到巩固和发展。
2. 国家的根本任务是，沿着____社会主义道路，集中力量进行____建设。
3. 中国各族人民将继续在中国共产党领导下，在马克思列宁主义、毛泽东思想、邓小平理论、“三个代表”重要思想、____、____指引下，坚持____，坚持____，坚持____，不断完善社会主义的各项制度。
4. 中华人民共和国是全国各族人民共同缔造的____国家。____的社会主义民族关系已经确立，并将继续加强。在维护民族团结的斗争中，要反对____，主要是____，也要反对____。国家尽一切努力，促进全国各民族的共同繁荣。
5. 一切国家机关和武装力量、各政党和各社会团体、各企业事业组织都必须遵守____和____。一切违反宪法和法律的行为，必须____。
6. 全国人民代表大会由省、____、直辖市、____和____选出的代表组成。各____都应当有适当名额的代表。
7. 全国人民代表大会任期届满的____以前，全国人民代表大会常务委员会必须完成下届全国人民代表大会代表的选举。如果遇到不能进行选举的

非常情况，由全国人民代表大会常务委员会以全体组成人员的____以上的多数通过，可以推迟选举，延长本届全国人民代表大会的任期。在非常情况结束后____内，必须完成下届全国人民代表大会代表的选举。

8. 全国人民代表大会会议由____召集。全国人民代表大会举行会议的时候，选举____主持会议。
9. 如果全国人民代表大会常务委员会认为必要，或者有____以上的全国人民代表大会代表提议，可以临时召集全国人民代表大会会议。
10. 全国人民代表大会根据中华人民共和国____的提名，决定____的人选；根据国务院总理的提名，决定____、国务委员、各部部长、各委员会主任、审计长、秘书长的人选。
11. 全国人民代表大会常务委员会的组成人员不得担任国家____机关、____机关、____机关和____机关的职务。
12. ____以上的地方各级____设立审计机关。地方各级审计机关依照法律规定独立行使审计监督权，对本级____和上一级____负责。
13. 国家监察委员会对____和____负责。地方各级监察委员会对产生它的____和____负责。

(五) 简答题

简述国务院的职权。

参考答案

(一) 判断题

1. ×，解析：根据《宪法》序言第七自然段，国家的根本任务是，沿着中国特色社会主义道路，集中力量进行社会主义现代化建设。
2. √，解析：《宪法》序言第九自然段。
3. √，解析：《宪法》序言第十自然段。
4. √，解析：《宪法》序言第十自然段。
5. ×，解析：《宪法》第 5 条第 5 款规定，任何组织或者个人都不得有超越宪法和法律的特权。

6. ×，解析：《宪法》第 27 条第 1 款规定，一切国家机关实行精简的原则，实行工作责任制，实行工作人员的培训和考核制度，不断提高工作质量和工作效率，反对官僚主义。
7. √，解析：《宪法》第 27 条第 1 款。
8. √，解析：《宪法》第 27 条第 2 款。
9. ×，解析：《宪法》第 27 条第 3 款规定，国家工作人员就职时应当依照法律规定公开进行宪法宣誓。
10. √，解析：《宪法》第 36 条第 2 款。
11. ×，解析：《宪法》第 40 条规定，中华人民共和国公民的通信自由和通信秘密受法律的保护。除因国家安全或者追查刑事犯罪的需要，由公安机关或者检察机关依照法律规定的程序对通信进行检查外，任何组织或者个人不得以任何理由侵犯公民的通信自由和通信秘密。
12. √，解析：《宪法》第 63 条。
13. ×，解析：根据《宪法》第 70 条第 1 款，在全国人民代表大会闭会期间，各专门委员会受全国人民代表大会常务委员会的领导。
14. √，解析：《宪法》第 87 条。
15. √，解析：《宪法》第 89 条第 15 项。
16. ×，解析：《宪法》第 131 条规定，人民法院依照法律规定独立行使审判权，不受行政机关、社会团体和个人的干涉。
17. ×，解析：《宪法》第 127 条第 1 款规定，监察委员会依照法律规定独立行使监察权，不受行政机关、社会团体和个人的干涉。

（二）单项选择题

1. A，解析：《宪法》第 1 条第 2 款规定，社会主义制度是中华人民共和国的根本制度。中国共产党领导是中国特色社会主义最本质的特征。禁止任何组织或者个人破坏社会主义制度。
2. C，解析：《宪法》第 40 条规定，中华人民共和国公民的通信自由和通信秘密受法律的保护。除因国家安全或者追查刑事犯罪的需要，由公安机关或者检察机关依照法律规定的程序对通信进行检查外，任何组织或者个人不得以任何理由侵犯公民的通信自由和通信秘密。
3. C，解析：根据《宪法》第 64 条第 1 款规定。
4. A，解析：根据《宪法》第 62 条第 12 项规定。
5. C，解析：根据《宪法》第 62 条第 5 项规定，国务院副总理由国务院总理提名，全国人民代表大会决定。

6. B，解析：根据《宪法》第 62 条第 3 项规定，全国人民代表大会有权制定和修改刑事、民事、国家机构的和其他的基本法律。

7. A，解析：《宪法》第 132 条第 2 款规定，最高人民法院监督地方各级人民法院和专门人民法院的审判工作，上级人民法院监督下级人民法院的审判工作。《宪法》第 137 条第 2 款规定，最高人民检察院领导地方各级人民检察院和专门人民检察院的工作，上级人民检察院领导下级人民检察院的工作。

8. B，解析：《宪法》第 68 条第 2 款规定，委员长、副委员长、秘书长组成委员长会议，处理全国人民代表大会常务委员会的重要日常工作。

9. D，解析：《宪法》第 84 条第 3 款规定，中华人民共和国主席、副主席都缺位的时候，由全国人民代表大会补选；在补选以前，由全国人民代表大会常务委员会委员长暂时代理主席职位。

10. A，解析：《宪法》第 103 条第 3 款规定，县级以上的地方各级人民代表大会常务委员会的组成人员不得担任国家行政机关、监察机关、审判机关和检察机关的职务。A 选项为党的机关的职务，不包括在内。

11. B，解析：《宪法》第 107 条第 3 款规定，省、直辖市的人民政府决定乡、民族乡、镇的建置和区域划分。

12. A，解析：根据《宪法》第 61 条第 1 款规定，全国人民代表大会会议每年举行一次，由全国人民代表大会常务委员会召集。

13. B，解析：根据《宪法》第 67 条第 5 项规定。

14. D，解析：根据《宪法》第 61 条规定，如果全国人民代表大会常务委员会认为必要，或者有 1/5 以上的全国人民代表大会代表提议，可以临时召集全国人民代表大会会议。

15. B，解析：根据《宪法》第 89 条规定。

16. B，解析：《宪法》第 125 条规定，中华人民共和国国家监察委员会是最高监察机关。国家监察委员会领导地方各级监察委员会的工作，上级监察委员会领导下级监察委员会的工作。第 126 条规定，国家监察委员会对全国人民代表大会和全国人民代表大会常务委员会负责。地方各级监察委员会对产生它的国家权力机关和上一级监察委员会负责。第 127 条第 1 款规定，监察委员会依照法律规定独立行使监察权，不受行政机关、社会团体和个人的干涉。

（三）多项选择题

1. AD，解析：《宪法》第 3 条第 4 款规定，中央和地方的国家机构职权的划分，遵循在中央的统一领导下，充分发挥地方的主动性、积极性的原则。

2. ABCD，解析：《宪法》第27条第1、2款规定，一切国家机关实行精简的原则，实行工作责任制，实行工作人员的培训和考核制度，不断提高工作质量和工作效率，反对官僚主义。一切国家机关和国家工作人员必须依靠人民的支持，经常保持同人民的密切联系，倾听人民的意见和建议，接受人民的监督，努力为人民服务。因此，ABCD四个选项中的内容都是国家机关工作人员必须要做到的。
3. AD，解析：根据《宪法》第67条。
4. ACD，解析：《宪法》第65条第4款规定，全国人民代表大会常务委员会的组成人员不得担任国家行政机关、监察机关、审判机关和检察机关的职务。
5. BD，解析：《宪法》第64条第1款规定，宪法的修改，由全国人民代表大会常务委员会或者1/5以上的全国人民代表大会代表提议，并由全国人民代表大会以全体代表的2/3以上的多数通过。
6. ABD，解析：《宪法》第87条第2款规定，总理、副总理、国务委员连续任职不得超过两届。
7. AB，解析：根据《宪法》第67条规定，全国人民代表大会常务委员会决定全国总动员或者局部动员，决定全国或者个别省、自治区、直辖市进入紧急状态。第87条规定，国务院依照法律规定决定省、自治区、直辖市的范围内部分地区进入紧急状态。
8. BCD，解析：《宪法》第86条第1款规定，国务院由下列人员组成：总理，副总理若干人，国务委员若干人，各部部长，各委员会主任，审计长，秘书长。第88条第2款规定，总理、副总理、国务委员、秘书长组成国务院常务会议。第89条规定，国务院有权“改变或者撤销地方各级国家行政机关的不适当的决定和命令”以及“依照法律规定决定省、自治区、直辖市的范围内部分地区进入紧急状态”。
9. AB，解析：《宪法》第70条第2款规定，各专门委员会在全国人民代表大会和全国人民代表大会常务委员会领导下，研究、审议和拟订有关议案。
10. AB，解析：《宪法》第80条规定，中华人民共和国主席根据全国人民代表大会的决定和全国人民代表大会常务委员会的决定，公布法律，任免国务院总理、副总理、国务委员、各部部长、各委员会主任、审计长、秘书长，授予国家的勋章和荣誉称号，发布特赦令，宣布进入紧急状态，宣布战争状态，发布动员令。

11. ACD，解析：《宪法》第65条规定，全国人民代表大会常务委员会由下列人员组成：委员长，副委员长若干人，秘书长，委员若干人。全国人民代表大会常务委员会组成人员中，应当有适当名额的少数民族代表。全国人民代表大会选举并有权罢免全国人民代表大会常务委员会的组成人员。全国人民代表大会常务委员会的组成人员不得担任国家行政机关、监察机关、审判机关和检察机关的职务。第66条第2款规定，委员长、副委员长连续任职不得超过两届。
12. BCD，解析：根据《宪法》第62、67条规定，决定战争和和平的问题是全国人民代表大会的职权。
13. BC，解析：《宪法》第80条规定，中华人民共和国主席根据全国人民代表大会的决定和全国人民代表大会常务委员会的决定，公布法律，任免国务院总理、副总理、国务委员、各部部长、各委员会主任、审计长、秘书长，授予国家的勋章和荣誉称号，发布特赦令，宣布进入紧急状态，宣布战争状态，发布动员令。第81条规定，中华人民共和国主席代表中华人民共和国，进行国事活动，接受外国使节；根据全国人民代表大会常务委员会的决定，派遣和召回驻外全权代表，批准和废除同外国缔结的条约和重要协定。
14. ABC，解析：《宪法》第91条规定，国务院设立审计机关，对国务院各部门和地方各级政府的财政收支，对国家的财政金融机构和企业事业组织的财务收支，进行审计监督。审计机关在国务院总理领导下，依照法律规定独立行使审计监督权，不受其他行政机关、社会团体和个人的干涉。《宪法》第109条规定，县级以上的地方各级人民政府设立审计机关。地方各级审计机关依照法律规定独立行使审计监督权，对本级人民政府和上一级审计机关负责。
15. AD，解析：《宪法》并没有规定国家主席对全国人大及其常委会负责。《宪法》第94条规定，中央军事委员会主席对全国人民代表大会和全国人民代表大会常务委员会负责。由此可知中央军事委员会主席对全国人大及其常委会负责，而不是中央军事委员会，且无需报告工作。
16. AC，解析：《宪法》第124条第3、4款规定，监察委员会主任每届任期同本级人民代表大会每届任期相同。国家监察委员会主任连续任职不得超过两届。监察委员会的组织和职权由法律规定。第125条第2款规定，国家监察委员会领导地方各级监察委员会的工作，上级监察委员会领导下级监察委员会的工作。

（四）填空题

1. 工人阶级；工农联盟；人民民主专政。（《宪法》序言）
2. 中国特色；社会主义现代化。（《宪法》序言）
3. 科学发展观；习近平新时代中国特色社会主义思想；人民民主专政；社会主义道路；改革开放。（《宪法》序言）
4. 统一的多民族；平等团结互助和谐；大民族主义；大汉族主义；地方民族主义。（《宪法》序言）
5. 宪法；法律；予以追究。（《宪法》第5条第4款）
6. 自治区；特别行政区；军队；少数民族。（《宪法》第59条第1款）
7. 2个月；2/3；1年。（《宪法》第60条第2款）
8. 全国人民代表大会常务委员会；主席团。（《宪法》第61条）
9. 1/5。（《宪法》第61条第1款）
10. 主席；国务院总理；国务院副总理。（《宪法》第62条第5项）
11. 行政；监察；审判；检察。（《宪法》第65条第4款）
12. 县级；人民政府；人民政府；审计机关。（《宪法》第109条）
13. 全国人民代表大会；全国人民代表大会常务委员会；国家权力机关；上一级监察委员会。（《宪法》第126条）

（五）简答题

答：根据《宪法》第89条规定，国务院行使下列职权：（1）根据宪法和法律，规定行政措施，制定行政法规，发布决定和命令；（2）向全国人民代表大会或者全国人民代表大会常务委员会提出议案；（3）规定各部和各委员会的任务和职责，统一领导各部和各委员会的工作，并且领导不属于各部和各委员会的全国性的行政工作；（4）统一领导全国地方各级国家行政机关的工作，规定中央和省、自治区、直辖市的国家行政机关的职权的具体划分；（5）编制和执行国民经济和社会发展计划和国家预算；（6）领导和管理经济工作和城乡建设、生态文明建设；（7）领导和管理教育、科学、文化、卫生、体育和计划生育工作；（8）领导和管理民政、公安、司法行政等工作；（9）管理对外事务，同外国缔结条约和协定；（10）领导和管理国防建设事业；（11）领导和管理民族事务，保障少数民族的平等权利和民族自治地方的自治权利；（12）保护华侨的正当的权利和利益，保护归侨和侨眷的合法的权利和利益；（13）改变或者撤销各部、各委员会发布的不适当的命令、指示和规章；（14）改变或者撤销地方各级国家行政机关的不适当的决定和命令；

（15）批准省、自治区、直辖市的区域划分，批准自治州、县、自治县、市的建置和区域划分；（16）依照法律规定决定省、自治区、直辖市的范围内部分地区进入紧急状态；（17）审定行政机构的编制，依照法律规定任免、培训、考核和奖惩行政人员；（18）全国人民代表大会和全国人民代表大会常务委员会授予的其他职权。

二、立法法

（一）判断题

1. 立法应当依照法定的权限和程序，从国家整体利益出发，维护社会主义法制的统一和尊严。（　　）
2. 全国人民代表大会常务委员会制定和修改刑事、民事、国家机构的和其他的基本法律。（　　）
3. 全国人民代表大会及其常务委员会可以根据改革发展的需要，决定就行政管理等领域的特定事项授权在一定期限内在部分地方暂时调整或者暂时停止适用法律的部分规定。（　　）
4. 列入全国人民代表大会会议议程的法律案，在交付表决前，提案人要求撤回的，对该法律案的审议即行终止。（　　）
5. 法律解释草案表决稿由常务委员会全体组成人员的过半数通过，由国家主席发布主席令予以公布。（　　）
6. 全国人民代表大会常务委员会的法律解释同法律具有同等效力。（　　）
7. 涉及两个以上国务院部门职权范围的事项，应当提请国务院制定行政法规。（　　）
8. 没有法律、行政法规、地方性法规的依据，地方政府规章不得设定减损公民、法人和其他组织权利或者增加其义务的规范。（　　）
9. 地方政府规章签署公布后，及时在本级人民政府公报和中国政府法制信息网以及在全国范围内发行的报纸上刊载。（　　）
10. 地方性法规的效力高于规章，部门规章的效力高于地方政府规章。（　　）

（二）单项选择题

1. 法律解释权属于哪一机关？（　　）

   A. 全国人民代表大会

B. 全国人民代表大会常务委员会

C. 全国人民代表大会宪法和法律委员会

D. 最高人民法院

2. 关于设区的市的地方性法规，下列哪一说法是不正确的？（　　）

A. 不得同宪法、法律、行政法规和本省、自治区的地方性法规相抵触

B. 规定的事项限于城乡建设与管理、环境保护、历史文化保护等方面

C. 须报省、自治区人民政府批准后施行

D. 对报请批准的地方性法规，不与上位法相抵触的，审批机关应当在4个月内予以批准

3. 关于规范性法律文件的效力，下列哪一项是错误的？（　　）

A. 法律的效力高于行政法规、地方性法规、规章

B. 行政法规的效力高于地方性法规、规章

C. 部门规章的效力高于设区的市的人民政府制定的规章

D. 地方性法规的效力高于本级和下级地方政府规章

4. 法律之间对同一事项的新的一般规定与旧的特别规定不一致时，应如何适用？（　　）

A. 适用新的一般规定　　B. 适用旧的特别规定

C. 由全国人大裁决　　D. 由全国人大常委会裁决

5. 关于规范性文件的审查，下列哪一项是不正确的？（　　）

A. 有关的专门委员会和常务委员会工作机构可以对报送备案的规范性文件进行主动审查

B. 中央国家机关认为行政法规、地方性法规、自治条例和单行条例同宪法或者法律相抵触的，均可以向全国人民代表大会常务委员会书面提出进行审查的要求

C. 全国人民代表大会专门委员会、常务委员会工作机构在审查、研究中认为行政法规、地方性法规、自治条例和单行条例同宪法或者法律相抵触的，可以向制定机关提出书面审查意见、研究意见

D. 全国人民代表大会专门委员会和常务委员会工作机构可以将审查、研究情况向社会公开

6. 关于全国人民代表大会及其常务委员会的授权立法，下列哪一项说法是不正确的？（　　）
   A. 授权决定应当明确授权的目的、事项、范围、期限以及被授权机关实施授权决定应当遵循的原则等
   B. 授权的期限不得超过 10 年，但是授权决定另有规定的除外
   C. 被授权机关应当在授权期限届满的 6 个月以前，向授权机关报告授权决定实施的情况，并提出是否需要制定有关法律的意见
   D. 被授权机关不得将被授予的权力转授给其他机关
7. 下列哪一机关可以根据改革发展的需要，决定就行政管理等领域的特定事项授权在一定期限内在部分地方暂时调整或者暂时停止适用法律的部分规定？（　　）
   A. 国务院　　B. 最高人民法院
   C. 国家主席　　D. 全国人民代表大会及其常务委员会

（三）多项选择题

1. 可以向全国人民代表大会提出法律案的主体有：（　　）
   A. 全国人民代表大会常务委员会　　B. 国务院
   C. 最高人民法院　　D. 30 名以上的代表
2. 可以向全国人民代表大会常务委员会提出法律案的主体有：（　　）
   A. 委员长会议
   B. 中央军事委员会
   C. 全国人民代表大会各专门委员会
   D. 常务委员会组成人员 10 人以上
3. 关于法律的公布，下列哪些说法是正确的？（　　）
   A. 由国家主席发布主席令公布
   B. 主席令应当载明该法律的制定机关、通过和施行日期
   C. 法律签署公布后，及时在全国人大常委会公报和中国人大网以及在全国范围内发行的报纸上刊载
   D. 在全国人大常务委员会公报和中国人大网刊登的法律文本为标准文本

4. 下列哪些机关有权制定规章？（　　）

A. 国务院各部、委员会　　B. 中国人民银行

C. 最高人民检察院　　D. 审计署

5. 地方性法规与部门规章之间对同一事项的规定不一致，不能确定如何适用时，应当如何处理？（　　）

A. 由国务院裁决

B. 由国务院提出意见

C. 国务院认为应当适用地方性法规的，应当适用地方性法规的规定

D. 国务院认为应当适用部门规章的，应当适用地方性法规的规定

6. 关于改变或者撤销的权限，下列哪些说法是正确的？（　　）

A. 全国人民代表大会有权改变或者撤销它的常务委员会制定的不适当的法律

B. 全国人民代表大会常务委员会有权改变或者撤销同宪法和法律相抵触的行政法规

C. 国务院有权改变或者撤销不适当的部门规章和地方政府规章

D. 地方人民代表大会常务委员会有权改变或者撤销本级人民政府制定的不适当的规章

7. 设区的市、自治州的人民政府制定的规章应当报哪些机关备案？（　　）

A. 国务院

B. 省、自治区的人民代表大会常务委员会

C. 省、自治区人民政府

D. 本级人民代表大会常务委员

8. 法律、行政法规、地方性法规、自治条例和单行条例、规章有下列哪些情形之一的，由有关机关依法予以改变或者撤销？（　　）

A. 违背法定程序的

B. 下位法违反上位法规定的

C. 规章之间对同一事项的规定不一致，经裁决应当改变或者撤销一方的规定的

D. 规章的规定被认为不适当，应当予以改变或者撤销的

9. 全国人民代表大会及其常务委员会有权作出决定，授权国务院可以根据实际需要，对其中的部分事项先制定行政法规，但是(　　)等事项除外。

A. 犯罪和刑罚

B. 对公民政治权利的剥夺和限制人身自由的强制措施和处罚

C. 司法制度

D. 税收征收管理等税收基本制度

(四) 填空题

1. 全国人民代表大会通过的法律由国家主席签署____予以公布。
2. 列入常务委员会会议议程的法律案，一般应当经____次常务委员会会议审议后再交付表决。
3. 国务院、____、最高人民法院、最高人民检察院和____以及省、自治区、直辖市的____可以向全国人民代表大会常务委员会提出法律解释要求。
4. 向全国人民代表大会及其常务委员会提出的法律案，在____前，提案人有权撤回。
5. 行政法规签署公布后，及时在____和____以及在全国范围内发行的报纸上刊载。在____上刊登的行政法规文本为标准文本。
6. 同一机关制定的法律、行政法规、地方性法规、自治条例和单行条例、规章，特别规定与一般规定不一致的，适用____；新的规定与旧的规定不一致的，适用____。
7. 行政法规之间对同一事项的新的一般规定与旧的特别规定不一致，不能确定如何适用时，由____裁决。
8. 国务院、____、最高人民法院、最高人民检察院和____认为行政法规、地方性法规、自治条例和单行条例同宪法或者法律相抵触的，可以向全国人民代表大会常务委员会书面提出进行审查的____，由常务委员会工作机构分送有关的专门委员会进行审查、提出意见。
9. 全国人民代表大会法律委员会、有关的专门委员会、常务委员会工作机构经审查、研究认为行政法规、地方性法规、自治条例和单行条例同宪法或者法律相抵触而制定机关不予修改的，应当向____提出予以____的议案、建议，由____决定提请常务委员会会议审议决定。

10. 最高人民法院、最高人民检察院作出的属于审判、检察工作中具体应用法律的解释，应当自公布之日起____日内报____备案。

（五）简答题

1. 简述只能制定法律的事项。
2. 简述可以向全国人民代表大会提出法律案的主体。
3. 简述地方性法规、规章之间不一致时，有关机关应当如何处理?
4. 简述国家机关改变或者撤销法律、行政法规、地方性法规、自治条例和单行条例、规章的权限。
5. 简述行政法规、地方性法规、自治条例和单行条例、规章的备案规定。

参考答案

（一）判断题

1. √，解析：《立法法》第 4 条。
2. ×，解析：《立法法》第 7 条第 2 款规定，全国人民代表大会制定和修改刑事、民事、国家机构的和其他的基本法律。
3. √，解析：《立法法》第 13 条。
4. ×，解析：《立法法》第 22 条规定，列入全国人民代表大会会议议程的法律案，在交付表决前，提案人要求撤回的，应当说明理由，经主席团同意，并向大会报告，对该法律案的审议即行终止。
5. ×，解析：《立法法》第 49 条规定，法律解释草案表决稿由常务委员会全体组成人员的过半数通过，由常务委员会发布公告予以公布。
6. √，解析：《立法法》第 50 条。
7. ×，解析：《立法法》第 81 条规定，涉及两个以上国务院部门职权范围的事项，应当提请国务院制定行政法规或者由国务院有关部门联合制定规章。
8. √，解析：《立法法》第 82 条第 6 款。
9. ×，解析：《立法法》第 86 条第 2 款规定，地方政府规章签署公布后，及时在本级人民政府公报和中国政府法制信息网以及在本行政区域范围内发行的报纸上刊载。
10. ×，解析：《立法法》第 89 条规定，地方性法规的效力高于本级和下级地方政府规章。省、自治区的人民政府制定的规章的效力高于本行政区域内的设区的市、自治州的人民政府制定的规章。第 91 条规定，部门规章之间、部门规章与地方政府规章之间具有同等效力，在各自的权限范围内施行。

（二）单项选择题

1. B，解析：《立法法》第 45 条第 1 款规定，法律解释权属于全国人民代表大会常务委员会。
2. C，解析：《立法法》第 72 条第 2 款规定，设区的市的人民代表大会及其常务委员会根据本市的具体情况和实际需要，在不同宪法、法律、行政法规和本省、自治区的地方性法规相抵触的前提下，可以对城乡建设与管理、环境保护、历史文化保护等方面的事项制定地方性法规，法律对设区的市制定地方性法规的事项另有规定的，从其规定。设区的市的地方性法规须报省、自治区的人民代表大会常务委员会批准后施行。省、自治区的人民代表大会常务委员会对报请批准的地方性法规，应当对其合法性进行审查，同宪法、法律、行政法规和本省、自治区的地方性法规不抵触的，应当在 4 个月内予以批准。
3. C，解析：《立法法》第 88 条规定，法律的效力高于行政法规、地方性法规、规章。行政法规的效力高于地方性法规、规章。第 89 条规定，地方性法规的效力高于本级和下级地方政府规章。省、自治区的人民政府制定的规章的效力高于本行政区域内的设区的市、自治州的人民政府制定的规章。第 90 条规定，部门规章之间、部门规章与地方政府规章之间具有同等效力，在各自的权限范围内施行。
4. D，解析：《立法法》第 94 条第 1 款规定，法律之间对同一事项的新的一般规定与旧的特别规定不一致，不能确定如何适用时，由全国人民代表大会常务委员会裁决。
5. B，解析：根据《立法法》第 99 条规定，国务院、中央军事委员会、最高人民法院、最高人民检察院和各省、自治区、直辖市的人民代表大会常务委员会认为行政法规、地方性法规、自治条例和单行条例同宪法或者法律相抵触的，可以向全国人民代表大会常务委员会书面提出进行审查的要求。前款规定以外的其他国家机关和社会团体、企业事业组织以及公民认为行政法规、地方性法规、自治条例和单行条例同宪法或者法律相抵触的，可以向全国人民代表大会常务委员会书面提出进行审查的建议。有关的专门委员会和常务委员会工作机构可以对报送备案的规范性文件进行主动审查。第 100 条第 1

款规定，全国人民代表大会专门委员会、常务委员会工作机构在审查、研究中认为行政法规、地方性法规、自治条例和单行条例同宪法或者法律相抵触的，可以向制定机关提出书面审查意见、研究意见；也可以由法律委员会与有关的专门委员会、常务委员会工作机构召开联合审查会议，要求制定机关到会说明情况，再向制定机关提出书面审查意见。制定机关应当在两个月内研究提出是否修改的意见，并向全国人民代表大会法律委员会和有关的专门委员会或者常务委员会工作机构反馈。第 101 条规定，全国人民代表大会有关的专门委员会和常务委员会工作机构应当按照规定要求，将审查、研究情况向提出审查建议的国家机关、社会团体、企业事业组织以及公民反馈，并可以向社会公开。

6. B，解析：解析：《立法法》第 10 条规定，授权决定应当明确授权的目的、事项、范围、期限以及被授权机关实施授权决定应当遵循的原则等。授权的期限不得超过 5 年，但是授权决定另有规定的除外。被授权机关应当在授权期限届满的 6 个月以前，向授权机关报告授权决定实施的情况，并提出是否需要制定有关法律的意见；需要继续授权的，可以提出相关意见，由全国人民代表大会及其常务委员会决定。第 12 条规定，被授权机关应当严格按照授权决定行使被授予的权力。被授权机关不得将被授予的权力转授给其他机关。

7. D，解析：《立法法》第 13 条规定。

（三）多项选择题

1. ABCD，解析：《立法法》第 14 条规定，全国人民代表大会主席团可以向全国人民代表大会提出法律案，由全国人民代表大会会议审议。全国人民代表大会常务委员会、国务院、中央军事委员会、最高人民法院、最高人民检察院、全国人民代表大会各专门委员会，可以向全国人民代表大会提出法律案，由主席团决定列入会议议程。第 15 条第 1 款规定，一个代表团或者 30 名以上的代表联名，可以向全国人民代表大会提出法律案，由主席团决定是否列入会议议程，或者先交有关的专门委员会审议、提出是否列入会议议程的意见，再决定是否列入会议议程。

2. ABCD，解析：《立法法》第 26 条规定，委员长会议可以向常务委员会提出法律案，由常务委员会会议审议。国务院、中央军事委员会、最高人民法院、最高人民检察院、全国人民代表大会各专门委员会，可以向常务委员会提出法律案，由委员长会议决定列入常务委员会会议议程，或者先交有关的专门委员会审议、提出报告，再决定列入常务委员会会议议程。如果委员长会议认为法律案有重大问题需要进一步研究，可以建议提案人修改完善后再向常务委员会提出。第 27 条规定，常务委员会组成人员 10 人以上联名，可以向常务委员会提出法律案，由委员长会议决定是否列入常务委员会会议议程，或者先交有关的专门委员会审议、提出是否列入会议议程的意见，再决定是否列入常务委员会会议议程。不列入常务委员会会议议程的，应当向常务委员会会议报告或者向提案人说明。

3. ABC，解析：《立法法》第 58 条规定，签署公布法律的主席令载明该法律的制定机关、通过和施行日期。法律签署公布后，及时在全国人民代表大会常务委员会公报和中国人大网以及在全国范围内发行的报纸上刊载。在常务委员会公报上刊登的法律文本为标准文本。
4. ABD，解析：《立法法》第 80 条第 1 款规定，国务院各部、委员会、中国人民银行、审计署和具有行政管理职能的直属机构，可以根据法律和国务院的行政法规、决定、命令，在本部门的权限范围内，制定规章。
5. BC，解析：《立法法》第 95 条第 1 款第 2 项规定，地方性法规与部门规章之间对同一事项的规定不一致，不能确定如何适用时，由国务院提出意见，国务院认为应当适用地方性法规的，应当决定在该地方适用地方性法规的规定；认为应当适用部门规章的，应当提请全国人民代表大会常务委员会裁决。
6. AC，解析：根据《立法法》第 97 条规定，全国人民代表大会常务委员会有权撤销同宪法和法律相抵触的行政法规，无权改变；地方人民代表大会常务委员会有权撤销本级人民政府制定的不适当的规章，无权改变。
7. ABCD，解析：根据《立法法》第 98 条第 4 项规定，部门规章和地方政府规章报国务院备案；地方政府规章应当同时报本级人民代表大会常务委员会备案；设区的市、自治州的人民政府制定的规章应当同时报省、自治区的人民代表大会常务委员会和人民政府备案。
8. ABCD，解析：《立法法》第 96 条规定。
9. ABC，解析：《立法法》第 9 条规定。

（四）填空题

1. 主席令。（《立法法》第 25 条）
2. 三。（《立法法》第 29 条第 1 款）
3. 中央军事委员会；全国人民代表大会各专门委员会；人民代表大会常务委员会。（《立法法》第 46 条）

4. 列入会议议程。(《立法法》第55条)
5. 国务院公报；中国政府法制信息网；国务院公报。(《立法法》第71条)
6. 特别规定；新的规定。(《立法法》第92条)
7. 国务院。(《立法法》第94条第2款)
8. 中央军事委员会；各省、自治区、直辖市的人民代表大会常务委员会；要求。(《立法法》第99条第1款)
9. 委员长会议；撤销；委员长会议。(《立法法》第100条第3款)
10. 30；全国人民代表大会常务委员会。(《立法法》第104条第2款)

(五) 简答题

1. 答：根据《立法法》第8条规定，下列事项只能制定法律：(1) 国家主权的事项；(2) 各级人民代表大会、人民政府、人民法院和人民检察院的产生、组织和职权；(3) 民族区域自治制度、特别行政区制度、基层群众自治制度；(4) 犯罪和刑罚；(5) 对公民政治权利的剥夺、限制人身自由的强制措施和处罚；(6) 税种的设立、税率的确定和税收征收管理等税收基本制度；(7) 对非国有财产的征收、征用；(8) 民事基本制度；(9) 基本经济制度以及财政、海关、金融和外贸的基本制度；(10) 诉讼和仲裁制度；(11) 必须由全国人民代表大会及其常务委员会制定法律的其他事项。
2. 答：根据《立法法》第14条规定，全国人民代表大会主席团可以向全国人民代表大会提出法律案，由全国人民代表大会会议审议。全国人民代表大会常务委员会、国务院、中央军事委员会、最高人民法院、最高人民检察院、全国人民代表大会各专门委员会，可以向全国人民代表大会提出法律案，由主席团决定列入会议议程。第15条第1款规定，一个代表团或者30名以上的代表联名，可以向全国人民代表大会提出法律案，由主席团决定是否列入会议议程，或者先交有关的专门委员会审议、提出是否列入会议议程的意见，再决定是否列入会议议程。
3. 答：根据《立法法》第95条规定，地方性法规、规章之间不一致时，由有关机关依照下列规定的权限作出裁决：(1) 同一机关制定的新的一般规定与旧的特别规定不一致时，由制定机关裁决；(2) 地方性法规与部门规章之间对同一事项的规定不一致，不能确定如何适用时，由国务院提出意见，国务院认为应当适用地方性法规的，应当决定在该地方适用地方性法规的规定；认为应当适用部门规章的，应当提请全国人民代表大会常务委员会裁决；(3) 部门规章之间、部门规章与地方政府规章之间对同一事项的规定不一致时，由国务院裁决。根据授权制定的法规与法律规定不一致，不能确定如何适用时，由全国人民代表大会常务委员会裁决。

4. 答：根据《立法法》第97条规定，改变或者撤销法律、行政法规、地方性法规、自治条例和单行条例、规章的权限是：（1）全国人民代表大会有权改变或者撤销它的常务委员会制定的不适当的法律，有权撤销全国人民代表大会常务委员会批准的违背宪法和本法第75条第2款规定的自治条例和单行条例；（2）全国人民代表大会常务委员会有权撤销同宪法和法律相抵触的行政法规，有权撤销同宪法、法律和行政法规相抵触的地方性法规，有权撤销省、自治区、直辖市的人民代表大会常务委员会批准的违背宪法和本法第75条第2款规定的自治条例和单行条例；（3）国务院有权改变或者撤销不适当的部门规章和地方政府规章；（4）省、自治区、直辖市的人民代表大会有权改变或者撤销它的常务委员会制定的和批准的不适当的地方性法规；（5）地方人民代表大会常务委员会有权撤销本级人民政府制定的不适当的规章；（6）省、自治区的人民政府有权改变或者撤销下一级人民政府制定的不适当的规章；（7）授权机关有权撤销被授权机关制定的超越授权范围或者违背授权目的的法规，必要时可以撤销授权。

5. 答：根据《立法法》第98条规定，行政法规、地方性法规、自治条例和单行条例、规章应当在公布后的30日内依照下列规定报有关机关备案：（1）行政法规报全国人民代表大会常务委员会备案；（2）省、自治区、直辖市的人民代表大会及其常务委员会制定的地方性法规，报全国人民代表大会常务委员会和国务院备案；设区的市、自治州的人民代表大会及其常务委员会制定的地方性法规，由省、自治区的人民代表大会常务委员会报全国人民代表大会常务委员会和国务院备案；（3）自治州、自治县的人民代表大会制定的自治条例和单行条例，由省、自治区、直辖市的人民代表大会常务委员会报全国人民代表大会常务委员会和国务院备案；自治条例、单行条例报送备案时，应当说明对法律、行政法规、地方性法规作出变通的情况；（4）部门规章和地方政府规章报国务院备案；地方政府规章应当同时报本级人民代表大会常务委员会备案；设区的市、自治州的人民政府制定的规章应当同时报省、自治区的人民代表大会常务委员会和人民政府备案；（5）根据授权制定的法规应当报授权决定规定的机关备案；经济特区法规报送备案时，应当说明对法律、行政法规、地方性法规作出变通的情况。

三、地方各级人民代表大会和地方各级人民政府组织法

(一) 判断题

1. 地方各级人民代表大会会议每年至少举行一次。经过三分之一以上代表提议，可以临时召集本级人民代表大会会议。(　　)
2. 乡、民族乡、镇的人民代表大会主席、副主席不得担任国家行政机关的职务；如果担任国家行政机关的职务，必须向本级人民代表大会辞去主席、副主席的职务。(　　)
3. 地方各级人民代表大会设立常务委员会。(　　)
4. 地方各级人民代表大会举行会议的时候，均由主席团主持会议。(　　)
5. 地方各级人民代表大会代表任期，从本届选举结果公布后开始，到选举出下届代表为止。(　　)

(二) 单项选择题

1. 对于地方人大常委会组织关于特定问题的调查委员会，下列哪一项说法是不正确的？(　　)
   A. 主任会议可以提议
   B. 五分之一以上的常务委员会组成人员书面联名可以提议
   C. 调查委员会由主任委员、副主任委员和委员组成，由主任会议在常务委员会组成人员中提名
   D. 调查委员会应当向本级人民代表大会常务委员会提出调查报告
2. 关于乡、民族乡、镇的人民代表大会，下列哪一项说法是错误的？(　　)
   A. 由主席团主持会议

B. 设主席，并可以设副主席一人至二人

C. 主席、副主席为主席团的成员

D. 主席、副主席由本级人民代表大会从代表中选出，可以兼任国家行政机关的职务

3. 县级以上的地方各级人民代表大会举行会议的时候，哪一主体不可以提出罢免案？（　　）

A. 主席团　　B. 人民法院

C. 常务委员会　　D. 十分之一以上代表

4. 地方各级人民代表大会举行会议的时候，下列哪一主体可以书面提出对本级人民政府和它所属各工作部门的质询案？（　　）

A. 代表十人以上联名　　B. 主席团

C. 常务委员会　　D. 人民检察院

5. 关于地方人民政府工作部门，下列哪一项是正确的？（　　）

A. 地方各级人民政府设立审计机关，依照法律规定独立行使审计监督权，只对上级审计机关负责

B. 省级人民政府工作部门的设立、增加、减少或者合并，应报请国务院批准，并报本级人民代表大会常务委员会备案

C. 县级人民政府工作部门的设立、增加、减少或者合并，应报请省级人民政府批准，并报本级人民代表大会常务委员会备案

D. 省、市、县人民政府设秘书长一人，副秘书长若干人

（三）多项选择题

1. 关于地方人民政府设立的派出机关，下列说法正确的是：（　　）

A. 省级人民政府在必要的时候，经国务院批准，可以设立若干派出机关

B. 县级人民政府在必要的时候，经省级人民政府批准，可以设立若干区公所，作为它的派出机关

C. 市辖区的人民政府经上一级人民政府批准，可以设立若干街道办事处，作为它的派出机关

D. 不设区的市的人民政府经上一级人民政府批准，可以设立若干街道办事处，作为它的派出机关

2. 县人民代表大会有权罢免下列哪些主体？（　　）

A. 县人民代表大会常务委员会组成人员

B. 县人民法院院长

C. 县人民检察院检察长

D. 副县长

3. 关于县级以上地方人民政府领导人员、人民法院院长、人民检察院检察长的辞职，下列哪些说法是正确的？（　　）

A. 可以向本级人民代表大会提出

B. 大会闭会期间，可以向本级人民代表大会常务委员会提出

C. 常务委员会可以自行决定是否接受辞职，无需报本级人民代表大会备案

D. 人民检察院检察长的辞职，须报经上一级人民检察院检察长提请该级人民代表大会常务委员会批准

4. 关于县级以上的地方各级人民代表大会常务委员会组成人员，下列哪些说法是正确的？（　　）

A. 由主任、副主任、秘书长、委员组成

B. 由本级人民代表大会从代表中选举产生

C. 由本级人大常委会主任会议从代表中决定产生

D. 担任国家行政机关职务的，必须向常务委员会辞去常务委员会的职务

5. 下列哪些属于县级以上的地方各级人民代表大会常务委员会的职权？（　　）

A. 召集本级人民代表大会会议

B. 改变或撤销下一级人民代表大会及其常务委员会的不适当的决议

C. 监督本级人民政府、人民法院和人民检察院的工作

D. 在本级人民代表大会闭会期间，决定副省长、自治区副主席、副市长、副州长、副县长、副区长的个别任免

（四）填空题

1. ____或者____书面联名，可以向本级人民代表大会提议组织关于特定问题的调查委员会，由____提请全体会议决定。

2. 县级以上的地方各级人民代表大会每次会议举行____，选举本次会议的主席团和秘书长，通过本次会议的议程和其他准备事项的决定。
3. 省、自治区、直辖市的人民代表大会代表____人以上书面联名，设区的市和自治州的人民代表大会代表____人以上书面联名，县级的人民代表大会代表____人以上书面联名，可以提出本级人民代表大会常务委员会组成人员，人民政府领导人员，人民法院院长，人民检察院检察长的候选人。
4. 地方各级人民代表大会代表、常务委员会组成人员，在____的发言和表决，不受法律追究。
5. 地方各级人民政府对____和____负责并报告工作。

（五）简答题

1. 简述地方各级人民代表大会关于特定问题的调查委员会的提议、组成与职责。
2. 简述地方各级人民政府派出机关的设立。

参考答案

（一）判断题

1. ×，解析：《地方各级人民代表大会和地方各级人民政府组织法》第 11 条规定，地方各级人民代表大会会议每年至少举行一次。经过 1/5 以上代表提议，可以临时召集本级人民代表大会会议。
2. √，解析：《地方各级人民代表大会和地方各级人民政府组织法》第 14 条第 2 款。
3. ×，解析：《地方各级人民代表大会和地方各级人民政府组织法》第 2 条规定，县级以上的地方各级人民代表大会设立常务委员会。
4. √，解析：《地方各级人民代表大会和地方各级人民政府组织法》第 13 条第 3 款规定，县级以上的地方各级人民代表大会举行会议的时候，由主席团主持会议。第 15 条第 1 款规定，乡、民族乡、镇的人民代表大会举行会议的时候，选举主席团。由主席团主持会议，并负责召集下一次的本级人民代表大会会议。

5. ×，解析：《地方各级人民代表大会和地方各级人民政府组织法》第 33 条规定，地方各级人民代表大会代表任期，从每届本级人民代表大会举行第一次会议开始，到下届本级人民代表大会举行第一次会议为止。

（二）单项选择题

1. C，解析：《地方各级人民代表大会和地方各级人民政府组织法》第 52 条规定，主任会议或者 1/5 以上的常务委员会组成人员书面联名，可以向本级人民代表大会常务委员会提议组织关于特定问题的调查委员会，由全体会议决定。调查委员会由主任委员、副主任委员和委员组成，由主任会议在常务委员会组成人员和其他代表中提名，提请全体会议通过。调查委员会应当向本级人民代表大会常务委员会提出调查报告。常务委员会根据调查委员会的报告，可以作出相应的决议。
2. D，解析：《地方各级人民代表大会和地方各级人民政府组织法》第 14 条第 1、2 款规定，乡、民族乡、镇的人民代表大会设主席，并可以设副主席 1 人至 2 人。主席、副主席由本级人民代表大会从代表中选出，任期同本级人民代表大会每届任期相同。乡、民族乡、镇的人民代表大会主席、副主席不得担任国家行政机关的职务；如果担任国家行政机关的职务，必须向本级人民代表大会辞去主席、副主席的职务。第 15 条第 1 款规定，乡、民族乡、镇的人民代表大会举行会议的时候，选举主席团。由主席团主持会议，并负责召集下一次的本级人民代表大会会议。乡、民族乡、镇的人民代表大会主席、副主席为主席团的成员。
3. B，解析：《地方各级人民代表大会和地方各级人民政府组织法》第 26 条第 1 款规定，县级以上的地方各级人民代表大会举行会议的时候，主席团、常务委员会或者 1/10 以上代表联名，可以提出对本级人民代表大会常务委员会组成人员、人民政府组成人员、人民法院院长、人民检察院检察长的罢免案，由主席团提请大会审议。
4. A，解析：《地方各级人民代表大会和地方各级人民政府组织法》第 28 条第 1 款规定，地方各级人民代表大会举行会议的时候，代表 10 人以上联名可以书面提出对本级人民政府和它所属各工作部门以及人民法院、人民检察院的质询案。质询案必须写明质询对象、质询的问题和内容。
5. B，解析：《地方各级人民代表大会和地方各级人民政府组织法》第 46 条规定，地方各级人民政府根据工作需要和精干的原则，设立必要的工作部门。县级以上的地方各级人民政府设立审计机关。地方各级审计机关依照法律规定独立行使审计监督权，对本级人民政府和上一级审计机关负责。省、自治区、直辖市的人民政府的厅、局、委员会等工作部门的设立、增加、减少或者合并，由本级人民政府报请国务院批准，并报本级人民代表大会常务委员会备案。自治州、县、自治县、市、市辖区的人民政府的局、科等工作部门的设立、增加、减少或者合并，由本级人民政府报请上一级人民政府批准，并报本级人民代表大会常务委员会备案。第 65 条第 3 款规定，省、自治区、直辖市、自治州、设区的市的人民政府设秘书长一人，副秘书长若干人。

（三）多项选择题

1. ABCD，解析：《地方各级人民代表大会和地方各级人民政府组织法》第 68 条规定，省、自治区的人民政府在必要的时候，经国务院批准，可以设立若干派出机关。县、自治县的人民政府在必要的时候，经省、自治区、直辖市的人民政府批准，可以设立若干区公所，作为它的派出机关。市辖区、不设区的市的人民政府，经上一级人民政府批准，可以设立若干街道办事处，作为它的派出机关。
2. ABCD，解析：《地方各级人民代表大会和地方各级人民政府组织法》第 10 条规定，地方各级人民代表大会有权罢免本级人民政府的组成人员。县级以上的地方各级人民代表大会有权罢免本级人民代表大会常务委员会的组成人员和由它选出的人民法院院长、人民检察院检察长。罢免人民检察院检察长，须报经上一级人民检察院检察长提请该级人民代表大会常务委员会批准。
3. ABD，解析：《地方各级人民代表大会和地方各级人民政府组织法》第 27 条规定，县级以上的地方各级人民代表大会常务委员会组成人员和人民政府领导人员，人民法院院长，人民检察院检察长，可以向本级人民代表大会提出辞职，由大会决定是否接受辞职；大会闭会期间，可以向本级人民代表大会常务委员会提出辞职，由常务委员会决定是否接受辞职。常务委员会决定接受辞职后，报本级人民代表大会备案。人民检察院检察长的辞职，须报经上一级人民检察院检察长提请该级人民代表大会常务委员会批准。
4. ABD，解析：《地方各级人民代表大会和地方各级人民政府组织法》第 41 条第 1、2、3 规定，省、自治区、直辖市、自治州、设区的市的人民代表大会常务委员会由本级人民代表大会在代表中选举主任、副主任若干人、秘书长、委员若干人组成。县、自治县、不设区的市、市辖区的人民代表大会常务委员会由本级人民代表大会在代表中选举主任、副主任若干人和委员若干人组成。常务委员会的组成人员不得担任国家行政机关、审判机关和检察机关的职务；如果担任上述职务，必须向常务委员会辞去常务委员会的职务。

5. ACD，解析：根据《地方各级人民代表大会和地方各级人民政府组织法》第44条规定，县级以上的地方各级人民代表大会常务委员会有权撤销下一级人民代表大会及其常务委员会的不适当的决议，但无权改变。

（四）填空题

1. 主席团；1/10以上代表；主席团。（《地方各级人民代表大会和地方各级人民政府组织法》第31条第2款）
2. 预备会议。（《地方各级人民代表大会和地方各级人民政府组织法》第13条第1款）
3. 30；20；10。（《地方各级人民代表大会和地方各级人民政府组织法》第21条第2款）
4. 人民代表大会和常务委员会会议上。（《地方各级人民代表大会和地方各级人民政府组织法》第34条）
5. 本级人民代表大会；上一级国家行政机关。（《地方各级人民代表大会和地方各级人民政府组织法》第55条第1款）

（五）简答题

1. 答：《地方各级人民代表大会和地方各级人民政府组织法》第31条规定，县级以上的地方各级人民代表大会可以组织关于特定问题的调查委员会。主席团或者1/10以上代表书面联名，可以向本级人民代表大会提议组织关于特定问题的调查委员会，由主席团提请全体会议决定。调查委员会由主任委员、副主任委员和委员组成，由主席团在代表中提名，提请全体会议通过。调查委员会应当向本级人民代表大会提出调查报告。人民代表大会根据调查委员会的报告，可以作出相应的决议。人民代表大会可以授权它的常务委员会听取调查委员会的调查报告，常务委员会可以作出相应的决议，报人民代表大会下次会议备案。
2. 答：《地方各级人民代表大会和地方各级人民政府组织法》第68条规定，省、自治区的人民政府在必要的时候，经国务院批准，可以设立若干派出机关。县、自治县的人民政府在必要的时候，经省、自治区、直辖市的人民政府批准，可以设立若干区公所，作为它的派出机关。市辖区、不设区的市的人民政府，经上一级人民政府批准，可以设立若干街道办事处，作为它的派出机关。

四、监察法

（一）判断题

1. 对可能发生职务违法的监察对象，监察机关按照管理权限，应当直接进行谈话或者要求说明情况。（　　）
2. 在调查过程中，对涉嫌职务违法的被调查人，监察机关可以要求其就涉嫌违法行为作出陈述，并应当向被调查人出具书面通知。（　　）
3. 监察机关调查涉嫌贪污贿赂、失职渎职等严重职务违法或者职务犯罪，根据工作需要，可以依照规定向法院申请查询、冻结涉案单位和个人的存款、汇款、债券、股票、基金份额等财产。（　　）
4. 对调取、查封、扣押的财物、文件，监察机关应当设立专用账户、专门场所，确定专门人员妥善保管，严格履行交接、调取手续，定期对账核实，不得毁损或者用于其他目的。（　　）
5. 监察机关为防止被调查人及相关人员逃匿境外，经市级以上监察机关批准，可以对被调查人及相关人员采取限制出境措施，由公安机关依法执行。（　　）
6. 被调查人既涉嫌严重职务违法或者职务犯罪，又涉嫌其他违法犯罪的，应当由监察机关为主调查，其他机关予以协助。（　　）
7. 调查人员采取讯问、询问、留置、搜查、调取、查封、扣押、勘验检查等调查措施，均应当依照规定出示证件，出具书面通知，由三人以上进行，形成笔录、报告等书面材料，并由相关人员签名、盖章。（　　）
8. 设区的市级以下监察机关采取留置措施，应当报上一级监察机关批准。（　　）
9. 对被调查人采取留置措施后，应当在 12 小时以内，通知被留置人员所在单位和家属，但有可能毁灭、伪造证据，干扰证人作证或者串供等有碍调查情形的除外。（　　）

10. 监察机关经调查，对违法取得的财物，依法予以没收、追缴或者责令退赔；对涉嫌犯罪取得的财物，应当随案移送人民法院。(　　)
11. 对监察机关移送的案件，人民检察院依照《中华人民共和国刑事诉讼法》对被调查人采取强制措施。(　　)
12. 监察机关在调查贪污贿赂、失职渎职等职务犯罪案件过程中，被调查人逃匿或者死亡，有必要继续调查的，经设区的市级以上监察机关批准，应当继续调查并作出结论。(　　)
13. 监察对象对监察机关作出的涉及本人的处理决定不服的，可以在收到处理决定之日起1个月内，向作出决定的监察机关申请复审，复审机关应当在1个月内作出复审决定。(　　)
14. 监察机关应当依法公开监察工作信息，接受民主监督、社会监督、舆论监督。(　　)
15. 监察人员必须模范遵守宪法和法律，忠于职守、秉公执法，清正廉洁、保守秘密；必须具有良好的政治素质，熟悉监察业务，具备运用法律、法规、政策和调查取证等能力，自觉接受监督。(　　)
16. 有关单位拒不执行监察机关作出的处理决定，或者无正当理由拒不采纳监察建议的，由其主管部门、上级机关责令改正，对单位给予通报批评；对负有责任的领导人员和直接责任人员依法给予刑事处罚。(　　)
17. 监察机关及其工作人员行使职权，侵犯公民、法人和其他组织的合法权益造成损害的，依法给予国家补偿。(　　)

(二) 单项选择题

1. 国家监察工作严格遵照宪法和法律，以(　　)为根据，以(　　)为准绳。

A. 事实　法律　　B. 证据　法律

C. 事实　宪法　　D. 证据　宪法

2. 国家监察工作坚持标本兼治、综合治理，强化监督问责，严厉惩治腐败；深化改革、健全法治，有效制约和监督权力；加强(　　)和道德教育，弘扬中华优秀传统文化，构建不敢腐、不能腐、不想腐的长效机制。

A. 法制教育　　B. 法治教育

C. 廉政教育　　D. 廉洁教育

3. 监察机关根据工作需要所冻结的财产经查明与案件无关的，应当在查明后(　　)内解除冻结，予以退还。

A. 两日　　B. 三日

C. 四日　　D. 五日

4. 监察机关为防止被调查人及相关人员逃匿境外，经(　　)监察机关批准，可以对被调查人及相关人员采取限制出境措施，由公安机关依法执行。

A. 县级以上　　B. 市级以上

C. 省级以上　　D. 中央

5. 职务违法犯罪的涉案人员揭发有关被调查人职务违法犯罪行为，查证属实的，或者提供重要线索，有助于调查其他案件的，监察机关经领导人员集体研究，并报上一级监察机关批准，可以在移送人民检察院时提出(　　)的建议。

A. 暂缓处罚　　B. 减轻处罚

C. 从宽处罚　　D. 免予处罚

6. 涉嫌严重职务违法或者职务犯罪的，应当通知被调查人(　　)，并向社会公开发布。

A. 家属　　B. 本人

C. 单位　　D. 社区

7. 调查人员进行讯问以及搜查、查封、扣押等重要取证工作，(　　)对全过程进行录音录像，留存备查。

A. 应当　　B. 严禁

C. 可以　　D. 必要时

8. 监察机关采取留置措施，留置时间不得超过三个月。在特殊情况下，留置时间可以延长一次，延长时间不得超过(　　)。

A. 三个月　　B. 四个月

C. 五个月　　D. 六个月

9. 被留置人员涉嫌犯罪移送司法机关后，被依法判处管制、拘役和有期徒刑的，留置一日折抵管制(　　)，折抵拘役、有期徒刑一日。

A. 一日　　B. 二日

C. 三日　　D. 四日

10. 被调查人逃匿，在通缉(　　)后不能到案，或者死亡的，由监察机关提请人民检察院依照法定程序，向人民法院提出没收违法所得的申请。

A. 一年　　B. 两年

C. 三年　　D. 四年

11. 监察对象对监察机关作出的涉及本人的处理决定不服的，可以在收到处理决定之日起一个月内，向作出决定的监察机关申请复审，复审机关应当在一个月内作出复审决定；监察对象对复审决定仍不服的，可以在收到复审决定之日起一个月内，向上一级监察机关(　　)。

A. 申请复审　　B. 申请复核

C. 申请复议　　D. 申诉

12. (　　)统筹协调与其他国家、地区、国际组织开展的反腐败国际交流、合作，组织反腐败国际条约实施工作。

A. 国家监察委员会　　B. 最高人民法院

C. 最高人民检察院　　D. 司法部

13. (　　)各级人民代表大会及其常务委员会举行会议时，人民代表大会代表或者常务委员会组成人员可以依照法律规定的程序，就监察工作中的有关问题提出询问或者质询。

A. 乡级以上　　B. 县级以上

C. 市级以上　　D. 省级以上

14. 监察人员辞职、退休(　　)内，不得从事与监察和司法工作相关联且可能发生利益冲突的职业。

A. 两年　　B. 三年

C. 四年　　D. 五年

（三）多项选择题

1. 监察委员会依照《监察法》和有关法律规定履行下列哪些职责？(　　)

A. 对公职人员开展廉政教育，对其依法履职、秉公用权、廉洁从政从业以及道德操守情况进行监督检查

B. 对涉嫌贪污贿赂、滥用职权、玩忽职守、权力寻租、利益输送、徇私舞弊以及浪费国家资财等职务违法和职务犯罪进行调查

C. 对违法的公职人员依法作出政务处分决定

D. 对履行职责不力、失职失责的领导人员进行问责

2. 监察机关对下列哪些人员进行监察？（　　）

A. 法律、法规授权或者受国家机关依法委托管理公共事务的组织中从事公务的人员

B. 国有企业管理人员

C. 公办的教育、科研、文化、医疗卫生、体育等单位中从事管理的人员

D. 基层群众性自治组织中从事管理的人员

3. 被调查人涉嫌贪污贿赂、失职渎职等严重职务违法或者职务犯罪，监察机关已经掌握其部分违法犯罪事实及证据，仍有重要问题需要进一步调查，并有下列哪些情形之一的，经监察机关依法审批，可以将其留置在特定场所？（　　）

A. 涉及案情重大、复杂的

B. 可能逃跑、自杀的

C. 可能串供或者伪造、隐匿、毁灭证据的

D. 能有其他妨碍调查行为的

4. 监察机关调查涉嫌贪污贿赂、失职渎职等严重职务违法或者职务犯罪，根据工作需要，可以依照规定(　　)涉案单位和个人的存款、汇款、债券、股票、基金份额等财产。

A. 查询　　B. 扣押

C. 冻结　　D. 拍卖

5. 涉嫌职务犯罪的被调查人主动认罪认罚，有下列哪些情形之一的，监察机关经领导人员集体研究，并报上一级监察机关批准，可以在移送人民检察院时提出从宽处罚的建议？（　　）

A. 自动投案，真诚悔罪悔过的

B. 积极配合调查工作，如实供述监察机关还未掌握的违法犯罪行为的

C. 积极退赃，减少损失的

D. 具有重大立功表现或者案件涉及国家重大利益等情形的

6. 调查人员进行下列哪些工作，应当对全过程进行录音录像，留存备查？（　　）

A. 搜查　　B. 查封

C. 扣押　　D. 讯问

7. 监察机关根据监督、调查结果，作出的下列哪些处置是正确的？（　　）

A. 对违法的公职人员依照法定程序作出警告、记过、记大过、降级、撤职、开除等政务处分决定

B. 对不履行或者不正确履行职责负有责任的领导人员，按照管理权限对其直接作出问责决定，或者向有权作出问责决定的机关提出问责建议

C. 对涉嫌职务犯罪的，监察机关经调查认为犯罪事实清楚，证据确实、充分的，制作起诉意见书，连同案卷材料、证据一并移送人民检察院依法审查、提起公诉

D. 对监察对象所在单位廉政建设和履行职责存在的问题等提出监察建议

8. 监察机关经调查，对违法取得的财物，依法予以（　　）；对涉嫌犯罪取得的财物，应当随案移送人民检察院。

A. 没收　　B. 追缴

C. 责令退赃　　D. 责令退赔

9. 国家监察委员会加强对反腐败国际追逃追赃和防逃工作的组织协调，应当督促有关单位做好下列哪些工作？（　　）

A. 对于重大贪污贿赂、失职渎职等职务犯罪案件，被调查人逃匿到国（境）外，掌握证据比较确凿的，通过开展境外追逃合作，追捕归案

B. 向赃款赃物所在国请求查询、冻结、扣押、没收、追缴、返还涉案资产

C. 查询、监控涉嫌职务犯罪的公职人员及其相关人员进出国（境）和跨境资金流动情况，在调查案件过程中设置防逃程序

D. 依法到国（境）外深入调查，收集涉嫌职务犯罪相关人员的犯罪证据

10. 办理监察事项的监察人员有下列哪些情形的，应当自行回避，监察对象、检举人及其他有关人员也有权要求其回避？（　　）

A. 是监察对象或者检举人的近亲属的

B. 担任过本案的证人的

C. 本人或者其近亲属与办理的监察事项有利害关系的

D. 有可能影响监察事项公正处理的其他情形的

11. 监察机关及其工作人员有下列哪些行为的，被调查人及其近亲属有权向该机关申诉？(　　)

A. 留置法定期限届满，不予以解除的

B. 查封、扣押、冻结与案件无关的财物的

C. 应当解除查封、扣押、冻结措施而不解除的

D. 贪污、挪用、私分、调换以及违反规定使用查封、扣押、冻结的财物的

12. 有关单位拒不执行监察机关作出的处理决定，或者无正当理由拒不采纳监察建议的，由其(　　)责令改正，对单位给予通报批评；对负有责任的领导人员和直接责任人员依法给予处理。

A. 主管部门　　B. 上级机关

C. 本级人大　　D. 司法机关

13. 有关人员违反《监察法》规定，有下列哪些行为的，由其所在单位、主管部门、上级机关或者监察机关责令改正，依法给予处理？(　　)

A. 不按要求提供有关材料，拒绝、阻碍调查措施实施等拒不配合监察机关调查

B. 提供虚假情况，掩盖事实真相

C. 串供或者伪造、隐匿、毁灭证据

D. 阻止他人揭发检举、提供证据

14. 监察机关及其工作人员有下列哪些行为的，对负有责任的领导人员和直接责任人员依法给予处理？(　　)

A. 未经批准、授权处置问题线索，发现重大案情隐瞒不报，或者私自留存、处理涉案材料

B. 利用职权或者职务上的影响干预调查工作、以案谋私

C. 违法窃取、泄露调查工作信息，或者泄露举报事项、举报受理情况以及举报人信息

D. 对被调查人或者涉案人员逼供、诱供，或者侮辱、打骂、虐待、体罚或者变相体罚

(四) 填空题

1. 监察委员会依照法律规定____行使监察权，不受____、社会团体和个人的干涉。
2. 监察机关在搜查时，应当出示____，并有被搜查人或者其____等____在场。
3. 监察机关在调查过程中，对于案件中的____问题，可以指派、聘请____进行鉴定。鉴定人进行鉴定后，应当出具____，并且____。
4. 依法应当留置的被调查人如果____，监察机关可以决定在本行政区域内____，由____发布通缉令，追捕归案。
5. 职务违法犯罪的涉案人员揭发有关被调查人职务违法犯罪行为，查证属实的，或者提供重要线索，有助于调查其他案件的，监察机关经____集体研究，并报____监察机关批准，可以在移送人民检察院时提出____的建议。
6. 监察机关对于报案或者举报，____接受并按照有关规定处理。对于不属于本机关管辖的，应当移送____机关处理。
7. 监察机关对职务违法和职务犯罪案件，应当进行调查，收集被调查人有无违法犯罪以及情节轻重的证据，查明违法犯罪事实，形成____、____的证据链。
8. 调查人员应当严格执行____，不得随意扩大调查范围、变更调查____和事项。
9. 省级监察机关采取留置措施，应当报国家监察委员会____。留置时间不得超过____。
10. 讯问被留置人员应当合理安排讯问时间和时长，讯问笔录由____阅看后____。
11. 发现办理监察事项的监察人员未经批准接触被调查人、____及其特定关系人，或者存在交往情形的，知情人应当及时____。有关情况应当____。
12. 监察人员辞职、退休____内，不得从事与____和____工作相关联且可能发生利益冲突的职业。
13. 监察机关及其工作人员行使职权，侵犯公民、法人和其他组织的合法权益造成损害的，依法给予____。

（五）简答题

1. 简述监察机关可以对哪些人员进行监察。
2. 简述在哪些情形下，监察机关可以对主动认罪认罚的涉嫌职务犯罪的被调查人在移送人民检察院时提出从宽处罚建议。
3. 简述监察机关根据监督、调查结果，可以依法作出哪些处置。
4. 简述监察机关及其工作人员有哪些行为的，被调查人及其近亲属有权向该机关申诉。

参考答案

（一）判断题

1. ×，解析：根据《监察法》第 19 条规定，对可能发生职务违法的监察对象，监察机关按照管理权限，可以直接或者委托有关机关、人员进行谈话或者要求说明情况。
2. ×，解析：根据《监察法》第 20 条第 1 款规定，在调查过程中，对涉嫌职务违法的被调查人，监察机关可以要求其就涉嫌违法行为作出陈述，必要时向被调查人出具书面通知。
3. ×，解析：根据《监察法》第 23 条第 1 款规定，监察机关调查涉嫌贪污贿赂、失职渎职等严重职务违法或者职务犯罪，根据工作需要，可以依照规定查询、冻结涉案单位和个人的存款、汇款、债券、股票、基金份额等财产。
4. √，解析：《监察法》第 25 条第 2 款。
5. ×，解析：根据《监察法》第 30 条规定，监察机关为防止被调查人及相关人员逃匿境外，经省级以上监察机关批准，可以对被调查人及相关人员采取限制出境措施，由公安机关依法执行。
6. ×，解析：根据《监察法》第 34 条第 2 款规定，被调查人既涉嫌严重职务违法或者职务犯罪，又涉嫌其他违法犯罪的，一般应当由监察机关为主调查，其他机关予以协助。
7. ×，解析：根据《监察法》第 41 条第 1 款规定，调查人员采取讯问、询问、留置、搜查、调取、查封、扣押、勘验检查等调查措施，均应当依照规定出示证件，出具书面通知，由二人以上进行，形成笔录、报告等书面材料，并由相关人员签名、盖章。

8. √，解析：《监察法》第 43 条第 1 款。

9. ×，解析：根据《监察法》第 44 条第 1 款规定，对被调查人采取留置措施后，应当在 24 小时以内，通知被留置人员所在单位和家属，但有可能毁灭、伪造证据，干扰证人作证或者串供等有碍调查情形的除外。

10. ×，解析：根据《监察法》第 46 条规定，监察机关经调查，对违法取得的财物，依法予以没收、追缴或者责令退赔；对涉嫌犯罪取得的财物，应当随案移送人民检察院。

11. √，解析：《监察法》第 47 条第 1 款。

12. ×，解析：根据《监察法》第 48 条第 1 款规定，监察机关在调查贪污贿赂、失职渎职等职务犯罪案件过程中，被调查人逃匿或者死亡，有必要继续调查的，经省级以上监察机关批准，应当继续调查并作出结论。

13. √，解析：《监察法》第 49 条第 1 款。

14. √，解析：《监察法》第 54 条。

15. √，解析：《监察法》第 56 条。

16. ×，解析：根据《监察法》第 62 条规定，有关单位拒不执行监察机关作出的处理决定，或者无正当理由拒不采纳监察建议的，由其主管部门、上级机关责令改正，对单位给予通报批评；对负有责任的领导人员和直接责任人员依法给予处理。

17. ×，解析：根据《监察法》第 67 条规定，监察机关及其工作人员行使职权，侵犯公民、法人和其他组织的合法权益造成损害的，依法给予国家赔偿。

（二）单项选择题

1. A，解析：根据《监察法》第 5 条规定，国家监察工作严格遵照宪法和法律，以事实为根据，以法律为准绳。

2. B，解析：根据《监察法》第 6 条规定，国家监察工作坚持标本兼治、综合治理，强化监督问责，严厉惩治腐败；深化改革、健全法治，有效制约和监督权力；加强法治教育和道德教育，弘扬中华优秀传统文化，构建不敢腐、不能腐、不想腐的长效机制。

3. B，解析：根据《监察法》第 23 条第 2 款规定，冻结的财产经查明与案件无关的，应当在查明后 3 日内解除冻结，予以退还。

4. C，解析：根据《监察法》第 30 条第 1 款规定，监察机关为防止被调查人及相关人员逃匿境外，经省级以上监察机关批准，可以对被调查人及相关人员采取限制出境措施，由公安机关依法执行。

5. C，解析：根据《监察法》第32条规定，职务违法犯罪的涉案人员揭发有关被调查人职务违法犯罪行为，查证属实的，或者提供重要线索，有助于调查其他案件的，监察机关经领导人员集体研究，并报上一级监察机关批准，可以在移送人民检察院时提出从宽处罚的建议。
6. A，解析：根据《监察法》第39条第3款规定，涉嫌严重职务违法或者职务犯罪的，应当通知被调查人家属，并向社会公开发布。
7. A，解析：根据《监察法》第41条第2款规定，调查人员进行讯问以及搜查、查封、扣押等重要取证工作，应当对全过程进行录音录像，留存备查。
8. A，解析：根据《监察法》第43条第2款规定，在特殊情况下，可以延长一次，延长时间不得超过3个月。
9. B，解析：根据《监察法》第44条第3款规定，被留置人员涉嫌犯罪移送司法机关后，被依法判处管制、拘役和有期徒刑的，留置1日折抵管制2日，折抵拘役、有期徒刑1日。
10. A，解析：根据《监察法》第48条规定，被调查人逃匿，在通缉一年后不能到案，或者死亡的，由监察机关提请人民检察院依照法定程序，向人民法院提出没收违法所得的申请。
11. B，解析：根据《监察法》第49条规定，监察对象对监察机关作出的涉及本人的处理决定不服的，可以在收到处理决定之日起1个月内，向作出决定的监察机关申请复审，复审机关应当在1个月内作出复审决定；监察对象对复审决定仍不服的，可以在收到复审决定之日起1个月内，向上一级监察机关申请复核，复核机关应当在2个月内作出复核决定。
12. A，解析：根据《监察法》第50条规定，国家监察委员会统筹协调与其他国家、地区、国际组织开展的反腐败国际交流、合作，组织反腐败国际条约实施工作。
13. B，解析：根据《监察法》第53条第3款规定，县级以上各级人民代表大会及其常务委员会举行会议时，人民代表大会代表或者常务委员会组成人员可以依照法律规定的程序，就监察工作中的有关问题提出询问或者质询。
14. B，解析：根据《监察法》第59条第2款规定，监察人员辞职、退休3年内，不得从事与监察和司法工作相关联且可能发生利益冲突的职业。

（三）多项选择题

1. ABCD，解析：根据《监察法》第11条规定。
2. ABCD，解析：根据《监察法》第15条规定。

3. ABCD，解析：根据《监察法》第 22 条第 1 款规定。
4. AC，解析：根据《监察法》第 23 条第 1 款规定，监察机关调查涉嫌贪污贿赂、失职渎职等严重职务违法或者职务犯罪，根据工作需要，可以依照规定查询、冻结涉案单位和个人的存款、汇款、债券、股票、基金份额等财产。
5. ABCD，解析：根据《监察法》第 31 条规定。
6. ABCD，解析：根据《监察法》第 41 条第 2 款规定，调查人员进行讯问以及搜查、查封、扣押等重要取证工作，应当对全过程进行录音录像，留存备查。
7. ABCD，解析：根据《监察法》第 45 条规定。
8. ABD，解析：根据《监察法》第 46 条规定，监察机关经调查，对违法取得的财物，依法予以没收、追缴或者责令退赔；对涉嫌犯罪取得的财物，应当随案移送人民检察院。
9. ABC，解析：根据《监察法》第 52 条规定，国家监察委员会加强对反腐败国际追逃追赃和防逃工作的组织协调，督促有关单位做好相关工作：（1）对于重大贪污贿赂、失职渎职等职务犯罪案件，被调查人逃匿到国（境）外，掌握证据比较确凿的，通过开展境外追逃合作，追捕归案；（2）向赃款赃物所在国请求查询、冻结、扣押、没收、追缴、返还涉案资产；（3）查询、监控涉嫌职务犯罪的公职人员及其相关人员进出国（境）和跨境资金流动情况，在调查案件过程中设置防逃程序。
10. ABCD，解析：根据《监察法》第 58 条规定，办理监察事项的监察人员有下列情形之一的，应当自行回避，监察对象、检举人及其他有关人员也有权要求其回避：（1）是监察对象或者检举人的近亲属的；（2）担任过本案的证人的；（3）本人或者其近亲属与办理的监察事项有利害关系的；（4）有可能影响监察事项公正处理的其他情形的。
11. ABCD，解析：根据《监察法》第 60 条第 1 款规定，监察机关及其工作人员有下列行为之一的，被调查人及其近亲属有权向该机关申诉：（1）留置法定期限届满，不予以解除的；（2）查封、扣押、冻结与案件无关的财物的；（3）应当解除查封、扣押、冻结措施而不解除的；（4）贪污、挪用、私分、调换以及违反规定使用查封、扣押、冻结的财物的；（5）其他违反法律法规、侵害被调查人合法权益的行为。
12. AB，解析：根据《监察法》第 62 条规定，有关单位拒不执行监察机关作出的处理决定，或者无正当理由拒不采纳监察建议的，由其主管部门、上级机关责令改正，对单位给予通报批评；对负有责任的领导人员和直接责任人员依法给予处理。

13. ABCD，解析：根据《监察法》第63条规定，有关人员违反本法规定，有下列行为之一的，由其所在单位、主管部门、上级机关或者监察机关责令改正，依法给予处理：（1）不按要求提供有关材料，拒绝、阻碍调查措施实施等拒不配合监察机关调查的；（2）提供虚假情况，掩盖事实真相的；（3）串供或者伪造、隐匿、毁灭证据的；（4）阻止他人揭发检举、提供证据的；（5）其他违反本法规定的行为，情节严重的。

14. ABCD，解析：根据《监察法》第65条规定，监察机关及其工作人员有下列行为之一的，对负有责任的领导人员和直接责任人员依法给予处理：（1）未经批准、授权处置问题线索，发现重大案情隐瞒不报，或者私自留存、处理涉案材料的；（2）利用职权或者职务上的影响干预调查工作、以案谋私的；（3）违法窃取、泄露调查工作信息，或者泄露举报事项、举报受理情况以及举报人信息的；（4）对被调查人或者涉案人员逼供、诱供，或者侮辱、打骂、虐待、体罚或者变相体罚的；（5）违反规定处置查封、扣押、冻结的财物的；（6）违反规定发生办案安全事故，或者发生安全事故后隐瞒不报、报告失实、处置不当的；（7）违反规定采取留置措施的；（8）违反规定限制他人出境，或者不按规定解除出境限制的；（9）其他滥用职权、玩忽职守、徇私舞弊的行为。

（四）填空题

1. 独立；行政机关。（《监察法》第4条第1款）
2. 搜查证；家属；见证人。（《监察法》第24条第1款）
3. 专门性；有专门知识的人；鉴定意见；签名。（《监察法》第27条）
4. 在逃；通缉；公安机关。（《监察法》第29条）
5. 领导人员；上一级；从宽处罚。（《监察法》第32条）
6. 应当；主管。（《监察法》第35条）
7. 相互印证；完整稳定。（《监察法》第40条第1款）
8. 调查方案；对象。（《监察法》第42条第1款）
9. 备案；3个月。（《监察法》第43条第1、2款）
10. 被讯问人；签名。（《监察法》第44条第4款）
11. 涉案人员；报告；登记备案。（《监察法》第57条第2款）
12. 3年；监察；司法。（《监察法》第59条第2款）
13. 国家赔偿。（《监察法》第67条）

（五）简答题

1. 答：根据《监察法》第15条规定，监察机关对下列公职人员和有关人员进行监察：（1）中国共产党机关、人民代表大会及其常务委员会机关、人民政府、监察委员会、人民法院、人民检察院、中国人民政治协商会议各级委员会机关、民主党派机关和工商业联合会机关的公务员，以及参照《中华人民共和国公务员法》管理的人员；（2）法律、法规授权或者受国家机关依法委托管理公共事务的组织中从事公务的人员；（3）国有企业管理人员；（4）公办的教育、科研、文化、医疗卫生、体育等单位中从事管理的人员；（5）基层群众性自治组织中从事管理的人员；（6）其他依法履行公职的人员。
2. 答：根据《监察法》第31条规定，涉嫌职务犯罪的被调查人主动认罪认罚，有下列情形之一的，监察机关经领导人员集体研究，并报上一级监察机关批准，可以在移送人民检察院时提出从宽处罚的建议：（1）自动投案，真诚悔罪悔过的；（2）积极配合调查工作，如实供述监察机关还未掌握的违法犯罪行为的；（3）积极退赃，减少损失的；（4）具有重大立功表现或者案件涉及国家重大利益等情形的。
3. 答：根据《监察法》第45条规定，监察机关根据监督、调查结果，依法作出如下处置：（1）对有职务违法行为但情节较轻的公职人员，按照管理权限，直接或者委托有关机关、人员，进行谈话提醒、批评教育、责令检查，或者予以诫勉；（2）对违法的公职人员依照法定程序作出警告、记过、记大过、降级、撤职、开除等政务处分决定；（3）对不履行或者不正确履行职责负有责任的领导人员，按照管理权限对其直接作出问责决定，或者向有权作出问责决定的机关提出问责建议；（4）对涉嫌职务犯罪的，监察机关经调查认为犯罪事实清楚，证据确实、充分的，制作起诉意见书，连同案卷材料、证据一并移送人民检察院依法审查、提起公诉；（5）对监察对象所在单位廉政建设和履行职责存在的问题等提出监察建议。监察机关经调查，对没有证据证明被调查人存在违法犯罪行为的，应当撤销案件，并通知被调查人所在单位。
4. 答：根据《监察法》第60条第1款规定，监察机关及其工作人员有下列行为之一的，被调查人及其近亲属有权向该机关申诉：（1）留置法定期限届满，不予以解除的；（2）查封、扣押、冻结与案件无关的财物的；（3）应当解除查封、扣押、冻结措施而不解除的；（4）贪污、挪用、私分、调换以及违反规定使用查封、扣押、冻结的财物的；（5）其他违反法律法规、侵害被调查人合法权益的行为。

五、国家安全法

（一）判断题

1. 国家安全是指国家政权、主权、统一和领土完整、人民福祉、经济社会可持续发展和国家其他重大利益相对处于没有危险和不受内外威胁的状态，以及保障持续安全状态的能力。（　　）
2. 坚持中国共产党对国家安全工作的领导，建立集中统一、高效权威的国家安全领导体制。（　　）
3. 维护国家安全，应当遵守宪法和法律，坚持社会主义法治原则，尊重和保障人权，依法保护公民的权利和自由。（　　）
4. 国家安全工作应当统筹内部安全和外部安全、国土安全和国民安全、传统安全和非传统安全、自身安全和共同安全。（　　）
5. 国家机关工作人员在国家安全工作和涉及国家安全活动中，滥用职权、玩忽职守、徇私舞弊的，依法追究法律责任。（　　）
6. 香港特别行政区、澳门特别行政区无需履行维护国家安全的责任。（　　）
7. 人民法院依照法律规定行使审判权，人民检察院依照法律规定行使检察权，惩治危害国家安全的犯罪。（　　）
8. 只有国家安全机关有权依法搜集涉及国家安全的情报信息，在国家安全工作中依法行使侦查、拘留、预审和执行逮捕以及法律规定的其他职权。（　　）
9. 国家机关及其工作人员在履行职责时，应当贯彻维护国家安全的原则。（　　）
10. 国家根据维护国家安全工作需要，建立跨部门会商工作机制。（　　）
11. 国家建立中央与地方之间、部门之间、军队之间以及地区之间关于国家安全的协调机制。（　　）

12. 国家健全统一归口、反应灵敏、准确高效、运转顺畅的情报信息收集、研判和使用制度。(　　)

13. 对可能即将发生或者已经发生的危害国家安全的事件，乡级以上地方人民政府及其有关主管部门应当立即按照规定向上一级人民政府及其有关主管部门报告，必要时可以越级上报。(　　)

14. 履行国家安全危机管控职责的有关机关依法采取处置国家安全危机的管控措施，应当与国家安全危机可能造成的危害的性质、程度和范围相适应。(　　)

15. 国家采取必要措施，招录、培养和管理国家安全工作专门人才和特殊人才。(　　)

16. 国家加强国家安全新闻宣传和舆论引导，通过多种形式开展国家安全宣传教育活动，将国家安全教育纳入国民教育体系和公务员教育培训体系，增强全民国家安全意识。(　　)

17. 任何个人和组织不得有危害国家安全的行为，不得向危害国家安全的个人或者组织提供任何资助或者协助。(　　)

18. 因支持、协助国家安全工作，本人或者其近亲属的人身安全面临危险的，可以向民政部门请求予以保护。(　　)

(二) 单项选择题

1. 维护国家安全，应当坚持(　　)为主、标本兼治，专门工作与群众路线相结合。

A. 预防　　B. 防御

C. 打击　　D. 保护

2. 每年(　　)为全民国家安全教育日。

A. 2 月 15 日　　B. 3 月 15 日

C. 4 月 15 日　　D. 7 月 15 日

3. 下列行为中属于危害国家安全的是哪一项?(　　)

A. 分裂国家、煽动叛乱、颠覆或者煽动颠覆人民民主专政政权的行为

B. 揭露政府的过错，以非暴力言行要求政策的改变

C. 对国家、政府、官员提出批评

D. 上访

4. 国家健全金融宏观审慎管理和金融风险防范、处置机制，加强金融基础设施和基础能力建设，防范和化解(　　)金融风险，防范和抵御外部金融风险的冲击。

A. 系统性、区域性　　B. 系统性、全局性

C. 全局性、区域性　　D. 全局性、局部性

5. 国家健全粮食安全保障体系，保护和提高粮食综合生产能力，完善粮食储备制度、流通体系和市场调控机制，健全粮食(　　)，保障粮食供给和质量安全。

A. 安全预警制度　　B. 安全预报制度

C. 安全警报机制　　D. 安全警示机制

6. 根据《国家安全法》的规定，(　　)依法搜集涉及国家安全的情报信息。

A. 国家安全机关和军队保卫部门

B. 国家安全机关、公安机关和有关军事机关

C. 公安机关和军队保卫部门

D. 公安机关、监察机关和检察机关

7. 国家建立国家安全工作(　　)机制，确保国家安全战略和重大部署贯彻落实。

A. 全程监督　　B. 严厉归责

C. 检察监督　　D. 督促检查和责任追究

8. 国家建立中央与地方之间、部门之间、军地之间以及地区之间关于国家安全的(　　)机制。

A. 统分结合　　B. 协同联动

C. 预警保护　　D. 防惩结合

9. 国家机关各部门在履行职责过程中，对于获取的涉及国家安全的有关信息应当(　　)。

A. 立即上报　　B. 隔天上报

C. 及时上报　　D. 予以封存

10. 国家建立国家安全风险评估机制，定期开展各领域国家安全风险调查评估。有关部门应当定期向(　　)提交国家安全风险评估报告。

A. 国务院　　B. 国家安全机关
C. 中央国家安全领导机构　　D. 公安部

11. 发生危及国家安全的重大事件，中央有关部门和有关地方根据中央国家安全领导机构的统一部署，依法启动应急预案，采取(　　)措施。
A. 紧急疏散　　B. 危机管理
C. 管控处置　　D. 安全保障

12. 根据维护国家安全工作的需要，国家依法保护(　　)的身份和合法权益，加大人身保护和安置保障力度。
A. 有关机关的国家工作人员
B. 国家机关工作人员
C. 国家安全机关、公安机关以及有关军事机关工作人员
D. 有关机关专门从事国家安全工作人员

13. 机关、人民团体、企业事业组织和其他社会组织应当对本单位的人员进行(　　)的教育，动员、组织本单位的人员防范、制止危害国家安全的行为。
A. 职业道德　　B. 防控技术
C. 政治思想　　D. 维护国家安全

(三) 多项选择题

1. 国家安全工作应当坚持(　　)。
A. 以人民安全为宗旨　　B. 以政治安全为根本
C. 以经济安全为基础　　D. 以军事、文化、社会安全为保障

2. 国家安全工作应当统筹(　　)。
A. 内部安全和外部安全　　B. 国土安全和国民安全
C. 传统安全和非传统安全　　D. 自身安全和共同安全

3. 维护国家安全，应当坚持(　　)，充分发挥专门机关和其他有关机关维护国家安全的职能作用，广泛动员公民和组织，防范、制止和依法惩治危害国家安全的行为。
A. 预防为主　　B. 防御结合
C. 标本兼治　　D. 专门工作与群众路线相结合

4. 维护国家安全，应当坚持(　　)，积极同外国政府和国际组织开展安全交流合作，履行国际安全义务，促进共同安全，维护世界和平。

A. 互信　　B. 互利

C. 平等　　D. 协作

5. (　　)都有维护国家安全的责任和义务。

A. 中华人民共和国公民　　B. 一切国家机关和武装力量

C. 各政党和各人民团体　　D. 企业事业组织和其他社会组织

6. 国家防范、制止和依法惩治任何(　　)的行为。

A. 叛国

B. 分裂国家

C. 煽动叛乱

D. 颠覆或者煽动颠覆人民民主专政政权

7. 国家加强边防、海防和空防建设，采取一切必要的防卫和管控措施，保卫(　　)安全，维护国家领土主权和海洋权益。

A. 领陆　　B. 内水

C. 领海　　D. 领空

8. 国家维护国家基本经济制度和社会主义市场经济秩序，健全预防和化解经济安全风险的制度机制，保障关系国民经济命脉(　　)以及其他重大经济利益安全。

A. 重要行业和关键领域　　B. 重点产业

C. 重大基础设施　　D. 重大建设项目

9. 国家坚持社会主义先进文化前进方向，应采取以下哪些举措？(　　)

A. 继承和弘扬中华民族优秀传统文化

B. 培育和践行社会主义核心价值观

C. 防范和抵制外来文化的影响

D. 掌握意识形态领域主导权

10. 国家完善生态环境保护制度体系，保障人民赖以生存发展的大气、水、土壤等自然环境和条件不受威胁和破坏，可采取以下哪些举措？(　　)

A. 加大生态建设和环境保护力度

B. 划定生态保护红线

C. 强化生态风险的预警和防控

D. 妥善处置突发环境事件

11. 全国人大常委会依照宪法规定行使下列哪些维护国家安全的职责？（　　）

A. 决定战争和和平的问题

B. 决定战争状态的宣布

C. 决定全国总动员或者局部总动员

D. 决定全国或者个别省、自治区、直辖市进入紧急状态

12. 下列哪些选项属于中华人民共和国主席的职责？（　　）

A. 宣布进入紧急状态　　B. 宣布战争状态

C. 发布动员令　　D. 决定战争状态

13. 下列哪些属于国务院在维护国家安全方面的职责？（　　）

A. 发布动员令　　B. 实施国家安全法律法规和政策

C. 宣布战争状态　　D. 制定涉及国家安全的行政法规

14. 关于国家机关及其工作人员的职责，下列哪些说法是正确的？（　　）

A. 在履行职责时，应当贯彻维护国家安全的原则

B. 在国家安全工作和涉及国家安全活动中，应当严格依法履行职责

C. 不得超越职权、滥用职权

D. 不得侵犯个人和组织的合法权益

15. 对下列哪些事件，县级以上地方人民政府及其有关主管部门应当立即按照规定向上一级人民政府及其有关主管部门报告，必要时可以越级上报？（　　）

A. 可能发生的危害国家安全的事件

B. 可能即将发生的危害国家安全的事件

C. 已经发生的危害国家安全的事件

D. 尚未发生的危害国家安全的事件

16. 国家建立国家安全审查和监管的制度和机制，对影响或者可能影响国家安全的下列哪些事项进行国家安全审查，有效预防和化解国家安全风险？（　　）

A. 外商投资　　B. 特定物项和关键技术

C. 网络信息技术产品和服务　　D. 涉及国家安全事项的建设项目

17. 国家加强国家安全新闻宣传和舆论引导，通过多种形式开展国家安全宣传教育活动，将国家安全教育纳入(　　)，增强全民国家安全意识。

A. 国民教育体系　　B. 学校教育体系

C. 公务员教育培训体系　　D. 法官教育培训体系

(四) 填空题

1. 维护国家安全，应当遵守宪法和法律，坚持社会主义____，尊重和保障人权，依法保护公民的权利和自由。
2. 维护国家安全，应当与____相协调。国家安全工作应当____内部安全和外部安全、国土安全和国民安全、传统安全和非传统安全、自身安全和共同安全。
3. 维护国家安全，应当坚持____、____，专门工作与群众路线相结合，充分发挥专门机关和其他有关机关维护国家安全的职能作用，广泛动员公民和组织，防范、制止和依法惩治危害国家安全的行为。
4. 维护国家安全，应当坚持____、互利、平等、协作，积极同外国政府和国际组织开展安全交流合作，履行国际安全义务，促进共同安全，维护____。
5. 中国的主权和领土完整不容侵犯和分割。维护国家主权、统一和领土完整是包括港澳同胞和台湾同胞在内的____的共同义务。
6. 国家加强武装力量____建设，建设与保卫国家安全和发展利益需要相适应的武装力量。
7. 国家健全金融宏观审慎管理和金融风险防范、处置机制，加强金融基础设施和基础能力建设，防范和化解____、____金融风险，防范和抵御外部金融风险的冲击。
8. 国家加强____，加快发展自主可控的战略高新技术和重要领域核心关键技术，加强知识产权的运用、保护和科技保密能力建设，保障重大技术和工程的安全。
9. ____依照宪法规定，决定战争和和平的问题，行使宪法规定的涉及国家安全的其他职权。

10. 国家根据维护国家安全工作需要，建立跨部门____，就维护国家安全工作的重大事项进行会商研判，提出意见和建议。
11. 国家建立中央与地方之间、部门之间、军地之间以及地区之间关于国家安全的____。
12. 机关、人民团体、企业事业组织和其他社会组织应当对本单位的人员进行维护国家安全的教育，动员、组织本单位的人员____、____危害国家安全的行为。

（五）简答题

1. 简述国家在维护资源能源安全方面的任务。
2. 简述国家机关及其工作人员如何履行维护国家安全的职责。

参考答案

（一）判断题

1. √，解析：《国家安全法》第 2 条。
2. √，解析：《国家安全法》第 4 条。
3. √，解析：《国家安全法》第 7 条。
4. √，解析：《国家安全法》第 8 条第 2 款。
5. √，解析：《国家安全法》第 13 条第 1 款。
6. ×，解析：《国家安全法》第 40 条第 3 款规定，香港特别行政区、澳门特别行政区应当履行维护国家安全的责任。
7. √，解析：《国家安全法》第 41 条。
8. ×，解析：《国家安全法》第 42 条第 1 款规定，国家安全机关、公安机关依法搜集涉及国家安全的情报信息，在国家安全工作中依法行使侦查、拘留、预审和执行逮捕以及法律规定的其他职权。
9. √，解析：《国家安全法》第 43 条。
10. √，解析：《国家安全法》第 48 条。
11. ×，解析：《国家安全法》第 49 条规定，国家建立中央与地方之间、部门之间、军地之间以及地区之间关于国家安全的协同联动机制。
12. √，解析：《国家安全法》第 51 条。

13. ×，解析：《国家安全法》第58条规定，对可能即将发生或者已经发生的危害国家安全的事件，县级以上地方人民政府及其有关主管部门应当立即按照规定向上一级人民政府及其有关主管部门报告，必要时可以越级上报。
14. √，解析：《国家安全法》第66条。
15. √，解析：《国家安全法》第74条第1款。
16. √，解析：《国家安全法》第76条。
17. √，解析：《国家安全法》第77条第2款。
18. ×，解析：《国家安全法》第80条第2款规定，因支持、协助国家安全工作，本人或者其近亲属的人身安全面临危险的，可以向公安机关、国家安全机关请求予以保护。

（二）单项选择题

1. A，解析：《国家安全法》第9条规定，维护国家安全，应当坚持预防为主、标本兼治，专门工作与群众路线相结合，充分发挥专门机关和其他有关机关维护国家安全的职能作用，广泛动员公民和组织，防范、制止和依法惩治危害国家安全的行为。
2. C，解析：《国家安全法》第14条规定，每年4月15日为全民国家安全教育日。
3. A，解析：《国家安全法》第15条第2款规定，国家防范、制止和依法惩治任何叛国、分裂国家、煽动叛乱、颠覆或者煽动颠覆人民民主专政政权的行为；防范、制止和依法惩治窃取、泄露国家秘密等危害国家安全的行为；防范、制止和依法惩治境外势力的渗透、破坏、颠覆、分裂活动。
4. A，解析：《国家安全法》第20条规定，国家健全金融宏观审慎管理和金融风险防范、处置机制，加强金融基础设施和基础能力建设，防范和化解系统性、区域性金融风险，防范和抵御外部金融风险的冲击。
5. A，解析：《国家安全法》第22条规定，国家健全粮食安全保障体系，保护和提高粮食综合生产能力，完善粮食储备制度、流通体系和市场调控机制，健全粮食安全预警制度，保障粮食供给和质量安全。
6. B，解析：《国家安全法》第52条第1款规定，国家安全机关、公安机关、有关军事机关根据职责分工，依法搜集涉及国家安全的情报信息。
7. D，解析：《国家安全法》第46条规定，国家建立国家安全工作督促检查和责任追究机制，确保国家安全战略和重大部署贯彻落实。
8. B，解析：《国家安全法》第49条规定，国家建立中央与地方之间、部门之间、军地之间以及地区之间关于国家安全的协同联动机制。

9. C，解析：《国家安全法》第52条第2款规定，国家机关各部门在履行职责过程中，对于获取的涉及国家安全的有关信息应当及时上报。
10. C，解析：《国家安全法》第56条规定，国家建立国家安全风险评估机制，定期开展各领域国家安全风险调查评估。有关部门应当定期向中央国家安全领导机构提交国家安全风险评估报告。
11. C，解析：《国家安全法》第63条规定，发生危及国家安全的重大事件，中央有关部门和有关地方根据中央国家安全领导机构的统一部署，依法启动应急预案，采取管控处置措施。
12. D，解析：《国家安全法》第74条第2款规定，根据维护国家安全工作的需要，国家依法保护有关机关专门从事国家安全工作人员的身份和合法权益，加大人身保护和安置保障力度。
13. D，解析：《国家安全法》第78条规定，机关、人民团体、企业事业组织和其他社会组织应当对本单位的人员进行维护国家安全的教育，动员、组织本单位的人员防范、制止危害国家安全的行为。

（三）多项选择题

1. ABCD，解析：《国家安全法》第3条规定，国家安全工作应当坚持总体国家安全观，以人民安全为宗旨，以政治安全为根本，以经济安全为基础，以军事、文化、社会安全为保障，以促进国际安全为依托，维护各领域国家安全，构建国家安全体系，走中国特色国家安全道路。
2. ABCD，解析：《国家安全法》第8条第2款规定，国家安全工作应当统筹内部安全和外部安全、国土安全和国民安全、传统安全和非传统安全、自身安全和共同安全。
3. ACD，解析：《国家安全法》第9条规定，维护国家安全，应当坚持预防为主、标本兼治，专门工作与群众路线相结合，充分发挥专门机关和其他有关机关维护国家安全的职能作用，广泛动员公民和组织，防范、制止和依法惩治危害国家安全的行为。
4. ABCD，解析：《国家安全法》第10条规定，维护国家安全，应当坚持互信、互利、平等、协作，积极同外国政府和国际组织开展安全交流合作，履行国际安全义务，促进共同安全，维护世界和平。
5. ABCD，解析：《国家安全法》第11条第1款规定，中华人民共和国公民、一切国家机关和武装力量、各政党和各人民团体、企业事业组织和其他社会组织，都有维护国家安全的责任和义务。

6. ABCD，解析：《国家安全法》第 15 条第 2 款规定，国家防范、制止和依法惩治任何叛国、分裂国家、煽动叛乱、颠覆或者煽动颠覆人民民主专政政权的行为；防范、制止和依法惩治窃取、泄露国家秘密等危害国家安全的行为；防范、制止和依法惩治境外势力的渗透、破坏、颠覆、分裂活动。
7. ABCD，解析：《国家安全法》第 17 条规定，国家加强边防、海防和空防建设，采取一切必要的防卫和管控措施，保卫领陆、内水、领海和领空安全，维护国家领土主权和海洋权益。
8. ABCD，解析：《国家安全法》第 19 条规定，国家维护国家基本经济制度和社会主义市场经济秩序，健全预防和化解经济安全风险的制度机制，保障关系国民经济命脉的重要行业和关键领域、重点产业、重大基础设施和重大建设项目以及其他重大经济利益安全。
9. ABD，解析：《国家安全法》第 23 条规定，国家坚持社会主义先进文化前进方向，继承和弘扬中华民族优秀传统文化，培育和践行社会主义核心价值观，防范和抵制不良文化的影响，掌握意识形态领域主导权，增强文化整体实力和竞争力。
10. ABCD，解析：《国家安全法》第 30 条规定，国家完善生态环境保护制度体系，加大生态建设和环境保护力度，划定生态保护红线，强化生态风险的预警和防控，妥善处置突发环境事件，保障人民赖以生存发展的大气、水、土壤等自然环境和条件不受威胁和破坏，促进人与自然和谐发展。
11. BCD，解析：《国家安全法》第 35 条规定，全国人民代表大会依照宪法规定，决定战争和和平的问题，行使宪法规定的涉及国家安全的其他职权。全国人民代表大会常务委员会依照宪法规定，决定战争状态的宣布，决定全国总动员或者局部动员，决定全国或者个别省、自治区、直辖市进入紧急状态，行使宪法规定的和全国人民代表大会授予的涉及国家安全的其他职权。
12. ABC，解析：《国家安全法》第 36 条规定，中华人民共和国主席根据全国人民代表大会的决定和全国人民代表大会常务委员会的决定，宣布进入紧急状态，宣布战争状态，发布动员令，行使宪法规定的涉及国家安全的其他职权。
13. BD，解析：《国家安全法》第 37 条规定，国务院根据宪法和法律，制定涉及国家安全的行政法规，规定有关行政措施，发布有关决定和命令；实施国家安全法律法规和政策；依照法律规定决定省、自治区、直辖市的范围内部分地区进入紧急状态；行使宪法法律规定的和全国人民代表大会及其常务委员会授予的涉及国家安全的其他职权。

14. ABCD，解析：《国家安全法》第43条规定，国家机关及其工作人员在履行职责时，应当贯彻维护国家安全的原则。国家机关及其工作人员在国家安全工作和涉及国家安全活动中，应当严格依法履行职责，不得超越职权、滥用职权，不得侵犯个人和组织的合法权益。
15. BC，解析：《国家安全法》第58条规定，对可能即将发生或者已经发生的危害国家安全的事件，县级以上地方人民政府及其有关主管部门应当立即按照规定向上一级人民政府及其有关主管部门报告，必要时可以越级上报。
16. ABCD，解析：《国家安全法》第59条规定，国家建立国家安全审查和监管的制度和机制，对影响或者可能影响国家安全的外商投资、特定物项和关键技术、网络信息技术产品和服务、涉及国家安全事项的建设项目，以及其他重大事项和活动，进行国家安全审查，有效预防和化解国家安全风险。
17. AC，解析：《国家安全法》第76条规定，国家加强国家安全新闻宣传和舆论引导，通过多种形式开展国家安全宣传教育活动，将国家安全教育纳入国民教育体系和公务员教育培训体系，增强全民国家安全意识。

（四）填空题

1. 法治原则。（《国家安全法》第7条）
2. 经济社会发展；统筹。（《国家安全法》第8条）
3. 预防为主；标本兼治。（《国家安全法》第9条）
4. 互信；世界和平。（《国家安全法》第10条）
5. 全中国人民。（《国家安全法》第11条第2款）
6. 革命化、现代化、正规化。（《国家安全法》第18条）
7. 系统性；区域性。（《国家安全法》第20条）
8. 自主创新能力建设。（《国家安全法》第24条）
9. 全国人民代表大会。（《国家安全法》第35条）
10. 会商工作机制。（《国家安全法》第48条）
11. 协同联动机制。（《国家安全法》第49条）
12. 防范；制止。（《国家安全法》第78条）

（五）简答题

1. 答：《国家安全法》第21条规定，国家合理利用和保护资源能源，有效管控战略资源能源的开发，加强战略资源能源储备，完善资源能源运输战略通道建设和安全保护措施，加强国际资源能源合作，全面提升应急保障能力，保障经济社会发展所需的资源能源持续、可靠和有效供给。

2. 答：《国家安全法》第 43 条规定，国家机关及其工作人员在履行职责时，应当贯彻维护国家安全的原则。国家机关及其工作人员在国家安全工作和涉及国家安全活动中，应当严格依法履行职责，不得超越职权、滥用职权，不得侵犯个人和组织的合法权益。

六、网络安全法

（一）判断题

1. 国家倡导诚实守信、健康文明的网络行为，推动传播社会主义核心价值观，采取措施提高全社会的网络安全意识和水平，形成全社会共同参与促进网络安全的良好环境。（　　）
2. 各级人民政府及其有关部门应当组织开展经常性的网络安全宣传教育，并指导、督促有关单位做好网络安全宣传教育工作。（　　）
3. 按照国务院规定的职责分工，负责关键信息基础设施安全保护工作的部门共同编制并组织实施本行业、本领域的关键信息基础设施安全规划，指导和监督关键信息基础设施运行安全保护工作。（　　）
4. 依法负有网络安全监督管理职责的部门及其工作人员，必须对在履行职责中知悉的个人信息、隐私和商业秘密严格保密，不得泄露、出售或者非法向他人提供。（　　）
5. 国家机关政务网络的运营者不履行本法规定的网络安全保护义务的，由国家网信部门责令改正；对直接负责的主管人员和其他直接责任人员依法给予处分。（　　）

（二）单项选择题

1. 国家网信部门会同国务院有关部门制定、公布网络关键设备和网络安全专用（　　），并推动安全认证和安全检测结果互认，避免重复认证、检测。

A. 产品认证　　B. 产品标准
C. 产品标签　　D. 产品目录

2. 关于网络安全事件应急预案，下列哪一项是错误的？（　　）

A. 由国家网信部门全权负责制定
B. 负责关键信息基础设施安全保护工作的部门应当制定本行业、本领域

的网络安全事件应急预案

C. 应定期组织演练

D. 网络安全事件应急预案应当按照事件发生后的危害程度、影响范围等因素对网络安全事件进行分级

3. 网络安全事件发生的风险增大时，省级以上人民政府采取下列哪一项措施是不适当的？（　　）

A. 要求有关部门、机构和人员及时收集、报告有关信息，加强对网络安全风险的监测

B. 组织有关部门、机构和专业人员，对网络安全风险信息进行分析评估

C. 因可能涉及国家秘密、商业秘密和个人隐私，应秘密处理，不能向社会发布网络安全风险预警

D. 向社会发布网络安全风险预警

4. 省级以上人民政府有关部门在履行网络安全监督管理职责中，发现网络存在较大安全风险或者发生安全事件的，可以按照规定的权限和程序对该网络的运营者的法定代表人或者主要负责人采取何种措施？（　　）

A. 拘留　　B. 警告

C. 约谈　　D. 罚款

5. 因维护国家安全和社会公共秩序，处置重大突发社会安全事件的需要，经哪一机关决定或者批准，可以在特定区域对网络通信采取限制等临时措施？（　　）

A. 全国人大常委会　　B. 国务院

C. 省级人民政府　　D. 国家网信部门

（三）多项选择题

1. 国家对下列哪些关键信息基础设施实行重点保护？（　　）

A. 公共通信和信息服务　　B. 能源

C. 水利　　D. 电子政务

2. 关于关键信息基础设施的运营者在中国境内运营中收集和产生的个人信息和重要数据的存储，下列说法正确的是：（　　）

A. 应当在境内存储

B. 可以由运营者自主决定

C. 禁止向境外提供

D. 如果需要向境外提供的，应当进行安全评估

3. 国家网信部门和有关部门依法履行网络信息安全监督管理职责，发现法律、行政法规禁止发布或者传输的信息的，可以采取哪些措施？（　　）

A. 要求网络运营者停止传输

B. 采取消除等处置措施

C. 保存有关记录

D. 对来源于境外的不法信息，应当通知有关机构采取技术措施和其他必要措施阻断传播

4. 关于网信部门的保密义务，下列说法正确的是：（　　）

A. 履行网络安全保护职责中获取的信息，只能用于维护网络安全的需要

B. 对在履行职责中知悉的个人信息、隐私和商业秘密应严格保密

C. 不得出售或者非法向他人提供个人信息

D. 将在履行网络安全保护职责中获取的信息用于其他用途的，对直接负责的主管人员和其他直接责任人员依法给予处分

（四）填空题

1. ____负责统筹协调网络安全工作和相关监督管理工作。国务院____、____和其他有关机关依照本法和有关法律、行政法规的规定，在各自职责范围内负责网络安全保护和监督管理工作。

2. 国家建立和完善网络安全标准体系。国务院标准化行政主管部门和国务院其他有关部门根据各自的职责，组织制定并适时修订有关网络安全管理以及网络产品、服务和运行安全的____标准、____标准。

3. 网信部门和有关部门在履行网络安全保护职责中获取的信息，只能用于____的需要，不得用于其他用途。

4. 建设关键信息基础设施应当确保其具有支持业务稳定、持续运行的性能，并保证安全技术措施同步____、同步____、同步____。

5. 关键信息基础设施的运营者采购网络产品和服务，可能影响____的，应当通过国家网信部门会同国务院有关部门组织的____审查。

（五）简答题

1. 简述国家网信部门统筹协调有关部门对关键信息基础设施的安全保护应当采取的措施。
2. 简述发生网络安全事件后，相关主管部门应当如何处理。

参考答案

（一）判断题

1. √，解析：《网络安全法》第 6 条。
2. √，解析：《网络安全法》第 19 条第 1 款。
3. ×，解析：《网络安全法》第 32 条规定，按照国务院规定的职责分工，负责关键信息基础设施安全保护工作的部门分别编制并组织实施本行业、本领域的关键信息基础设施安全规划，指导和监督关键信息基础设施运行安全保护工作。
4. √，解析：《网络安全法》第 45 条。
5. ×，解析：《网络安全法》第 72 条规定，国家机关政务网络的运营者不履行本法规定的网络安全保护义务的，由其上级机关或者有关机关责令改正；对直接负责的主管人员和其他直接责任人员依法给予处分。

（二）单项选择题

1. D，解析：《网络安全法》第 23 条规定，网络关键设备和网络安全专用产品应当按照相关国家标准的强制性要求，由具备资格的机构安全认证合格或者安全检测符合要求后，方可销售或者提供。国家网信部门会同国务院有关部门制定、公布网络关键设备和网络安全专用产品目录，并推动安全认证和安全检测结果互认，避免重复认证、检测。
2. A，解析：《网络安全法》第 53 条规定，国家网信部门协调有关部门建立健全网络安全风险评估和应急工作机制，制定网络安全事件应急预案，并定期组织演练。负责关键信息基础设施安全保护工作的部门应当制定本行业、本领域的网络安全事件应急预案，并定期组织演练。网络安全事件应急预案应当按照事件发生后的危害程度、影响范围等因素对网络安全事件进行分级，并规定相应的应急处置措施。

3. C，解析：《网络安全法》第 54 条规定，网络安全事件发生的风险增大时，省级以上人民政府有关部门应当按照规定的权限和程序，并根据网络安全风险的特点和可能造成的危害，采取下列措施：（1）要求有关部门、机构和人员及时收集、报告有关信息，加强对网络安全风险的监测；（2）组织有关部门、机构和专业人员，对网络安全风险信息进行分析评估，预测事件发生的可能性、影响范围和危害程度；（3）向社会发布网络安全风险预警，发布避免、减轻危害的措施。
4. C，解析：《网络安全法》第 56 条规定，省级以上人民政府有关部门在履行网络安全监督管理职责中，发现网络存在较大安全风险或者发生安全事件的，可以按照规定的权限和程序对该网络的运营者的法定代表人或者主要负责人进行约谈。网络运营者应当按照要求采取措施，进行整改，消除隐患。
5. B，解析：《网络安全法》第 58 条规定，因维护国家安全和社会公共秩序，处置重大突发社会安全事件的需要，经国务院决定或者批准，可以在特定区域对网络通信采取限制等临时措施。

（三）多项选择题

1. ABCD，解析：《网络安全法》第 31 条第 1 款规定，国家对公共通信和信息服务、能源、交通、水利、金融、公共服务、电子政务等重要行业和领域，以及其他一旦遭到破坏、丧失功能或者数据泄露，可能严重危害国家安全、国计民生、公共利益的关键信息基础设施，在网络安全等级保护制度的基础上，实行重点保护。关键信息基础设施的具体范围和安全保护办法由国务院制定。
2. AD，解析：《网络安全法》第 37 条规定，关键信息基础设施的运营者在中华人民共和国境内运营中收集和产生的个人信息和重要数据应当在境内存储。因业务需要，确需向境外提供的，应当按照国家网信部门会同国务院有关部门制定的办法进行安全评估；法律、行政法规另有规定的，依照其规定。
3. ABCD，解析：《网络安全法》第 50 条规定，国家网信部门和有关部门依法履行网络信息安全监督管理职责，发现法律、行政法规禁止发布或者传输的信息的，应当要求网络运营者停止传输，采取消除等处置措施，保存有关记录；对来源于中华人民共和国境外的上述信息，应当通知有关机构采取技术措施和其他必要措施阻断传播。
4. ABCD，解析：《网络安全法》第 30 条规定，网信部门和有关部门在履行网络安全保护职责中获取的信息，只能用于维护网络安全的需要，不得用于其他用途。第 45 条规定，依法负有网络安全监督管理职责的部门及其工作人员，必须对在履行职责中知悉的个人信息、隐私和商业秘密严格保密，不得泄露、出售或者非法向他人提供。第 73 条第 1 款规定，网信部门和有关部门违反本法第 30 条规定，将在履行网络安全保护职责中获取的信息用于其他用途的，对直接负责的主管人员和其他直接责任人员依法给予处分。

（四）填空题

1. 国家网信部门；电信主管部门；公安部门。（《网络安全法》第 8 条第 1 款）
2. 国家；行业。（《网络安全法》第 15 条第 1 款）
3. 维护网络安全。（《网络安全法》第 30 条）
4. 规划；建设；使用。（《网络安全法》第 33 条）
5. 国家安全；国家安全。（《网络安全法》第 35 条）

（五）简答题

1. 答：《网络安全法》第 39 条规定，国家网信部门应当统筹协调有关部门对关键信息基础设施的安全保护采取下列措施：（1）对关键信息基础设施的安全风险进行抽查检测，提出改进措施，必要时可以委托网络安全服务机构对网络存在的安全风险进行检测评估；（2）定期组织关键信息基础设施的运营者进行网络安全应急演练，提高应对网络安全事件的水平和协同配合能力；（3）促进有关部门、关键信息基础设施的运营者以及有关研究机构、网络安全服务机构等之间的网络安全信息共享；（4）对网络安全事件的应急处置与网络功能的恢复等，提供技术支持和协助。
2. 答：《网络安全法》第 55 条规定，发生网络安全事件，应当立即启动网络安全事件应急预案，对网络安全事件进行调查和评估，要求网络运营者采取技术措施和其他必要措施，消除安全隐患，防止危害扩大，并及时向社会发布与公众有关的警示信息。

七、保守国家秘密法

（一）判断题

1. 国家秘密及其密级的具体范围的规定，应当向社会公布，并根据情况变化及时调整。（　　）
2. 国家秘密的保密期限，除另有规定外，不超过15年。（　　）
3. 国家秘密的密级、保密期限和知悉范围，一经确定不得变更。（　　）
4. 机关、单位对是否属于国家秘密或者属于何种密级不明确或者有争议的，应当报请上一级机关、单位确定。（　　）
5. 国家秘密载体应当在符合国家保密标准的设施、设备中保存，并指定专人管理。（　　）

（二）单项选择题

1. 关于定密权限，下列哪一项是不正确的？（　　）
   A. 中央国家机关可以确定绝密级、机密级和秘密级国家秘密
   B. 省级机关及其授权的机关、单位可以确定绝密级、机密级和秘密级国家秘密
   C. 设区的市、自治州一级的机关可以确定机密级和秘密级国家秘密
   D. 县级机关可以确定秘密级国家秘密
2. 关于国家秘密的知悉范围，下列哪一项说法是错误的？（　　）
   A. 应当根据工作需要限定在最小范围
   B. 能够限定到具体人员的，限定到具体人员
   C. 不能限定到具体人员的，限定到机关、单位，由机关、单位限定到具体人员
   D. 国家秘密的知悉范围以外的人员，因工作需要知悉国家秘密的，应当经过保密部门批准

3. 关于国家秘密解密和延长保密期限，下列哪一项说法是错误的？（　　）

A. 国家秘密的保密期限已满的，自行解密

B. 在保密期限内因保密事项范围调整不再作为国家秘密事项的，应当及时解密

C. 对需要延长保密期限的，应当在原保密期限到期后重新确定保密期限

D. 提前解密或者延长保密期限的，可以由原定密机关、单位决定

4. 关于涉密人员的下列说法，哪一项是不正确的？（　　）

A. 应当经过保密教育培训后才能上岗

B. 按照涉密程度分为核心涉密人员、重要涉密人员和一般涉密人员，实行分类管理

C. 应当签订保密承诺书

D. 出境应当经本机关、单位负责人批准

5. 办理涉嫌泄露国家秘密案件的机关，需要对有关事项是否属于国家秘密以及属于何种密级进行鉴定的，可以由下列哪一机关鉴定？（　　）

A. 本级人民政府　　B. 国务院

C. 省级保密行政管理部门　　D. 上一级领导机关

（三）多项选择题

1. 下列哪些事项，可以确定为国家秘密？（　　）

A. 国家事务重大决策中的秘密事项

B. 外交和外事活动中的秘密事项

C. 科学技术中的秘密事项

D. 追查刑事犯罪中的秘密事项

2. 下级机关、单位认为本机关、本单位产生的有关定密事项属于上级机关、单位的定密权限，应当如何处理？（　　）

A. 先行采取保密措施

B. 立即报请上级机关、单位确定

C. 在取得上级机关的授权后再定密

D. 没有上级机关、单位的，应当立即提请有相应定密权限的业务主管部门或者保密行政管理部门确定

3. 关于国家秘密的密级、保密期限和知悉范围的变更，下列哪些说法是正确的？（　　）
   A. 应当根据情况变化及时变更
   B. 可以由其上级机关决定
   C. 应当由原定密机关、单位决定
   D. 应当及时书面通知知悉范围内的机关、单位或者人员
4. 对于绝密级国家秘密的保存、使用和管理，下列哪些做法是正确的？（　　）
   A. 指定专人管理
   B. 未经原定密机关、单位或者其上级机关批准，不得复制和摘抄
   C. 收发、传递和外出携带，应当指定人员负责
   D. 应当在符合国家保密标准的设施、设备中保存
5. 机关、单位工作人员的下列哪些行为是不被允许的？（　　）
   A. 将涉密计算机、涉密存储设备接入互联网及其他公共信息网络
   B. 使用非涉密计算机、非涉密存储设备存储、处理国家秘密信息
   C. 将未经安全技术处理的退出使用的涉密计算机改作其他用途
   D. 在采取防护措施的情况下，在涉密信息系统与互联网及其他公共信息网络之间进行信息交换
6. 机关、单位作人员的下列哪些行为应当被禁止？（　　）
   A. 通过普通邮政、快递传递国家秘密载体
   B. 邮寄、托运国家秘密载体出境
   C. 在互联网中传递国家秘密
   D. 在私人交往和通信中涉及国家秘密

（四）填空题

1. 机关、单位应当实行____，健全保密管理制度，完善保密防护措施，开展保密宣传教育，加强保密检查。
2. 国家秘密的密级分为____、____、____三级。
3. 机关、单位确定、变更和解除本机关、本单位的国家秘密，应当由承办人提出具体意见，经____审核批准。

4. 机关、单位对所产生的国家秘密事项，应当按照国家秘密及其密级的具体范围的规定确定密级，同时确定____和____。
5. 国家秘密的保密期限，应当根据事项的性质和特点，按照维护国家安全和利益的需要，限定在必要的期限内；不能确定期限的，应当确定____。

（五）简答题

1. 简述哪些事项属于国家秘密。
2. 简述国家秘密的分级及其保密期限。

参考答案

（一）判断题

1. ×，解析：《保守国家秘密法》第 11 条第 3 款规定，国家秘密及其密级的具体范围的规定，应当在有关范围内公布，并根据情况变化及时调整。
2. ×，解析：《保守国家秘密法》第 15 条第 2 款规定，国家秘密的保密期限，除另有规定外，绝密级不超过 30 年，机密级不超过 20 年，秘密级不超过 10 年。
3. ×，解析：《保守国家秘密法》第 18 条第 1 款规定，国家秘密的密级、保密期限和知悉范围，应当根据情况变化及时变更。国家秘密的密级、保密期限和知悉范围的变更，由原定密机关、单位决定，也可以由其上级机关决定。
4. ×，解析：《保守国家秘密法》第 20 条规定，机关、单位对是否属于国家秘密或者属于何种密级不明确或者有争议的，由国家保密行政管理部门或者省、自治区、直辖市保密行政管理部门确定。
5. ×，解析：根据《保守国家秘密法》第 21 条第 2 款规定，绝密级国家秘密载体应当在符合国家保密标准的设施、设备中保存，并指定专人管理。

（二）单项选择题

1. D，解析：《保守国家秘密法》第 13 条第 2 款规定，中央国家机关、省级机关及其授权的机关、单位可以确定绝密级、机密级和秘密级国家秘密；设区的市、自治州一级的机关及其授权的机关、单位可以确定机密级和秘密级国家秘密。具体的定密权限、授权范围由国家保密行政管理部门规定。

2. D，解析：《保守国家秘密法》第 16 条规定，国家秘密的知悉范围，应当根据工作需要限定在最小范围。国家秘密的知悉范围能够限定到具体人员的，限定到具体人员；不能限定到具体人员的，限定到机关、单位，由机关、单位限定到具体人员。国家秘密的知悉范围以外的人员，因工作需要知悉国家秘密的，应当经过机关、单位负责人批准。
3. C，解析：《保守国家秘密法》第 19 条规定，国家秘密的保密期限已满的，自行解密。机关、单位应当定期审核所确定的国家秘密。对在保密期限内因保密事项范围调整不再作为国家秘密事项，或者公开后不会损害国家安全和利益，不需要继续保密的，应当及时解密；对需要延长保密期限的，应当在原保密期限届满前重新确定保密期限。提前解密或者延长保密期限的，由原定密机关、单位决定，也可以由其上级机关决定。
4. D，解析：《保守国家秘密法》第 35 条第 1 款规定，在涉密岗位工作的人员（以下简称涉密人员），按照涉密程度分为核心涉密人员、重要涉密人员和一般涉密人员，实行分类管理。第 36 条规定，涉密人员上岗应当经过保密教育培训，掌握保密知识技能，签订保密承诺书，严格遵守保密规章制度，不得以任何方式泄露国家秘密。第 37 条规定，涉密人员出境应当经有关部门批准，有关机关认为涉密人员出境将对国家安全造成危害或者对国家利益造成重大损失的，不得批准出境。
5. C，解析：《保守国家秘密法》第 46 条规定，办理涉嫌泄露国家秘密案件的机关，需要对有关事项是否属于国家秘密以及属于何种密级进行鉴定的，由国家保密行政管理部门或者省、自治区、直辖市保密行政管理部门鉴定。

（三）多项选择题

1. ABCD，解析：《保守国家秘密法》第 9 条。
2. ABD，解析：《保守国家秘密法》第 13 条第 3 款规定，机关、单位执行上级确定的国家秘密事项，需要定密的，根据所执行的国家秘密事项的密级确定。下级机关、单位认为本机关、本单位产生的有关定密事项属于上级机关、单位的定密权限，应当先行采取保密措施，并立即报请上级机关、单位确定；没有上级机关、单位的，应当立即提请有相应定密权限的业务主管部门或者保密行政管理部门确定。
3. ABD，解析：《保守国家秘密法》第 18 条规定，国家秘密的密级、保密期限和知悉范围，应当根据情况变化及时变更。国家秘密的密级、保密期限和知悉范围的变更，由原定密机关、单位决定，也可以由其上级机关决定。国家秘密的密级、保密期限和知悉范围变更的，应当及时书面通知知悉范围内的机关、单位或者人员。

4. ABCD，解析：《保守国家秘密法》第 21 条规定，国家秘密载体的制作、收发、传递、使用、复制、保存、维修和销毁，应当符合国家保密规定。绝密级国家秘密载体应当在符合国家保密标准的设施、设备中保存，并指定专人管理；未经原定密机关、单位或者其上级机关批准，不得复制和摘抄；收发、传递和外出携带，应当指定人员负责，并采取必要的安全措施。
5. ABC，解析：《保守国家秘密法》第 24 条规定，机关、单位应当加强对涉密信息系统的管理，任何组织和个人不得有下列行为：（1）将涉密计算机、涉密存储设备接入互联网及其他公共信息网络；（2）在未采取防护措施的情况下，在涉密信息系统与互联网及其他公共信息网络之间进行信息交换；（3）使用非涉密计算机、非涉密存储设备存储、处理国家秘密信息；（4）擅自卸载、修改涉密信息系统的安全技术程序、管理程序；（5）将未经安全技术处理的退出使用的涉密计算机、涉密存储设备赠送、出售、丢弃或者改作其他用途。
6. ABCD，解析：《保守国家秘密法》第 25、26 条。

（四）填空题

1. 保密工作责任制。（《保守国家秘密法》第 7 条）
2. 绝密；机密；秘密。（《保守国家秘密法》第 10 条第 1 款）
3. 定密责任人。（《保守国家秘密法》第 12 条第 2 款）
4. 保密期限；知悉范围。（《保守国家秘密法》第 14 条）
5. 解密的条件。（《保守国家秘密法》第 15 条第 1 款）

（五）简答题

1. 答：《保守国家秘密法》第 9 条规定，下列涉及国家安全和利益的事项，泄露后可能损害国家在政治、经济、国防、外交等领域的安全和利益的，应当确定为国家秘密：（1）国家事务重大决策中的秘密事项；（2）国防建设和武装力量活动中的秘密事项；（3）外交和外事活动中的秘密事项以及对外承担保密义务的秘密事项；（4）国民经济和社会发展中的秘密事项；（5）科学技术中的秘密事项；（6）维护国家安全活动和追查刑事犯罪中的秘密事项；（7）经国家保密行政管理部门确定的其他秘密事项。政党的秘密事项中符合前款规定的，属于国家秘密。
2. 答：《保守国家秘密法》第 10 条规定，国家秘密的密级分为绝密、机密、秘密三级。绝密级国家秘密是最重要的国家秘密，泄露会使国家安全和利益遭受特别严重的损害；机密级国家秘密是重要的国家秘密，泄露会使国家安全和利益遭受严重的损害；秘密级国家秘密是一般的国家秘密，泄露会使国家安全和利益遭受损害。第 15 条规定第 2 款规定，国家秘密的保密期限，除另有规定外，绝密级不超过 30 年，机密级不超过 20 年，秘密级不超过 10 年。

八、反间谍法

（一）判断题

1. 反间谍工作坚持中央统一领导，坚持公开工作与秘密工作相结合、专门工作与群众路线相结合、积极防御、依法惩治的原则。（　　）
2. 反间谍工作应当依法进行，尊重和保障人权，保障公民和组织的合法权益。（　　）
3. 境外机构、组织、个人实施或者指使、资助他人实施的，或者境内机构、组织、个人与境外机构、组织、个人相勾结实施的危害中华人民共和国国家安全的间谍行为，都必须受到法律追究。（　　）
4. 国家安全机关及其工作人员在工作中，应当严格依法办事，必要时可以超越职权，但不得侵犯组织和个人的合法权益。（　　）
5. 机关、团体和其他组织应当对本单位的人员进行维护国家安全的教育，动员、组织本单位的人员防范、制止间谍行为。（　　）
6. 实施间谍行为，有自首或者立功表现的，可以从轻、减轻或者免除处罚；有重大立功表现的，应当免除处罚。（　　）
7. 国家安全机关对依照本法查封、扣押、冻结的财物，应当妥善保管。没有违法事实的，或者与案件无关的，应当解除查封、扣押、冻结，并及时返还相关财物；造成损失的，应当依法赔偿。（　　）
8. 国家安全机关工作人员滥用职权、玩忽职守、徇私舞弊，构成犯罪的，或者有非法拘禁、刑讯逼供、暴力取证、违反规定泄露国家秘密、商业秘密和个人隐私等行为，构成犯罪的，依法追究刑事责任。（　　）

（二）单项选择题

1. （　　）是反间谍工作的主管机关。

A. 国家安全机关　　　　B. 公安机关

C. 保密机关　　D. 情报机关

2. 一切(　　)，都有防范、制止间谍行为，维护国家安全的义务。

A. 国家机关和武装力量

B. 各政党和各社会团体及各企业事业组织

C. 各社会团体及各企业事业组织

D. 国家机关和武装力量、各政党和各社会团体及各企业事业组织

3. 国家安全机关对用于间谍行为的工具和其他财物，以及用于资助间谍行为的资金、场所、物资，经设区的市级以上国家安全机关负责人批准，可以依法(　　)。

A. 查封　　B. 查封、扣押

C. 查封、冻结　　D. 查封、扣押、冻结

4. 公民和组织发现间谍行为，向公安机关等其他国家机关、组织报告的，相关国家机关、组织应当立即移送(　　)处理。

A. 上一级公安机关　　B. 当地法院

C. 国家安全机关　　D. 当地派出所

5. 任何个人和组织对国家安全机关及其工作人员超越职权、滥用职权和其他违法行为，都有权向(　　)或者有关部门检举、控告。

A. 上级国家安全机关　　B. 该国家安全机关领导

C. 国务院　　D. 同级人大常委会

6. 在境外受胁迫或者受诱骗参加敌对组织、间谍组织，从事危害中华人民共和国国家安全的活动，及时向中华人民共和国驻外机构如实说明情况，或者入境后直接或者通过所在单位及时向国家安全机关、公安机关如实说明情况，并有悔改表现的，可以(　　)。

A. 从轻处罚　　B. 减轻处罚

C. 不予追究　　D. 给予奖励

(三) 多项选择题

1. 国家安全机关因反间谍工作需要，按照国家有关规定，可以(　　)机关、团体、企业事业组织和个人的交通工具、通信工具、场地和建筑物。

A. 随意使用　　B. 优先使用

C. 依法征用　　D. 无偿征用

2. 国家安全机关及其工作人员依法履行反间谍工作职责获取的组织和个人的信息、材料，只能用于反间谍工作。对属于(　　)的，应当保密。

A. 国家秘密　　B. 商业秘密

C. 政府信息　　D. 个人隐私

3. 实施间谍行为，有自首或者立功表现的，可以(　　)。

A. 从轻处罚　　B. 减轻处罚

C. 免除处罚　　D. 给予奖励

4. 明知他人有间谍犯罪行为，在国家安全机关向其调查有关情况、收集有关证据时，拒绝提供的，由(　　)予以处分，或者由国家安全机关处15日以下行政拘留；构成犯罪的，依法追究刑事责任。

A. 所在单位　　B. 上级主管部门

C. 公安部门　　D. 国家安全部门

5. 非法持有属于国家秘密的文件、资料和其他物品，构成犯罪的，依法追究刑事责任；尚不构成犯罪的，国家安全机关予以可以对其依法作出什么处罚？(　　)。

A. 警告　　B. 逮捕

C. 行政拘留　　D. 没收

6. 下列属于间谍行为的有：(　　)

A. 间谍组织及其代理人实施或者指使、资助他人实施，或者境内外机构、组织、个人与其相勾结实施的危害中华人民共和国国家安全的活动

B. 参加间谍组织或者接受间谍组织及其代理人的任务的

C. 间谍组织及其代理人以外的其他境外机构、组织、个人实施或者指使、资助他人实施，或者境内机构、组织、个人与其相勾结实施的窃取、刺探、收买或者非法提供国家秘密或者情报，或者策动、引诱、收买国家工作人员叛变的活动

D. 为敌人指示攻击目标的

(四) 填空题

1. 国家安全机关在反间谍工作中必须依靠____的支持，动员、组织____防

范、制止危害国家安全的间谍行为。

2. 国家对支持、协助反间谍工作的组织和个人给予____，对有重大贡献的给予____。
3. 国家安全机关因侦察间谍行为的需要，根据国家有关规定，经过严格的批准手续，可以采取____措施。
4. 对协助国家安全机关工作或者依法检举、控告的个人和组织，任何个人和组织不得____和____。

（五）简答题

简述国家安全机关对依法查封、扣押、冻结的财物，应当如何处理。

参考答案

（一）判断题

1. √，解析：《反间谍法》第2条。
2. √，解析：《反间谍法》第5条。
3. √，解析：《反间谍法》第6条。
4. ×，解析：《反间谍法》第17条第1款规定，国家安全机关及其工作人员在工作中，应当严格依法办事，不得超越职权、滥用职权，不得侵犯组织和个人的合法权益。
5. √，解析：《反间谍法》第19条。
6. ×，解析：《反间谍法》第27条第2款规定，实施间谍行为，有自首或者立功表现的，可以从轻、减轻或者免除处罚；有重大立功表现的，给予奖励。
7. √，解析：《反间谍法》第36条。
8. √，解析：《反间谍法》第37条。

（二）单项选择题

1. A，解析：根据《反间谍法》第3条规定，国家安全机关是反间谍工作的主管机关。公安、保密行政管理等其他有关部门和军队有关部门按照职责分工，密切配合，加强协调，依法做好有关工作。
2. D，解析：根据《反间谍法》第4条第2款规定，一切国家机关和武装力量、各政党和各社会团体及各企业事业组织，都有防范、制止间谍行为，维护国家安全的义务。

3. D，解析：根据《反间谍法》第 15 条规定，国家安全机关对用于间谍行为的工具和其他财物，以及用于资助间谍行为的资金、场所、物资，经设区的市级以上国家安全机关负责人批准，可以依法查封、扣押、冻结。
4. C，解析：根据《反间谍法》第 21 条规定，公民和组织发现间谍行为，应当及时向国家安全机关报告；向公安机关等其他国家机关、组织报告的，相关国家机关、组织应当立即移送国家安全机关处理。
5. A，解析：根据《反间谍法》第 26 条规定，任何个人和组织对国家安全机关及其工作人员超越职权、滥用职权和其他违法行为，都有权向上级国家安全机关或者有关部门检举、控告。受理检举、控告的国家安全机关或者有关部门应当及时查清事实，负责处理，并将处理结果及时告知检举人、控告人。
6. C，解析：根据《反间谍法》第 28 条规定，在境外受胁迫或者受诱骗参加敌对组织、间谍组织，从事危害中华人民共和国国家安全的活动，及时向中华人民共和国驻外机构如实说明情况，或者入境后直接或者通过所在单位及时向国家安全机关、公安机关如实说明情况，并有悔改表现的，可以不予追究。

（三）多项选择题

1. BC，解析：根据《反间谍法》第 11 条第 2 款规定。
2. ABD，解析：根据《反间谍法》第 17 条第 2 款规定。
3. ABC，解析：根据《反间谍法》第 27 条规定，实施间谍行为，有自首或者立功表现的，可以从轻、减轻或者免除处罚；有重大立功表现的，给予奖励。
4. AB，解析：根据《反间谍法》第 29 条规定，明知他人有间谍犯罪行为，在国家安全机关向其调查有关情况、收集有关证据时，拒绝提供的，由其所在单位或者上级主管部门予以处分，或者由国家安全机关处 15 日以下行政拘留；构成犯罪的，依法追究刑事责任。
5. AC，解析：根据《反间谍法》第 32 条规定，对非法持有属于国家秘密的文件、资料和其他物品的，以及非法持有、使用专用间谍器材的，国家安全机关可以依法对其人身、物品、住处和其他有关的地方进行搜查；对其非法持有的属于国家秘密的文件、资料和其他物品，以及非法持有、使用的专用间谍器材予以没收。非法持有属于国家秘密的文件、资料和其他物品，构成犯罪的，依法追究刑事责任；尚不构成犯罪的，由国家安全机关予以警告或者处 15 日以下行政拘留。

6. ABCD，解析：根据《反间谍法》第38条规定，本法所称间谍行为，是指下列行为：（1）间谍组织及其代理人实施或者指使、资助他人实施，或者境内外机构、组织、个人与其相勾结实施的危害中华人民共和国国家安全的活动；（2）参加间谍组织或者接受间谍组织及其代理人的任务的；（3）间谍组织及其代理人以外的其他境外机构、组织、个人实施或者指使、资助他人实施，或者境内机构、组织、个人与其相勾结实施的窃取、刺探、收买或者非法提供国家秘密或者情报，或者策动、引诱、收买国家工作人员叛变的活动；（4）为敌人指示攻击目标的；（5）进行其他间谍活动的。

（四）填空题

1. 人民；人民。（《反间谍法》第4条第3款）
2. 保护；奖励。（《反间谍法》第7条）
3. 技术侦查。（《反间谍法》第12条）
4. 压制；打击报复。（《反间谍法》第26条第2款）

（五）简答题

答：《反间谍法》第36条第1款规定，国家安全机关对依照本法查封、扣押、冻结的财物，应当妥善保管，并按照下列情形分别处理：（1）涉嫌犯罪的，依照刑事诉讼法的规定处理；（2）尚不构成犯罪，有违法事实的，对依法应当没收的予以没收，依法应当销毁的予以销毁；（3）没有违法事实的，或者与案件无关的，应当解除查封、扣押、冻结，并及时返还相关财物；造成损失的，应当依法赔偿。

九、反恐怖主义法

(一) 判断题

1. 公安机关、国家安全机关和人民检察院、人民法院、司法行政机关以及其他有关国家机关，应当根据分工，实行工作责任制，依法做好反恐怖主义工作。(　　)
2. 任何单位和个人都有协助、配合有关部门开展反恐怖主义工作的义务，发现恐怖活动嫌疑或者恐怖活动嫌疑人员的，应当及时向公安机关或者有关部门报告。(　　)
3. 对在中华人民共和国领域外对中华人民共和国国家、公民或者机构实施的恐怖活动犯罪，中华人民共和国不能行使刑事管辖权追究刑事责任。(　　)
4. 国务院反洗钱行政主管部门发现涉嫌恐怖主义融资的，可以依法进行调查，申请法院批准采取临时冻结措施。(　　)
5. 审计、财政、税务等部门在依照法律、行政法规的规定对有关单位实施监督检查的过程中，发现资金流入流出涉嫌恐怖主义融资的，应当及时通报公安机关。(　　)
6. 海关在对进出境人员携带现金和无记名有价证券实施监管的过程中，发现涉嫌恐怖主义融资的，应当立即通报有管辖权的公安机关。(　　)
7. 出入境证件签发机关、出入境边防检查机关对恐怖活动人员和恐怖活动嫌疑人员，有权决定不准其出境入境、不予签发出境入境证件或者宣布其出境入境证件作废。(　　)
8. 海关、出入境边防检查机关发现恐怖活动嫌疑人员或者涉嫌恐怖活动物品的，应当依法扣留，并立即移送公安机关或者国家安全机关。(　　)
9. 国务院外交、公安、国家安全、发展改革、工业和信息化、商务、旅游等主管部门应当建立境外投资合作、旅游等安全风险评估制度，对中国在

境外的公民以及驻外机构、设施、财产加强安全保护，防范和应对恐怖袭击。(　　)

10. 应对处置恐怖事件，各级反恐怖主义工作领导机构应当成立由有关部门参加的指挥机构，实行指挥长负责制。由反恐怖主义工作领导机构负责人担任指挥长。(　　)

11. 恐怖事件应对处置结束后，各级人民政府应当组织有关部门帮助受影响的单位和个人尽快恢复生活、生产，稳定受影响地区的社会秩序和公众情绪。(　　)

12. 国家鼓励、支持反恐怖主义科学研究和技术创新，开发和推广使用先进的反恐怖主义技术、设备。(　　)

13. 对依照中华人民共和国反恐怖主义法规定查封、扣押、冻结、扣留、收缴的物品、资金等，经审查发现与恐怖主义无关的，应当及时解除有关措施，予以退还。(　　)

(二) 单项选择题

1. 国务院公安部门、国家安全部门、外交部门和省级反恐怖主义工作领导机构对于需要认定恐怖活动组织和人员的，应当向(　　)提出申请。

A. 国务院　　B. 最高人民法院

C. 国家反恐怖主义工作领导机构　　D. 最高人民检察院

2. 对管制器具、危险化学品、民用爆炸物品，国务院有关主管部门或者(　　)根据需要，在特定区域、特定时间，可以决定对生产、进出口、运输、销售、使用、报废实施管制，可以禁止使用现金、实物进行交易或者对交易活动作出其他限制。

A. 县级以上人民政府　　B. 国家安全部门

C. 省级人民政府　　D. 设区的市级以上人民政府

3. 审计、财政、税务等部门在依照法律、行政法规的规定对有关单位实施监督检查的过程中，发现资金流入流出涉嫌恐怖主义融资的，应当及时通报(　　)。

A. 公安机关　　B. 国家安全机关

C. 人民检察院　　D. 反洗钱行政主管部门

4. 公安机关经调查，发现犯罪事实或者犯罪嫌疑人的，应当依照刑事诉讼法的规定(　　)。

A. 立案侦查　　B. 批准逮捕

C. 诉至法院　　D. 严加审问

5. 恐怖事件发生后，负责应对处置的反恐怖主义工作领导机构可以决定由有关部门和单位采取在特定区域内实施互联网、无线电、通讯管制的处置措施的，应由(　　)反恐怖主义工作领导机构决定或者批准。

A. 县级以上　　B. 市级以上

C. 省级以上　　D. 国务院

6. 恐怖事件发生、发展和应对处置信息，由恐怖事件发生地的(　　)统一发布。

A. 省级人民政府　　B. 省级公安局

C. 省级反恐怖主义工作领导机构　　D. 设区的市级人民政府

7. 国务院有关部门根据(　　)授权，代表中国政府与外国政府和有关国际组织开展反恐怖主义政策对话、情报信息交流、执法合作和国际资金监管合作。

A. 国务院　　B. 全国人大常委会

C. 最高人民法院　　D. 中央军事委员会

8. 经与有关国家达成协议，并报(　　)批准，国务院公安部门、国家安全部门可以派员出境执行反恐怖主义任务。

A. 国务院　　B. 全国人大常委会

C. 最高人民法院　　D. 中央军事委员会

9. 公安机关、国家安全机关、中国人民解放军、中国人民武装警察部队因履行反恐怖主义职责的紧急需要，根据国家有关规定，可以(　　)单位和个人的财产。

A. 征用　　B. 无偿使用

C. 借用　　D. 扣押

(三) 多项选择题

1. 反恐怖主义工作应坚持哪些原则？(　　)

A. 专门工作与群众路线相结合　　B. 防范为主、惩防结合
C. 先发制敌、保持主动　　D. 公开工作与秘密工作相结合

2. 海关在对进出境人员携带现金和无记名有价证券实施监管的过程中，发现涉嫌恐怖主义融资的，应当立即通报(　　)。
A. 国务院反洗钱行政主管部门　　B. 国家安全部门
C. 有管辖权的公安机关　　D. 人民检察院

3. 出入境证件签发机关、出入境边防检查机关对恐怖活动人员和恐怖活动嫌疑人员，有权作出(　　)决定。
A. 不准其出境入境　　B. 不予签发出境入境证件
C. 宣布其出境入境证件作废　　D. 逮捕

4. 海关、出入境边防检查机关发现恐怖活动嫌疑人员或者涉嫌恐怖活动物品的，应当依法扣留，并可以立即移送下列哪些机关？(　　)
A. 公安机关　　B. 人民检察院
C. 国家安全机关　　D. 中国人民解放军

5. 下列哪些机构在其职责范围内，因反恐怖主义情报信息工作的需要，根据国家有关规定，经过严格的批准手续，可以采取技术侦察措施？(　　)
A. 公安机关　　B. 人民法院
C. 国家安全机关　　D. 军事机关

6. 公安机关调查恐怖活动嫌疑，经县级以上公安机关负责人批准，可以根据其危险程度，责令恐怖活动嫌疑人员遵守下列哪些约束措施？(　　)
A. 未经公安机关批准不得离开所居住的市、县或者指定的处所
B. 不得参加大型群众性活动或者从事特定的活动
C. 未经公安机关批准不得乘坐公共交通工具或者进入特定的场所
D. 不得与特定的人员会见或者通信

7. 应对处置恐怖事件，各级反恐怖主义工作领导机构应当成立由有关部门参加的指挥机构，实行指挥长负责制。以下判断中正确的有：(　　)
A. 反恐怖主义工作领导机构负责人可以担任指挥长
B. 公安机关负责人可以担任指挥长
C. 反恐怖主义工作领导机构的其他成员单位负责人可以担任指挥长
D. 可以存在多名负责不同事务的指挥长

8. 恐怖事件发生后，负责应对处置的反恐怖主义工作领导机构可以决定由有关部门和单位采取下列哪些处置措施？（　　）

A. 组织营救和救治受害人员，疏散、撤离并妥善安置受到威胁的人员以及采取其他救助措施

B. 封锁现场和周边道路，查验现场人员的身份证件，在有关场所附近设置临时警戒线

C. 在特定区域内实施空域、海（水）域管制，对特定区域内的交通运输工具进行检查

D. 在特定区域内实施互联网、无线电、通讯管制

9. 人民警察、人民武装警察以及其他依法配备、携带武器的应对处置人员在(　　)情形下可以使用武器。

A. 对在现场持枪支、刀具等凶器正在实施暴力行为的人员，经警告无效的

B. 对在现场使用其他危险方法正在实施暴力行为的人员，经警告无效的

C. 对在现场持枪支、刀具等凶器准备实施暴力行为的人员，经警告无效的

D. 对在现场使用其他危险方法准备实施暴力行为的人员，经警告无效的

10. 因报告和制止恐怖活动，在恐怖活动犯罪案件中作证，或者从事反恐怖主义工作，本人或者其近亲属的人身安全面临危险的，经本人或者其近亲属提出申请，公安机关、有关部门应当采取下列哪些保护措施？(　　)

A. 不公开真实姓名、住址和工作单位等个人信息

B. 禁止特定的人接触被保护人员

C. 对人身和住宅采取专门性保护措施

D. 变更被保护人员的姓名，重新安排住所和工作单位

11. 下列情形中，需要依法追究刑事责任的有：(　　)

A. 组织、策划、准备实施、实施恐怖活动，宣扬恐怖主义，煽动实施恐怖活动

B. 非法持有宣扬恐怖主义的物品

C. 强制他人在公共场所穿戴宣扬恐怖主义的服饰、标志

D. 组织、领导、参加恐怖活动组织，为恐怖活动组织、恐怖活动人员、实施恐怖活动或者恐怖活动培训提供帮助

(四) 填空题

1. 公安机关应当会同有关部门，将遭受恐怖袭击的可能性较大以及遭受恐怖袭击可能造成重大的人身伤亡、财产损失或者社会影响的单位、场所、活动、设施等确定为防范恐怖袭击的重点目标，报____备案。
2. 有关部门应当加强反恐怖主义情报信息搜集工作，对搜集的有关线索、人员、行动类情报信息，应当依照规定及时统一归口报送____。
3. 公安机关、国家安全机关、军事机关在其职责范围内，因反恐怖主义情报信息工作的需要，根据国家有关规定，经过严格的批准手续，可以采取____措施。
4. 应对处置恐怖事件，各级反恐怖主义工作领导机构应当成立由有关部门参加的指挥机构，实行____制。
5. 中华人民共和国根据缔结或者参加的国际条约，或者按照____原则，与其他国家、地区、国际组织开展反恐怖主义合作。
6. ____、国家安全机关和有关部门，以及____、____，应当依照法律规定的职责，建立反恐怖主义专业力量，加强专业训练，配备必要的反恐怖主义专业设备、设施。

(五) 简答题

1. 简述公安机关调查恐怖活动嫌疑可以责令恐怖活动嫌疑人员遵守的约束措施。
2. 简述恐怖事件信息的发布机制以及报道、传播的禁止性要求。

参考答案

(一) 判断题

1. √，解析：《反恐怖主义法》第 8 条第 1 款。
2. √，解析：《反恐怖主义法》第 9 条。
3. ×，解析：根据《反恐怖主义法》第 11 条规定，对在中华人民共和国领域外对中华人民共和国国家、公民或者机构实施的恐怖活动犯罪，或者实施的中华人民共和国缔结、参加的国际条约所规定的恐怖活动犯罪，中华人民共和国行使刑事管辖权，依法追究刑事责任。

4. ×，解析：根据《反恐怖主义法》第 24 条第 2 款规定，国务院反洗钱行政主管部门发现涉嫌恐怖主义融资的，可以依法进行调查，采取临时冻结措施。
5. √，解析：《反恐怖主义法》第 25 条。
6. ×，解析：根据《反恐怖主义法》第 26 条规定，海关在对进出境人员携带现金和无记名有价证券实施监管的过程中，发现涉嫌恐怖主义融资的，应当立即通报国务院反洗钱行政主管部门和有管辖权的公安机关。
7. √，解析：《反恐怖主义法》第 39 条。
8. √，解析：《反恐怖主义法》第 40 条。
9. √，解析：《反恐怖主义法》第 41 条。
10. ×，解析：根据《反恐怖主义法》第 56 条第 1 款规定，应对处置恐怖事件，各级反恐怖主义工作领导机构应当成立由有关部门参加的指挥机构，实行指挥长负责制。反恐怖主义工作领导机构负责人可以担任指挥长，也可以确定公安机关负责人或者反恐怖主义工作领导机构的其他成员单位负责人担任指挥长。
11. √，解析：《反恐怖主义法》第 64 条。
12. √，解析：《反恐怖主义法》第 77 条。
13. √，解析：《反恐怖主义法》第 95 条。

（二）单项选择题

1. C，解析：根据《反恐怖主义法》第 13 条规定，国务院公安部门、国家安全部门、外交部门和省级反恐怖主义工作领导机构对于需要认定恐怖活动组织和人员的，应当向国家反恐怖主义工作领导机构提出申请。
2. C，解析：根据《反恐怖主义法》第 22 条规定，对管制器具、危险化学品、民用爆炸物品，国务院有关主管部门或者省级人民政府根据需要，在特定区域、特定时间，可以决定对生产、进出口、运输、销售、使用、报废实施管制，可以禁止使用现金、实物进行交易或者对交易活动作出其他限制。
3. A，解析：根据《反恐怖主义法》第 25 条规定，审计、财政、税务等部门在依照法律、行政法规的规定对有关单位实施监督检查的过程中，发现资金流入流出涉嫌恐怖主义融资的，应当及时通报公安机关。
4. A，解析：根据《反恐怖主义法》第 54 条规定，公安机关经调查，发现犯罪事实或者犯罪嫌疑人的，应当依照刑事诉讼法的规定立案侦查。本章规定的有关期限届满，公安机关未立案侦查的，应当解除有关措施。

5. C，解析：根据《反恐怖主义法》第 61 条第 1 款第 4 项规定，恐怖事件发生后，负责应对处置的反恐怖主义工作领导机构可以决定由有关部门和单位采取在特定区域内实施互联网、无线电、通讯管制。根据第 61 条第 2 款规定，采取前款第三项至第五项规定的应对处置措施，由省级以上反恐怖主义工作领导机构决定或者批准；采取前款第六项规定的应对处置措施，由设区的市级以上反恐怖主义工作领导机构决定。应对处置措施应当明确适用的时间和空间范围，并向社会公布。
6. C，解析：根据《反恐怖主义法》第 63 条第 1 款规定，恐怖事件发生、发展和应对处置信息，由恐怖事件发生地的省级反恐怖主义工作领导机构统一发布；跨省、自治区、直辖市发生的恐怖事件，由指定的省级反恐怖主义工作领导机构统一发布。
7. A，解析：根据《反恐怖主义法》第 69 条第 1 款规定，国务院有关部门根据国务院授权，代表中国政府与外国政府和有关国际组织开展反恐怖主义政策对话、情报信息交流、执法合作和国际资金监管合作。
8. A，解析：根据《反恐怖主义法》第 71 条第 1 款规定，经与有关国家达成协议，并报国务院批准，国务院公安部门、国家安全部门可以派员出境执行反恐怖主义任务。
9. A，解析：根据《反恐怖主义法》第 78 条规定，公安机关、国家安全机关、中国人民解放军、中国人民武装警察部队因履行反恐怖主义职责的紧急需要，根据国家有关规定，可以征用单位和个人的财产。任务完成后应当及时归还或者恢复原状，并依照规定支付相应费用；造成损失的，应当补偿。

（三）多项选择题

1. ABC，解析：根据《反恐怖主义法》第 5 条规定，反恐怖主义工作坚持专门工作与群众路线相结合，防范为主、惩防结合和先发制敌、保持主动的原则。
2. AC，解析：根据《反恐怖主义法》第 26 条规定，海关在对进出境人员携带现金和无记名有价证券实施监管的过程中，发现涉嫌恐怖主义融资的，应当立即通报国务院反洗钱行政主管部门和有管辖权的公安机关。
3. ABC，解析：根据《反恐怖主义法》第 39 条规定，出入境证件签发机关、出入境边防检查机关对恐怖活动人员和恐怖活动嫌疑人员，有权决定不准其出境入境、不予签发出境入境证件或者宣布其出境入境证件作废。

4. AC，解析：根据《反恐怖主义法》第40条规定，海关、出入境边防检查机关发现恐怖活动嫌疑人员或者涉嫌恐怖活动物品的，应当依法扣留，并立即移送公安机关或者国家安全机关。
5. ACD，解析：根据《反恐怖主义法》第45条第1款规定，公安机关、国家安全机关、军事机关在其职责范围内，因反恐怖主义情报信息工作的需要，根据国家有关规定，经过严格的批准手续，可以采取技术侦察措施。
6. ABCD，解析：根据《反恐怖主义法》第53条第1款规定，公安机关调查恐怖活动嫌疑，经县级以上公安机关负责人批准，可以根据其危险程度，责令恐怖活动嫌疑人员遵守下列一项或者多项约束措施：（1）未经公安机关批准不得离开所居住的市、县或者指定的处所；（2）不得参加大型群众性活动或者从事特定的活动；（3）未经公安机关批准不得乘坐公共交通工具或者进入特定的场所；（4）不得与特定的人员会见或者通信；（5）定期向公安机关报告活动情况；（6）将护照等出入境证件、身份证件、驾驶证件交公安机关保存。
7. ABC，解析：根据《反恐怖主义法》第56条第1款规定，应对处置恐怖事件，各级反恐怖主义工作领导机构应当成立由有关部门参加的指挥机构，实行指挥长负责制。反恐怖主义工作领导机构负责人可以担任指挥长，也可以确定公安机关负责人或者反恐怖主义工作领导机构的其他成员单位负责人担任指挥长。
8. ABCD，解析：根据《反恐怖主义法》第61条第1款规定，恐怖事件发生后，负责应对处置的反恐怖主义工作领导机构可以决定由有关部门和单位采取下列一项或者多项应对处置措施：（1）组织营救和救治受害人员，疏散、撤离并妥善安置受到威胁的人员以及采取其他救助措施；（2）封锁现场和周边道路，查验现场人员的身份证件，在有关场所附近设置临时警戒线；（3）在特定区域内实施空域、海（水）域管制，对特定区域内的交通运输工具进行检查；（4）在特定区域内实施互联网、无线电、通讯管制；（5）在特定区域内或者针对特定人员实施出境入境管制；（6）禁止或者限制使用有关设备、设施，关闭或者限制使用有关场所，中止人员密集的活动或者可能导致危害扩大的生产经营活动；（7）抢修被损坏的交通、电信、互联网、广播电视、供水、排水、供电、供气、供热等公共设施；（8）组织志愿人员参加反恐怖主义救援工作，要求具有特定专长的人员提供服务；（9）其他必要的应对处置措施。

9. ABCD，解析：根据《反恐怖主义法》第62条规定，人民警察、人民武装警察以及其他依法配备、携带武器的应对处置人员，对在现场持枪支、刀具等凶器或者使用其他危险方法，正在或者准备实施暴力行为的人员，经警告无效的，可以使用武器；紧急情况下或者警告后可能导致更为严重危害后果的，可以直接使用武器。
10. ABCD，解析：根据《反恐怖主义法》第76条第1款规定，因报告和制止恐怖活动，在恐怖活动犯罪案件中作证，或者从事反恐怖主义工作，本人或者其近亲属的人身安全面临危险的，经本人或者其近亲属提出申请，公安机关、有关部门应当采取下列一项或者多项保护措施：（1）不公开真实姓名、住址和工作单位等个人信息；（2）禁止特定的人接触被保护人员；（3）对人身和住宅采取专门性保护措施；（4）变更被保护人员的姓名，重新安排住所和工作单位；（5）其他必要的保护措施。
11. ABCD，解析：根据《反恐怖主义法》第79条规定，组织、策划、准备实施、实施恐怖活动，宣扬恐怖主义，煽动实施恐怖活动，非法持有宣扬恐怖主义的物品，强制他人在公共场所穿戴宣扬恐怖主义的服饰、标志，组织、领导、参加恐怖活动组织，为恐怖活动组织、恐怖活动人员、实施恐怖活动或者恐怖活动培训提供帮助的，依法追究刑事责任。

（四）填空题

1. 本级反恐怖主义工作领导机构。（《反恐怖主义法》第31条）
2. 国家反恐怖主义情报中心。（《反恐怖主义法》第43条第2款）
3. 技术侦察。（《反恐怖主义法》第45条第1款）
4. 指挥长负责。（《反恐怖主义法》第56条）
5. 平等互惠。（《反恐怖主义法》第68条）
6. 公安机关；中国人民解放军；中国人民武装警察部队。（《反恐怖主义法》第74条第1款）

（五）简答题

1. 答：《反恐怖主义法》第53条规定，公安机关调查恐怖活动嫌疑，经县级以上公安机关负责人批准，可以根据其危险程度，责令恐怖活动嫌疑人员遵守下列一项或者多项约束措施：（1）未经公安机关批准不得离开所居住的市、县或者指定的处所；（2）不得参加大型群众性活动或者从事特定的活动；（3）未经公安机关批准不得乘坐公共交通工具或者进入特定的场所；（4）不得与特定的人员会见或者通信；（5）定期向公安机关报告活动情况；（6）将护照等出入境证件、身份证件、驾驶证件交公安机关保存。

公安机关可以采取电子监控、不定期检查等方式对其遵守约束措施的情况进行监督。

采取前两款规定的约束措施的期限不得超过 3 个月。对不需要继续采取约束措施的，应当及时解除。

2. 答：《反恐怖主义法》第 63 条规定，恐怖事件发生、发展和应对处置信息，由恐怖事件发生地的省级反恐怖主义工作领导机构统一发布；跨省、自治区、直辖市发生的恐怖事件，由指定的省级反恐怖主义工作领导机构统一发布。

任何单位和个人不得编造、传播虚假恐怖事件信息；不得报道、传播可能引起模仿的恐怖活动的实施细节；不得发布恐怖事件中残忍、不人道的场景；在恐怖事件的应对处置过程中，除新闻媒体经负责发布信息的反恐怖主义工作领导机构批准外，不得报道、传播现场应对处置的工作人员、人质身份信息和应对处置行动情况。

十、民族区域自治法

（一）判断题

1. 民族自治地方分为自治区、自治州、自治县和民族乡。（　　）
2. 上级国家机关的决议、决定、命令和指示，如有不适合民族自治地方实际情况的，自治机关可以自行变通执行或者停止执行。（　　）
3. 民族自治地方的人民法院院长和人民检察院检察长，应当由实行区域自治的民族的人员担任。（　　）
4. 上级国家机关隶属的在民族自治地方的企业、事业单位依照国家规定招收人员时，优先招收当地少数民族人员。（　　）
5. 自治区的自治条例和单行条例，报全国人民代表大会常务委员会备案后生效。（　　）

（二）单项选择题

1. 关于民族自治机关的组成，下列哪一说法是正确的？（　　）

   A. 民族自治地方的人民代表大会，应当由实行区域自治的民族的代表组成

   B. 民族自治地方的人民代表大会常务委员会主任应当由实行区域自治的民族的公民担任

   C. 自治区主席、自治州州长、自治县县长均应由实行区域自治的民族的公民担任

   D. 自治区、自治州、自治县人民政府的其他组成人员，应当少量配置其他少数民族的人员

2. 关于自治县的自治条例和单行条例，下列哪一项是不正确的？（　　）

   A. 报省级人民代表大会常务委员会批准后生效

   B. 报省级人民代表大会备案

C. 报全国人民代表大会常务委员会备案

D. 报国务院备案

3. 某自治县依照国家的军事制度和当地的实际需要，计划组织本地方维护社会治安的公安部队，须经哪一机关批准？（　　）

A. 国务院　　B. 公安部

C. 省级人民政府　　D. 省级人大常委会

4. 民族自治地方的自治机关在执行国家税法的时候，除应由国家统一审批的减免税收项目以外，对属于地方财政收入的某些需要从税收上加以照顾和鼓励的，可以实行减税或者免税。自治县决定减税或者免税，须报下列哪一机关批准？（　　）

A. 国务院　　B. 省、自治区、直辖市人民政府

C. 国家税务总局　　D. 上一级人民政府

（三）多项选择题

1. 民族自治地方的自治机关包括：（　　）

A. 人民代表大会　　B. 人民政府

C. 人民法院　　D. 人民检察院

2. 关于民族自治地方自治机关的自治权，下列哪些选项是正确的？（　　）

A. 在国家计划的指导下，根据本地方的财力、物力和其他具体条件，自主地安排地方基本建设项目

B. 自主地管理隶属于本地方的企业、事业

C. 与外国接壤的民族自治地方经国务院批准，开展边境贸易

D. 凡是依照国家财政体制属于民族自治地方的财政收入，都应当由民族自治地方的自治机关自主地安排使用

3. 关于自治条例和单行条例，下列哪些说法是正确的？（　　）

A. 由民族自治地方的人民代表大会及其常务委员会制定

B. 自治区的自治条例和单行条例，报全国人民代表大会常务委员会批准后生效

C. 自治州、自治县的自治条例和单行条例应同时报全国人民代表大会常务委员会和国务院备案

D. 可以在自治条例和单行条例中变通执行或者停止执行上级国家机关的决议、决定、命令和指示

(四) 填空题

1. 民族自治地方的人民代表大会中，实行区域自治的民族和其他少数民族代表的名额和比例，根据法律规定的原则，由____决定，并报____备案。
2. 上级国家机关的决议、决定、命令和指示，如有不适合民族自治地方实际情况的，自治机关可以报经该上级国家机关批准，____执行或者____执行；该上级国家机关应当在收到报告之日起____日内给予答复。
3. 民族自治地方的自治机关的组织和工作，根据宪法和法律，由民族自治地方的____规定。
4. 民族自治地方的人民法院和人民检察院应当用当地____语言审理和检察案件，并合理配备通晓____的人员。
5. 上级国家机关非经____同意，不得改变民族自治地方所属企业的隶属关系。

(五) 简答题

简述民族自治地方的自治机关及其组成人员要求。

参考答案

(一) 判断题

1. ×，解析：《民族区域自治法》第 2 条第 2 款规定，民族自治地方分为自治区、自治州、自治县。
2. ×，解析：《民族区域自治法》第 20 条规定，上级国家机关的决议、决定、命令和指示，如有不适合民族自治地方实际情况的，自治机关可以报经该上级国家机关批准，变通执行或者停止执行；该上级国家机关应当在收到报告之日起 60 日内给予答复。
3. ×，解析：《民族区域自治法》第 46 条第 3 款规定，民族自治地方的人民法院和人民检察院的领导成员和工作人员中，应当有实行区域自治的民族的人员。

4. √，解析：《民族区域自治法》第 67 条第 1 款。
5. ×，解析：根据《民族区域自治法》第 19 条规定，自治区的自治条例和单行条例，报全国人民代表大会常务委员会批准后生效。

（二）单项选择题

1. C，解析：《民族区域自治法》第 16 条第 1、3 款规定，民族自治地方的人民代表大会中，除实行区域自治的民族的代表外，其他居住在本行政区域内的民族也应当有适当名额的代表。民族自治地方的人民代表大会常务委员会中应当有实行区域自治的民族的公民担任主任或者副主任。第 17 条第 1 款规定，自治区主席、自治州州长、自治县县长由实行区域自治的民族的公民担任。自治区、自治州、自治县的人民政府的其他组成人员，应当合理配备实行区域自治的民族和其他少数民族的人员。
2. B，解析：《民族区域自治法》第 19 条规定，民族自治地方的人民代表大会有权依照当地民族的政治、经济和文化的特点，制定自治条例和单行条例。自治区的自治条例和单行条例，报全国人民代表大会常务委员会批准后生效。自治州、自治县的自治条例和单行条例报省、自治区、直辖市的人民代表大会常务委员会批准后生效，并报全国人民代表大会常务委员会和国务院备案。
3. A，解析：《民族区域自治法》第 24 条规定，民族自治地方的自治机关依照国家的军事制度和当地的实际需要，经国务院批准，可以组织本地方维护社会治安的公安部队。
4. B，解析：《民族区域自治法》第 34 条规定，民族自治地方的自治机关在执行国家税法的时候，除应由国家统一审批的减免税收项目以外，对属于地方财政收入的某些需要从税收上加以照顾和鼓励的，可以实行减税或者免税。自治州、自治县决定减税或者免税，须报省、自治区、直辖市人民政府批准。

（三）多项选择题

1. AB，解析：《民族区域自治法》第 15 条第 1 款规定，民族自治地方的自治机关是自治区、自治州、自治县的人民代表大会和人民政府。
2. ABCD，解析：《民族区域自治法》第 29 条、第 30 条、第 31 条、第 32 条。
3. BC，解析：《民族区域自治法》第 19 条规定，民族自治地方的人民代表大会有权依照当地民族的政治、经济和文化的特点，制定自治条例和单行条例。自治区的自治条例和单行条例，报全国人民代表大会常务委员会批准后生效。自治州、自治县的自治条例和单行条例报省、自治区、直辖市的人民代表大会常务委员会批准后生效，并报全国人民代表大会常务委员会和国务院备案。

第20条规定，上级国家机关的决议、决定、命令和指示，如有不适合民族自治地方实际情况的，自治机关可以报经该上级国家机关批准，变通执行或者停止执行；该上级国家机关应当在收到报告之日起60日内给予答复。

（四）填空题

1. 省、自治区、直辖市的人民代表大会常务委员会；全国人民代表大会常务委员会。（《民族区域自治法》第16条第2款）
2. 变通；停止；60。（《民族区域自治法》第20条）
3. 自治条例或者单行条例。（《民族区域自治法》第15条第3款）
4. 通用的；当地通用的少数民族语言文字。（《民族区域自治法》第47条）
5. 民族自治地方自治机关。（《民族区域自治法》第68条）

（五）简答题

答：《民族区域自治法》第15条第1款规定，民族自治地方的自治机关是自治区、自治州、自治县的人民代表大会和人民政府。第16条规定，民族自治地方的人民代表大会中，除实行区域自治的民族的代表外，其他居住在本行政区域内的民族也应当有适当名额的代表。民族自治地方的人民代表大会中，实行区域自治的民族和其他少数民族代表的名额和比例，根据法律规定的原则，由省、自治区、直辖市的人民代表大会常务委员会决定，并报全国人民代表大会常务委员会备案。民族自治地方的人民代表大会常务委员会中应当有实行区域自治的民族的公民担任主任或者副主任。第17条第1款规定，自治区主席、自治州州长、自治县县长由实行区域自治的民族的公民担任。自治区、自治州、自治县的人民政府的其他组成人员，应当合理配备实行区域自治的民族和其他少数民族的人员。第18条规定，民族自治地方的自治机关所属工作部门的干部中，应当合理配备实行区域自治的民族和其他少数民族的人员。

十一、公务员法

（一）判断题

1. 公务员制度坚持中国共产党领导，坚持以马克思列宁主义、毛泽东思想、邓小平理论、“三个代表”重要思想、科学发展观、习近平新时代中国特色社会主义思想为指导，贯彻社会主义初级阶段的基本路线，贯彻新时代中国共产党的组织路线，坚持党管干部原则。（　　）
2. 国家对公务员实行一致性管理，提高管理效能和科学化水平。（　　）
3. 公务员应当保守国家秘密和工作秘密。（　　）
4. 所有职位类别公务员的职级序列均由《公务员法》加以规定。（　　）
5. 公务员的领导职务、职级应当对应相应的级别。（　　）
6. 录用担任二级主任科员以下及其他相当职级层次的公务员，采取公开考试、严格考察、平等竞争、择优录取的办法。（　　）
7. 新录用的公务员试用期为一年，可以适情况延长。（　　）
8. 定期考核的结果可以以口头形式通知公务员本人。（　　）
9. 公务员职务实行委任制和聘任制。（　　）
10. 公务员任职应当在规定的编制限额和职数内进行，并有相应的职位空缺。（　　）
11. 奖励坚持定期奖励与及时奖励相结合，精神奖励与物质奖励相结合、以物质奖励为主的原则。（　　）
12. 公务员有权进行陈述和申辩；处分决定机关不得因公务员申辩而加重处分。（　　）
13. 公务员受开除以外的处分，在受处分期间有悔改表现，并且没有再发生违纪违法行为的，处分期满后公告解除。（　　）
14. 机关不得委托其他培训机构承担公务员培训任务。（　　）
15. 公务员可以在公务员和参照《公务员法》管理的工作人员队伍内部交

流，但不得与国有企业和不参照《公务员法》管理的事业单位中从事公务的人员交流。(　　)

16. 上级机关应当注重从基层机关公开遴选公务员。(　　)

17. 任何机关不得扣减或者拖欠公务员的工资。(　　)

18. 公务员辞去公职，任免机关应当自接到申请之日起十五日内予以审批。(　　)

19. 公务员达到国家规定的退休年龄或者完全丧失工作能力的，应当退休。(　　)

20. 公务员对省级以下机关作出的申诉处理决定不服的，可以向作出处理决定的机关提出再申诉。(　　)

(二) 单项选择题

1. 公务员的管理，坚持监督约束与(　　)并重的原则。

A. 公平公正　　B. 激励保障
C. 德才兼备　　D. 提高效能

2. 公务员的任用，坚持德才兼备、(　　)，坚持五湖四海、任人唯贤，坚持事业为上、公道正派，突出政治标准，注重工作实绩。

A. 以德为先　　B. 以才为先
C. 效率为先　　D. 能力优先

3. 国家根据人民警察、消防救援人员以及海关、驻外外交机构等公务员的工作特点，设置与其领导职务、职级相对应的(　　)。

A. 岗位　　B. 任务
C. 衔级　　D. 级别

4. 地方各级机关公务员的录用，由省级公务员主管部门负责组织，必要时省级公务员主管部门可以授权(　　)公务员主管部门组织。

A. 设区的市级　　B. 地方各级
C. 县级以上　　D. 省会市

5. 公务员的考核分为平时考核、专项考核和(　　)等方式。

A. 不定期考核　　B. 季度考核
C. 年度考核　　D. 定期考核

6. (　　)公务员在选举结果生效时即任当选职务。

A. 任期制　　B. 聘任制

C. 选任制　　D. 委任制

7. (　　)公务员试用期满考核合格，职务、职级发生变化，以及其他情形需要任免职务、职级的，应当按照管理权限和规定的程序任免。

A. 任期制　　B. 聘任制

C. 选任制　　D. 委任制

8. 公务员晋升领导职务的，应当按照有关规定实行任职前(　　)和任职试用期制度。

A. 公示制度　　B. 宣誓制度

C. 公告制度　　D. 考察制度

9. 公务员的职务、职级实行(　　)。

A. 优胜劣汰　　B. 能上能下

C. 末位淘汰　　D. 择优录用

10. 对工作表现突出，有显著成绩和贡献，或者有其他突出事迹的公务员或者公务员集体，给予(　　)。

A. 嘉奖　　B. 奖励

C. 表彰　　D. 表扬

11. 公务员奖励分为：(　　)、记三等功、记二等功、记一等功、授予称号。

A. 嘉奖　　B. 奖励

C. 表彰　　D. 表扬

12. 因地域或者工作性质特殊，需要变通执行任职回避的，由(　　)公务员主管部门规定。

A. 县级以上　　B. 市级以上

C. 省级以上　　D. 中央

13. 辞退决定应当以(　　)通知被辞退的公务员，并应当告知辞退依据和理由。

A. 书面形式　　B. 口头形式

C. 公告形式　　D. 邮寄形式

14. 受理公务员申诉的机关应当自受理之日起(　　)内作出处理决定。

A. 15 日　　B. 30 日

C. 60 日　　D. 90 日

15. 公务员认为机关及其领导人员侵犯其合法权益的,可以依法向上级机关或者(　　)提出控告。

A. 公安机关　　B. 司法机关

C. 监察机关　　D. 检察机关

(三) 多项选择题

1. 公务员的管理,坚持(　　)的原则,依照法定的权限、条件、标准和程序进行。

A. 公开　　B. 平等

C. 竞争　　D. 择优

2. 国家实行公务员职务与职级并行制度,根据公务员职位类别和职责设置公务员(　　)。

A. 领导职务　　B. 非领导职务

C. 职级序列　　D. 职务级别

3. 公务员的考核应当按照管理权限,全面考核公务员的德、能、勤、绩、廉,重点考核(　　)。

A. 政治素质　　B. 道德品质

C. 工作实绩　　D. 廉洁奉公

4. 定期考核的结果作为调整公务员职位、职务、职级、级别、工资以及公务员(　　)的依据。

A. 奖励　　B. 辞退

C. 培训　　D. 晋升

5. 公务员职级应当逐级晋升,根据个人(　　),参考民主推荐或者民主测评结果确定人选,经公示后,按照管理权限审批。

A. 德才表现　　B. 工作实绩

C. 任职资历　　D. 政治素质

6. 公务员应当遵纪守法，不得有(　　)行为。

A. 组织或者参加罢工

B. 拒绝执行上级依法作出的决定和命令

C. 违反职业道德、社会公德和家庭美德

D. 不担当，不作为，玩忽职守，贻误工作

7. 解除处分后，晋升(　　)不再受原处分的影响。

A. 工资档次　　B. 级别

C. 职务　　D. 职级

8. 公务员担任(　　)及其有关部门主要领导职务的，应当按照有关规定实行地域回避。

A. 乡级机关　　B. 县级机关

C. 设区的市级机关　　D. 省级机关

9. 公务员按照国家规定享受(　　)等津贴。

A. 地区附加津贴　　B. 中西部基层就业津贴

C. 艰苦边远地区津贴　　D. 岗位津贴

10. 公务员有(　　)情形的，不得辞去公职。

A. 未满国家规定的最低服务年限的

B. 重要公务尚未处理完毕，且须由本人继续处理的

C. 在涉及国家秘密等特殊职位任职或者离开上述职位不满国家规定的脱密期限的

D. 违法行政法规，正在接受行政处罚的

11. 公务员有下列哪些情形的，不得辞退？(　　)

A. 因公致残，被确认丧失或者部分丧失工作能力的

B. 患病或者负伤，在规定的医疗期内的

C. 女性公务员在孕期、产假、哺乳期内的

D. 在婚假期间的

12. 公务员在受警告处分期间不得晋升：(　　)

A. 工资档次　　B. 职务

C. 职级　　D. 级别

13. 公务员交流的方式包括：（　　）

A. 调任　　B. 转任

C. 挂职　　D. 晋升

14. 公务员符合下列哪些条件之一的，本人自愿提出申请，经任免机关批准，可以提前退休？（　　）

A. 工作年限满 30 年的

B. 距国家规定的退休年龄不足 5 年，且工作年限满 20 年的

C. 在年度考核中，连续两年被确定为不称职的

D. 不胜任现职工作，又不接受其他安排的

（四）填空题

1. 公务员的领导职务、职级应当对应相应的____。根据工作需要和领导职务与职级的对应关系，公务员担任的领导职务和职级可以互相____、____；符合规定资格条件的，可以晋升领导职务或者职级。
2. 公示期满，中央一级招录机关应当将拟录用人员名单报中央公务员主管部门____；地方各级招录机关应当将拟录用人员名单报____公务员主管部门审批。
3. 非领导成员公务员的定期考核，先由个人按照职位职责和有关要求进行总结，主管领导在听取____意见后，提出考核等次建议，由本机关____或者授权的____确定考核等次。
4. 公务员因违纪违法应当承担纪律责任的，依照《公务员法》给予处分或者由____依法给予____；违纪违法行为情节轻微，经批评教育后改正的，可以____。
5. 受处分的期间为：警告，____；记过，____；记大过，____；降级、撤职，____。受撤职处分的，按照规定____。
6. 机关对新录用人员应当在试用期内进行____；对晋升领导职务的公务员应当在任职前或者任职后一年内进行____；对从事专项工作的公务员应当进行____；对全体公务员应当进行提高政治素质和工作能力、更新知识的____，其中对专业技术类公务员应当进行____。
7. 公务员在不同职位之间转任应当具备拟任职位所要求的____，在规定的

____和职数内进行。

8. 根据工作需要，机关可以采取____方式选派公务员承担重大工程、重大项目、____或者其他专项工作。
9. 担任领导职务的公务员，因工作变动依照法律规定需要辞去现任职务的，应当履行____。
10. 被辞退的公务员，可以领取____或者根据国家有关规定享受____。
11. 公务员退休后，享受国家规定的____和其他待遇，国家为其生活和健康提供必要的服务和帮助，鼓励发挥____，参与社会发展。
12. 受理公务员申诉的机关应当自受理之日起____内作出处理决定；案情复杂的，可以适当延长，但是延长时间不得超过____。复核、申诉期间____人事处理的执行。
13. 公务员申诉的受理机关审查认定人事处理有错误的，原处理机关应当及时____。

（五）简答题

1. 简述《公务员法》中规定的公务员应当履行的义务。
2. 简述哪些人员不得录用为公务员。
3. 简述给予公务员或者公务员集体奖励的情形。
4. 简述公务员应当予以辞退的情形。
5. 简述对公务员的哪些人事处理情形，公务员本人不服的可以提出申诉。

参考答案

（一）判断题

1. √，解析：《公务员法》第 4 条。
2. ×，解析：《公务员法》第 8 条规定，国家对公务员实行分类管理。
3. √，解析：《公务员法》第 14 条第 5 项。
4. ×，解析：《公务员法》第 19 条第 3 款规定，综合管理类以外其他职位类别公务员的职级序列，根据本法由国家另行规定。
5. √，解析：《公务员法》第 21 条第 1 款。

6. ×，解析：《公务员法》第23条第1款规定，录用担任一级主任科员以下及其他相当职级层次的公务员，采取公开考试、严格考察、平等竞争、择优录取的办法。
7. ×，解析：根据《公务员法》第34条规定，公务员的试用期固定为1年，不可延长。
8. ×，解析：《公务员法》第38条第2款规定，定期考核的结果应当以书面形式通知公务员本人。
9. ×，解析：《公务员法》第40条第2款规定，公务员职级实行委任制和聘任制。
10. √，解析：《公务员法》第43条。
11. ×，解析：《公务员法》第51条第1款规定，奖励坚持定期奖励与及时奖励相结合，精神奖励与物质奖励相结合、以精神奖励为主的原则。
12. √，解析：《公务员法》第63条第2款。
13. ×，解析：《公务员法》第65条第1款规定，公务员受开除以外的处分，在受处分期间有悔改表现，并且没有再发生违纪违法行为的，处分期满后自动解除。
14. ×，解析：《公务员法》第66条第2款规定，国家建立专门的公务员培训机构。机关根据需要也可以委托其他培训机构承担公务员培训任务。
15. ×，解析：《公务员法》第69条第2款规定，公务员可以在公务员和参照本法管理的工作人员队伍内部交流，也可以与国有企业和不参照本法管理的事业单位中从事公务的人员交流。
16. √，解析：《公务员法》第71条第4款。
17. √，解析：《公务员法》第84条。
18. ×，解析：《公务员法》第85条规定，公务员辞去公职，应当向任免机关提出书面申请。任免机关应当自接到申请之日起30日内予以审批，其中对领导成员辞去公职的申请，应当自接到申请之日起90日内予以审批。
19. √，解析：《公务员法》第92条。
20. ×，解析：《公务员法》第95条第2款规定，对省级以下机关作出的申诉处理决定不服的，可以向作出处理决定的上一级机关提出再申诉。

（二）单项选择题

1. B，解析：根据《公务员法》第6条规定，公务员的管理，坚持监督约束与激励保障并重的原则。
2. A，解析：根据《公务员法》第7条规定。

3. C，解析：根据《公务员法》第22条规定，国家根据人民警察、消防救援人员以及海关、驻外外交机构等公务员的工作特点，设置与其领导职务、职级相对应的衔级。
4. A，解析：根据《公务员法》第24条规定，地方各级机关公务员的录用，由省级公务员主管部门负责组织，必要时省级公务员主管部门可以授权设区的市级公务员主管部门组织。
5. D，解析：根据《公务员法》第36条规定，公务员的考核分为平时考核、专项考核和定期考核等方式。
6. C，解析：根据《公务员法》第41条规定，选任制公务员在选举结果生效时即任当选职务。
7. D，解析：根据《公务员法》第42条规定，委任制公务员试用期满考核合格，职务、职级发生变化，以及其他情形需要任免职务、职级的，应当按照管理权限和规定的程序任免。
8. A，解析：根据《公务员法》第48条规定，公务员晋升领导职务的，应当按照有关规定实行任职前公示制度和任职试用期制度。
9. B，解析：根据《公务员法》第50条规定，公务员的职务、职级实行能上能下。
10. B，解析：根据《公务员法》第51条第1款规定，对工作表现突出，有显著成绩和贡献，或者有其他突出事迹的公务员或者公务员集体，给予奖励。
11. A，解析：根据《公务员法》第53条第1款规定，奖励分为：嘉奖、记三等功、记二等功、记一等功、授予称号。
12. C，解析：根据《公务员法》第74条第3款规定，因地域或者工作性质特殊，需要变通执行任职回避的，由省级以上公务员主管部门规定。
13. A，解析：根据《公务员法》第90条第1款规定，辞退决定应当以书面形式通知被辞退的公务员，并应当告知辞退依据和理由。
14. C，解析：根据《公务员法》第96条第1款规定，受理公务员申诉的机关应当自受理之日起60日内作出处理决定；案情复杂的，可以适当延长，但是延长时间不得超过30日。
15. C，解析：根据《公务员法》第98条规定，公务员认为机关及其领导人员侵犯其合法权益的，可以依法向上级机关或者监察机关提出控告。

（三）多项选择题

1. ABCD，解析，根据《公务员法》第5条规定，公务员的管理，坚持公开、平等、竞争、择优的原则，依照法定的权限、条件、标准和程序进行。

2. AC，解析：根据《公务员法》第17条规定，国家实行公务员职务与职级并行制度，根据公务员职位类别和职责设置公务员领导职务、职级序列。
3. AC，解析：根据《公务员法》第35条规定，公务员的考核应当按照管理权限，全面考核公务员的德、能、勤、绩、廉，重点考核政治素质和工作实绩。
4. ABC，解析：根据《公务员法》第39条规定，定期考核的结果作为调整公务员职位、职务、职级、级别、工资以及公务员奖励、培训、辞退的依据。
5. ABC，解析：根据《公务员法》第49条规定，公务员职级应当逐级晋升，根据个人德才表现、工作实绩和任职资历，参考民主推荐或者民主测评结果确定人选，经公示后，按照管理权限审批。
6. ABCD，解析：根据《公务员法》第59条第2项、第4项、第5项、第14项规定，公务员应当遵纪守法，不得有下列行为：组织或者参加非法组织，组织或者参加罢工；不担当，不作为，玩忽职守，贻误工作；拒绝执行上级依法作出的决定和命令；违反职业道德、社会公德和家庭美德。
7. ABCD，解析：根据《公务员法》第65条第1款规定，解除处分后，晋升工资档次、级别和职务、职级不再受原处分的影响。
8. ABC，解析：根据《公务员法》第75条规定，公务员担任乡级机关、县级机关、设区的市级机关及其有关部门主要领导职务的，应当按照有关规定实行地域回避。
9. ACD，解析：根据《公务员法》第80条第2款规定，公务员按照国家规定享受地区附加津贴、艰苦边远地区津贴、岗位津贴等津贴。
10. ABC，解析：根据《公务员法》第86条规定，公务员有下列情形之一的，不得辞去公职：（1）未满国家规定的最低服务年限的；（2）在涉及国家秘密等特殊职位任职或者离开上述职位不满国家规定的脱密期限的；（3）重要公务尚未处理完毕，且须由本人继续处理的；（4）正在接受审计、纪律审查、监察调查，或者涉嫌犯罪，司法程序尚未终结的；（5）法律、行政法规规定的其他不得辞去公职的情形。
11. ABC，解析：根据《公务员法》第89条规定，对有下列情形之一的公务员，不得辞退：（1）因公致残，被确认丧失或者部分丧失工作能力的；（2）患病或者负伤，在规定的医疗期内的；（3）女性公务员在孕期、产假、哺乳期内的；（4）法律、行政法规规定的其他不得辞退的情形。
12. BCD，解析：根据《公务员法》第64条第1款规定，公务员在受处分期间不得晋升职务、职级和级别，其中受记过、记大过、降级、撤职处分的，不得晋升工资档次。

13. AB，解析：根据《公务员法》第 69 条规定，国家实行公务员交流制度。公务员可以在公务员和参照本法管理的工作人员队伍内部交流，也可以与国有企业和不参照本法管理的事业单位中从事公务的人员交流。交流的方式包括调任、转任。

14. AB，解析：根据《公务员法》第 93 条规定，公务员符合下列条件之一的，本人自愿提出申请，经任免机关批准，可以提前退休：（1）工作年限满 30 年的；（2）距国家规定的退休年龄不足 5 年，且工作年限满 20 年的；（3）符合国家规定的可以提前退休的其他情形的。

（四）填空题

1. 级别；转任；兼任。（《公务员法》第 21 条第 1、2 款）
2. 备案；省级或者设区的市级。（《公务员法》第 32 条第 2 款）
3. 群众；负责人；考核委员会。（《公务员法》第 37 条第 1 款）
4. 监察机关；政务处分；免予处分。（《公务员法》第 61 条第 1 款）
5. 6 个月；12 个月；18 个月；24 个月；降低级别。（《公务员法》第 64 条第 2 款）
6. 初任培训；任职培训；专门业务培训；在职培训；专业技术培训。（《公务员法》第 67 条第 1 款）
7. 资格条件；编制限额。（《公务员法》第 71 条第 1 款）
8. 挂职；重点任务。（《公务员法》第 72 条第 1 款）
9. 辞职手续。（《公务员法》第 87 条第 1 款）
10. 辞退费；失业保险。（《公务员法》第 90 条第 2 款）
11. 养老金；个人专长。（《公务员法》第 94 条）
12. 60 日；30 日；不停止。（《公务员法》第 96 条第 1 款）
13. 予以纠正。（《公务员法》第 97 条）

（五）简答题

1. 答：根据《公务员法》第 14 条规定，公务员应当履行下列义务：（1）忠于宪法，模范遵守、自觉维护宪法和法律，自觉接受中国共产党领导；（2）忠于国家，维护国家的安全、荣誉和利益；（3）忠于人民，全心全意为人民服务，接受人民监督；（4）忠于职守，勤勉尽责，服从和执行上级依法作出的决定和命令，按照规定的权限和程序履行职责，努力提高工作质量和效率；（5）保守国家秘密和工作秘密；（6）带头践行社会主义核心价值观，坚守法治，遵守纪律，恪守职业道德，模范遵守社会公德、家庭美德；（7）清正廉洁，公道正派；（8）法律规定的其他义务。

2. 答：根据《公务员法》第26条规定，下列人员不得录用为公务员：（1）因犯罪受过刑事处罚的；（2）被开除中国共产党党籍的；（3）被开除公职的；（4）被依法列为失信联合惩戒对象的；（5）有法律规定不得录用为公务员的其他情形的。

3. 答：根据《公务员法》第52条规定，公务员或者公务员集体有下列情形之一的，给予奖励：（1）忠于职守，积极工作，勇于担当，工作实绩显著的；（2）遵纪守法，廉洁奉公，作风正派，办事公道，模范作用突出的；（3）在工作中有发明创造或者提出合理化建议，取得显著经济效益或者社会效益的；（4）为增进民族团结，维护社会稳定做出突出贡献的；（5）爱护公共财产，节约国家资财有突出成绩的；（6）防止或者消除事故有功，使国家和人民群众利益免受或者减少损失的；（7）在抢险、救灾等特定环境中做出突出贡献的；（8）同违纪违法行为作斗争有功绩的；（9）在对外交往中为国家争得荣誉和利益的；（10）有其他突出功绩的。

4. 答：根据《公务员法》第88条规定，公务员有下列情形之一的，予以辞退：（1）在年度考核中，连续2年被确定为不称职的；（2）不胜任现职工作，又不接受其他安排的；（3）因所在机关调整、撤销、合并或者缩减编制员额需要调整工作，本人拒绝合理安排的；（4）不履行公务员义务，不遵守法律和公务员纪律，经教育仍无转变，不适合继续在机关工作，又不宜给予开除处分的；（5）旷工或者因公外出、请假期满无正当理由逾期不归连续超过15天，或者1年内累计超过30天的。

5. 答：根据《公务员法》第95条第1款规定，公务员对涉及本人的下列人事处理不服的，可以自知道该人事处理之日起30日内向原处理机关申请复核；对复核结果不服的，可以自接到复核决定之日起15日内，按照规定向同级公务员主管部门或者作出该人事处理的机关的上一级机关提出申诉；也可以不经复核，自知道该人事处理之日起30日内直接提出申诉：（1）处分；（2）辞退或者取消录用；（3）降职；（4）定期考核定为不称职；（5）免职；（6）申请辞职、提前退休未予批准；（7）不按照规定确定或者扣减工资、福利、保险待遇；（8）法律、法规规定可以申诉的其他情形。

十二、法官法

（一）判断题

1. 法官包括最高人民法院、地方各级人民法院和军事法院等专门人民法院的院长、副院长、审判委员会委员、庭长、副庭长、审判员、助理审判员和书记员。（　　）
2. 人民法院可以根据审判工作需要，从律师或者法学教学、研究人员等从事法律职业的人员中公开选拔法官。（　　）
3. 最高人民法院巡回法庭庭长、副庭长，由院长提请国务院任免。（　　）
4. 法官不得兼任人民代表大会常务委员会的组成人员，不得兼任行政机关、监察机关、检察机关的职务，不得兼任企业或者其他营利性组织、事业单位的职务，不得兼任律师、仲裁员和公证员。（　　）
5. 法官从人民法院离任后，不得以律师身份担任诉讼代理人或者辩护人。（　　）
6. 法官因工作需要，经单位选派或者批准，可以在高等学校、科研院所协助开展实践性教学、研究工作。（　　）

（二）单项选择题

1. 关于法官遴选委员会，下列哪一选项是错误的？（　　）
   A. 负责初任法官人选专业能力的审核
   B. 在省、自治区、直辖市设立，遴选最高人民法院法官应当设立最高人民法院法官遴选委员会
   C. 组成人员应当包括地方各级人民法院法官代表、其他从事法律职业的人员和有关方面代表，其中法官代表不少于1/2
   D. 日常工作由高级人民法院的内设职能部门承担

2. 法官之间有夫妻关系、直系血亲关系、三代以内旁系血亲以及近姻亲关系的，可以同时担任下列哪一职务？（　　）

A. 同一人民法院的院长、副庭长

B. 同一人民法院的副院长、审判员

C. 同一审判庭的庭长、审判员

D. 同一地区高级人民法院院长和基层人民法院院长

3. 下列说法，哪一项是正确的？（　　）

A. 法官从人民法院离任后两年内，可以非律师身份担任诉讼代理人或者辩护人

B. 法官从人民法院离任后，可以担任原任职法院办理案件的诉讼代理人或者辩护人

C. 法官被开除后，可以非律师身份担任诉讼代理人或者辩护人

D. 法官从人民法院离任后两年内，不可以作为当事人的监护人或者近亲属代理诉讼或者进行辩护

4. 关于法官惩戒委员会，下列哪一选项是不正确的？（　　）

A. 在最高人民法院和省、自治区、直辖市设立

B. 由法官代表、其他从事法律职业的人员和有关方面代表组成，其中法官代表不少于半数

C. 法官惩戒委员会审议惩戒事项时，当事法官有权申请有关人员回避

D. 法官惩戒委员会认为应当对法官进行惩戒的，应直接作出相应处理

5. 人民法院可以根据审判工作需要，从律师或者法学教学、研究人员等从事法律职业的人员中公开选拔法官。除应当具备法官任职条件外，参加公开选拔的律师应当实际执业不少于（　　）年。

A. 3　　B. 4

C. 5　　D. 10

（三）多项选择题

1. 下列哪些人员不得担任法官？（　　）

A. 因犯罪受过刑事处罚的

B. 受过行政拘留处罚的

C. 被开除公职的

D. 被吊销律师、公证员执业证书的

2. 关于法官遴选，下列哪些选项是正确的？（　　）

A. 上级人民法院法官必须逐级遴选

B. 最高人民法院法官可以从下两级人民法院遴选

C. 高级人民法院法官应当从下一级人民法院遴选

D. 参加上级人民法院遴选的法官应当在下级人民法院担任法官一定年限

3. 法官有下列哪些情形之一的，应当依法提请免除其法官职务？（　　）

A. 丧失中华人民共和国国籍的

B. 调出所任职人民法院的

C. 经考核不能胜任法官职务的

D. 因健康原因长期不能履行职务的

4. 法官的配偶、父母、子女有下列哪些情形之一的，法官应当实行任职回避？（　　）

A. 担任该法官所任职人民法院辖区内律师事务所的合伙人的

B. 在该法官所任职人民法院辖区内以公民身份担任诉讼代理人的

C. 在该法官所任职人民法院辖区内以律师身份担任辩护人的

D. 在该法官所任职人民法院辖区以外为诉讼案件当事人提供其他有偿法律服务的

5. 法官有下列哪些表现之一的，应当给予奖励？（　　）

A. 总结审判实践经验成果突出，对审判工作有指导作用的

B. 在办理重大案件、处理突发事件和承担专项重要工作中，做出显著成绩和贡献的

C. 对审判工作提出改革建议的

D. 开展法治宣传、指导调解组织调解各类纠纷，效果显著的

（四）填空题

1. 担任法官须从事法律工作满____年。其中获得法律硕士、法学硕士学位，或者获得法学博士学位的，从事法律工作的年限可以分别放宽至____年、____年。

2. 人民法院的院长应当具有法学专业知识和法律职业经历。副院长、审判委员会委员应当从____、____或者其他具备法官条件的人员中产生。
3. 最高人民法院院长由____选举和罢免，副院长、审判委员会委员、庭长、副庭长和审判员，由院长提请____任免。
4. 法官在依照法定程序产生后，在就职时应当公开进行____宣誓。
5. 法官年度考核结果分为优秀、称职、____和____四个等次。考核结果以____形式通知法官本人。

（五）简答题

1. 简述担任法官必须具备的条件。
2. 简述法官的近亲回避与任职回避情形。

参考答案

（一）判断题

1. ×，解析：《法官法》第2条规定，法官是依法行使国家审判权的审判人员，包括最高人民法院、地方各级人民法院和军事法院等专门人民法院的院长、副院长、审判委员会委员、庭长、副庭长和审判员。
2. √，解析：《法官法》第15条第1款。
3. ×，解析：《法官法》第18条第3款规定，最高人民法院巡回法庭庭长、副庭长，由院长提请全国人民代表大会常务委员会任免。
4. √，解析：《法官法》第22条。
5. ×，解析：《法官法》第36条第1款规定，法官从人民法院离任后两年内，不得以律师身份担任诉讼代理人或者辩护人。
6. √，解析：《法官法》第37条。

（二）单项选择题

1. C，解析：《法官法》第16条规定，省、自治区、直辖市设立法官遴选委员会，负责初任法官人选专业能力的审核。省级法官遴选委员会的组成人员应当包括地方各级人民法院法官代表、其他从事法律职业的人员和有关方面代表，其中法官代表不少于1/3。省级法官遴选委员会的日常工作由高级人民法院的内设职能部门承担。遴选最高人民法院法官应当设立最高人民法院法官遴选委员会，负责法官人选专业能力的审核。

2. D，解析：《法官法》第 23 条规定，法官之间有夫妻关系、直系血亲关系、三代以内旁系血亲以及近姻亲关系的，不得同时担任下列职务：（1）同一人民法院的院长、副院长、审判委员会委员、庭长、副庭长；（2）同一人民法院的院长、副院长和审判员；（3）同一审判庭的庭长、副庭长、审判员；（4）上下相邻两级人民法院的院长、副院长。

3. A，解析：《法官法》第 36 条规定，法官从人民法院离任后两年内，不得以律师身份担任诉讼代理人或者辩护人。法官从人民法院离任后，不得担任原任职法院办理案件的诉讼代理人或者辩护人，但是作为当事人的监护人或者近亲属代理诉讼或者进行辩护的除外。法官被开除后，不得担任诉讼代理人或者辩护人，但是作为当事人的监护人或者近亲属代理诉讼或者进行辩护的除外。

4. D，解析：《法官法》第 48 条规定，最高人民法院和省、自治区、直辖市设立法官惩戒委员会，负责从专业角度审查认定法官是否存在本法第 46 条第 4 项、第 5 项规定的违反审判职责的行为，提出构成故意违反职责、存在重大过失、存在一般过失或者没有违反职责等审查意见。法官惩戒委员会提出审查意见后，人民法院依照有关规定作出是否予以惩戒的决定，并给予相应处理。法官惩戒委员会由法官代表、其他从事法律职业的人员和有关方面代表组成，其中法官代表不少于半数。最高人民法院法官惩戒委员会、省级法官惩戒委员会的日常工作，由相关人民法院的内设职能部门承担。第 49 条规定，法官惩戒委员会审议惩戒事项时，当事法官有权申请有关人员回避，有权进行陈述、举证、辩解。

5. C，解析：《法官法》第 15 条。

（三）多项选择题

1. ACD，解析：《法官法》第 13 条规定，下列人员不得担任法官：（1）因犯罪受过刑事处罚的；（2）被开除公职的；（3）被吊销律师、公证员执业证书或者被仲裁委员会除名的；（4）有法律规定的其他情形的。

2. BD，解析：《法官法》第 17 条规定，初任法官一般到基层人民法院任职。上级人民法院法官一般逐级遴选；最高人民法院和高级人民法院法官可以从下两级人民法院遴选。参加上级人民法院遴选的法官应当在下级人民法院担任法官一定年限，并具有遴选职位相关工作经历。

3. ABCD，解析：《法官法》第 20 条。

4. AC，解析：《法官法》第24条规定，法官的配偶、父母、子女有下列情形之一的，法官应当实行任职回避：（1）担任该法官所任职人民法院辖区内律师事务所的合伙人或者设立人的；（2）在该法官所任职人民法院辖区内以律师身份担任诉讼代理人、辩护人，或者为诉讼案件当事人提供其他有偿法律服务的。
5. ABD，解析：根据《法官法》第45条规定，法官对审判工作提出改革建议被采纳，效果显著的，才应当予以奖励。

（四）填空题

1. 5；4；3。（《法官法》第12条）
2. 法官；检察官。（《法官法》第14条第2款）
3. 全国人民代表大会；全国人民代表大会常务委员会。（《法官法》第18条第2款）
4. 宪法。（《法官法》第19条）
5. 基本称职；不称职；书面。（《法官法》第42、43条）

（五）简答题

1. 答：《法官法》第12条规定，担任法官必须具备下列条件：（1）具有中华人民共和国国籍；（2）拥护中华人民共和国宪法，拥护中国共产党领导和社会主义制度；（3）具有良好的政治、业务素质和道德品行；（4）具有正常履行职责的身体条件；（5）具备普通高等学校法学类本科学历并获得学士及以上学位；或者普通高等学校非法学类本科及以上学历并获得法律硕士、法学硕士及以上学位；或者普通高等学校非法学类本科及以上学历，获得其他相应学位，并具有法律专业知识；（6）从事法律工作满5年。其中获得法律硕士、法学硕士学位，或者获得法学博士学位的，从事法律工作的年限可以分别放宽至4年、3年；（7）初任法官应当通过国家统一法律职业资格考试取得法律职业资格。适用前款第五项规定的学历条件确有困难的地方，经最高人民法院审核确定，在一定期限内，可以将担任法官的学历条件放宽为高等学校本科毕业。
2. 答：《法官法》第23条规定，法官之间有夫妻关系、直系血亲关系、三代以内旁系血亲以及近姻亲关系的，不得同时担任下列职务：（1）同一人民法院的院长、副院长、审判委员会委员、庭长、副庭长；（2）同一人民法院的院长、副院长和审判员；（3）同一审判庭的庭长、副庭长、审判员；（4）上下相邻两级人民法院的院长、副院长。

《法官法》第24条规定，法官的配偶、父母、子女有下列情形之一的，法官应当实行任职回避：（1）担任该法官所任职人民法院辖区内律师事务所的合伙人或者设立人的；（2）在该法官所任职人民法院辖区内以律师身份担任诉讼代理人、辩护人，或者为诉讼案件当事人提供其他有偿法律服务的。

十三、检察官法

（一）判断题

1. 检察官在检察长领导下开展工作，重大办案事项由检察委员会集体决定。（　　）
2. 人民检察院副检察长、检察委员会委员应当从检察官、法官或者其他具备检察官条件的人员中产生。（　　）
3. 上级人民检察院发现下级人民检察院检察官的任命违反法定条件的，应当要求下级人民检察院依法提请任命机关撤销该项任命。（　　）
4. 检察官等级分为十二级，最高人民检察院检察长为首席大检察官。（　　）
5. 检察官被开除两年后，可以担任诉讼代理人或者辩护人。（　　）
6. 检察官涉嫌违纪违法，已经被立案调查、侦查的，应当暂时停止其履行职务。（　　）

（二）单项选择题

1. 下列哪一项人员可以担任检察官？（　　）

   A. 受到过治安管理处罚的

   B. 被开除公职的

   C. 被吊销公证员执业证书的

   D. 被仲裁委员会除名的

2. 关于检察官的公开选拔，下列哪一项是错误的？（　　）

   A. 可以从律师中公开选拔

   B. 可以从法学教学、研究人员等从事法律职业的人员中公开选拔

   C. 参加公开选拔的律师应当实际执业不少于三年

   D. 参加公开选拔的法学教学、研究人员应当具有中级以上职称

3. 关于检察官遴选委员会，下列哪一说法是不正确的？（　　）

A. 负责初任检察官人选专业能力的审核

B. 省级检察官遴选委员会的组成人员应当包括地方各级人民检察院检察官代表、其他从事法律职业的人员和有关方面代表

C. 组成人员中检察官代表的人数不少于二分之一

D. 日常工作由省级人民检察院的内设职能部门承担

4. 关于检察官的考核，下列哪一选项是错误的？（　　）

A. 人民检察院设立检察官考评委员会，负责对本院检察官的考核工作

B. 检察官考评委员会主任由本院检察长担任

C. 年度考核结果分为优秀、称职、基本称职和不称职四个等次

D. 考核结果作为调整检察官等级、工资以及检察官奖惩、免职、降职、辞退的参考

5. 关于检察官惩戒委员会，下列哪一说法是不正确的？（　　）

A. 由检察官代表、其他从事法律职业的人员和有关方面代表组成，其中检察官代表不少于二分之一

B. 惩戒委员会提出审查意见后，人民检察院依照有关规定作出是否予以惩戒的决定，并给予相应处理

C. 惩戒委员会审议惩戒事项时，当事检察官有权申请有关人员回避，有权进行陈述、举证、辩解

D. 当事检察官对审查意见有异议的，可以向上一级惩戒委员会提出申诉

（三）多项选择题

1. 下列哪些属于检察官的职责？（　　）

A. 对法律规定由人民检察院直接受理的刑事案件进行侦查

B. 对刑事案件进行审查逮捕、审查起诉，代表国家进行公诉

C. 开展公益诉讼工作

D. 开展对刑事、民事、行政诉讼活动的监督工作

2. 关于检察官的遴选，下列哪些说法是正确的？（　　）

A. 上级人民检察院检察官一般逐级遴选

B. 参加上级人民检察院遴选的检察官应当在下级人民检察院担任检察官

一定年限

C. 最高人民检察院检察官可以从省级和设区的市级人民检察院遴选

D. 省级人民检察院检察官应当从设区的市级人民检察院遴选

3. 检察官有下列哪些情形之一的，应当依法提请免除其检察官职务？（　　）

A. 违纪违法的　　B. 辞职的

C. 经考核不能胜任检察官职务的　　D. 调出所任职人民检察院的

4. 检察官不得兼任下列哪些职务？（　　）

A. 行政机关、监察机关、审判机关的职务

B. 企业职务

C. 律师

D. 公证员

5. 检察官之间有夫妻关系、直系血亲关系、三代以内旁系血亲以及近姻亲关系的，不得同时担任下列哪些职务？（　　）

A. 同一人民检察院的检察长、副检察长、检察委员会委员

B. 同一人民检察院的检察长、副检察长和检察员

C. 同一业务部门的检察员

D. 省级和县级人民检察院的检察长

（四）填空题

1. 地方各级人民检察院检察长由____选举和罢免，副检察长、检察委员会委员和检察员，由____提请____任免。
2. 地方各级人民检察院检察长的任免，须报____提请____批准。
3. 检察官等级晋升采取按期晋升和择优选升相结合的方式，____或者____检察官可以特别选升。
4. 辞退决定应当以____形式通知被辞退的检察官，并列明作出决定的____。
5. 检察官从人民检察院离任后____年内，不得以____担任诉讼代理人或者辩护人。
6. 检察官因依法履行职责，本人及其近亲属人身安全面临危险的，人民检察院、公安机关应当对检察官及其近亲属采取____、____等必要保护措施。

（五）简答题

1. 简述担任检察官应当具备的条件。
2. 简述检察官的任职回避事项。

参考答案

（一）判断题

1. ×，解析：《检察官法》第9条规定，检察官在检察长领导下开展工作，重大办案事项由检察长决定。检察长可以将部分职权委托检察官行使，可以授权检察官签发法律文书。
2. √，解析：《检察官法》第14条第2款。
3. √，解析：《检察官法》第22条。
4. √，解析：《检察官法》第27、28条。
5. ×，解析：《检察官法》第37条第3款规定，检察官被开除后，不得担任诉讼代理人或者辩护人，但是作为当事人的监护人或者近亲属代理诉讼或者进行辩护的除外。
6. ×，解析：《检察官法》第48条规定，检察官涉嫌违纪违法，已经被立案调查、侦查，不宜继续履行职责的，按照管理权限和规定的程序暂时停止其履行职务。

（二）单项选择题

1. A，解析：《检察官法》第13条规定，下列人员不得担任检察官：（1）因犯罪受过刑事处罚的；（2）被开除公职的；（3）被吊销律师、公证员执业证书或者被仲裁委员会除名的；（4）有法律规定的其他情形的。
2. C，解析：《检察官法》第15条规定，民检察院可以根据检察工作需要，从律师或者法学教学、研究人员等从事法律职业的人员中公开选拔检察官。除应当具备检察官任职条件外，参加公开选拔的律师应当实际执业不少于5年，执业经验丰富，从业声誉良好，参加公开选拔的法学教学、研究人员应当具有中级以上职称，从事教学、研究工作5年以上，有突出研究能力和相应研究成果。
3. C，解析：《检察官法》第16条规定，省、自治区、直辖市设立检察官遴选委员会，负责初任检察官人选专业能力的审核。省级检察官遴选委员会的组成人员应当包括地方各级人民检察院检察官代表、其他从事法律职业的人员和有关方面代表，其中检察官代表不少于1/3。省级检察官遴选委员会的日常工作由省级人民检察院的内设职能部门承担。遴选最高人民检察院检察官应当设立最高人民检察院检察官遴选委员会，负责检察官人选专业能力的审核。

4. D，解析：根据《检察官法》第43条第2款规定，考核结果作为调整检察官等级、工资以及检察官奖惩、免职、降职、辞退的依据，而非参考。

5. D，解析：根据《检察官法》第49条第1、2款规定，最高人民检察院和省、自治区、直辖市设立检察官惩戒委员会，负责从专业角度审查认定检察官是否存在违反检察职责的行为，提出构成故意违反职责、存在重大过失、存在一般过失或者没有违反职责等审查意见。检察官惩戒委员会提出审查意见后，人民检察院依照有关规定作出是否予以惩戒的决定，并给予相应处理。检察官惩戒委员会由检察官代表、其他从事法律职业的人员和有关方面代表组成，其中检察官代表不少于半数。第50条规定，检察官惩戒委员会审议惩戒事项时，当事检察官有权申请有关人员回避，有权进行陈述、举证、辩解。第51条规定，检察官惩戒委员会作出的审查意见应当送达当事检察官。当事检察官对审查意见有异议的，可以向惩戒委员会提出，惩戒委员会应当对异议及其理由进行审查，作出决定。

（三）多项选择题

1. ABCD，解析：《检察官法》第7条。

2. ABC，解析：《检察官法》第17条规定，初任检察官一般到基层人民检察院任职。上级人民检察院检察官一般逐级遴选；最高人民检察院和省级人民检察院检察官可以从下两级人民检察院遴选。参加上级人民检察院遴选的检察官应当在下级人民检察院担任检察官一定年限，并具有遴选职位相关工作经历。

3. BCD，解析：《检察官法》第20条规定，检察官有下列情形之一的，应当依法提请免除其检察官职务：（1）丧失中华人民共和国国籍的；（2）调出所任职人民检察院的；（3）职务变动不需要保留检察官职务的，或者本人申请免除检察官职务经批准的；（4）经考核不能胜任检察官职务的；（5）因健康原因长期不能履行职务的；（6）退休的；（7）辞职或者依法应当予以辞退的；（8）因违纪违法不宜继续任职的。

4. ABCD，解析：《检察官法》第23条。

5. ABC，解析：《检察官法》第 24 条规定，检察官之间有夫妻关系、直系血亲关系、三代以内旁系血亲以及近姻亲关系的，不得同时担任下列职务：（1）同一人民检察院的检察长、副检察长、检察委员会委员；（2）同一人民检察院的检察长、副检察长和检察员；（3）同一业务部门的检察员；（4）上下相邻两级人民检察院的检察长、副检察长。

（四）填空题

1. 本级人民代表大会；检察长；本级人民代表大会常务委员会。（《检察官法》第 18 条第 3 款）
2. 上一级人民检察院检察长；本级人民代表大会常务委员会。（《检察官法》第 18 条第 4 款）
3. 特别优秀；工作特殊需要的一线办案岗位。（《检察官法》第 29 条第 2 款）
4. 书面；理由和依据。（《检察官法》第 36 条第 2 款）
5. 2；律师身份。（《检察官法》第 37 条第 1 款）
6. 人身保护；禁止特定人员接触。（《检察官法》第 58 条）

（五）简答题

1. 答：《检察官法》第 12 条规定，担任检察官必须具备下列条件：（1）具有中华人民共和国国籍；（2）拥护中华人民共和国宪法，拥护中国共产党领导和社会主义制度；（3）具有良好的政治、业务素质和道德品行；（4）具有正常履行职责的身体条件；（5）具备普通高等学校法学类本科学历并获得学士及以上学位；或者普通高等学校非法学类本科及以上学历并获得法律硕士、法学硕士及以上学位；或者普通高等学校非法学类本科及以上学历，获得其他相应学位，并具有法律专业知识；（6）从事法律工作满五年。其中获得法律硕士、法学硕士学位，或者获得法学博士学位的，从事法律工作的年限可以分别放宽至四年、三年；（7）初任检察官应当通过国家统一法律职业资格考试取得法律职业资格。适用前款第 5 项规定的学历条件确有困难的地方，经最高人民检察院审核确定，在一定期限内，可以将担任检察官的学历条件放宽为高等学校本科毕业。
2. 答：《检察官法》第 25 条规定，检察官的配偶、父母、子女有下列情形之一的，检察官应当实行任职回避：（1）担任该检察官所任职人民检察院辖区内律师事务所的合伙人或者设立人的；（2）在该检察官所任职人民检察院辖区内以律师身份担任诉讼代理人、辩护人，或者为诉讼案件当事人提供其他有偿法律服务的。

十四、公职人员政务处分法

（一）判断题

1. 公职人员任免机关、单位应当按照管理权限，加强对公职人员的监督，依法给予违法的公职人员政务处分。（　　）
2. 监察机关发现公职人员任免机关、单位给予的处分违法、不当的，应当责令其重新作出处分。（　　）
3. 给予公职人员政务处分，坚持党管干部原则，集体讨论决定。（　　）
4. 给予公职人员政务处分，应当坚持法律面前一律平等，以事实为根据，以法律为准绳，要求事实清楚、证据确凿、定性准确。（　　）
5. 给予公职人员记大过处分的，不得超过 12 个月。（　　）
6. 政务处分决定自送达当事人之日起生效。（　　）
7. 公职人员二人以上共同违法，给予相同的政务处分。（　　）
8. 有关机关、单位、组织集体作出的决定违法，对负有责任的领导人员和直接责任人员中的公职人员依法给予政务处分。（　　）
9. 公职人员主动交代本人应当受到政务处分的违法行为的，应当从轻给予政务处分。（　　）
10. 公职人员主动采取措施，有效避免、挽回损失或者消除不良影响的，应当减轻给予政务处分。（　　）
11. 公职人员在共同违法行为中起次要或者辅助作用，违法行为情节轻微的，可以免予或者不予政务处分。（　　）
12. 公职人员因不明真相被裹挟或者被胁迫参与违法活动，经批评教育后确有悔改表现的，应当减轻、免予或者不予政务处分。（　　）
13. 公职人员在政务处分期内再次故意违法，应当从重给予政务处分。（　　）
14. 公职人员因犯罪被判处管制、拘役或者有期徒刑以上刑罚的，应当予以

开除。(　　)

15. 公职人员因犯罪被单处或者并处剥夺政治权利的，应当予以开除。(　　)

16. 公职人员犯罪情节轻微，人民检察院依法作出不起诉决定或者人民法院依法免予刑事处罚的，予以开除。(　　)

17. 对公职人员应当给予两种以上政务处分的，合并执行。(　　)

18. 对公职人员应当给予撤职以下多个相同政务处分的，可以在一个政务处分期以上、多个政务处分期之和以下确定政务处分期，但是最长不得超过48个月。(　　)

19. 公职人员有违法行为，有关机关依照规定给予组织处理的，监察机关可以同时给予政务处分。(　　)

20. 担任领导职务的公职人员有违法行为，被罢免、撤销、免去或者辞去领导职务的，监察机关可以同时给予政务处分。(　　)

21. 公务员在政务处分期内，不得晋升职务、职级、衔级、级别和工资档次。(　　)

22. 公职人员被开除的，不得录用为公务员(　　)

23. 公职人员违法取得的财物和用于违法行为的本人财物，一律由监察机关没收、追缴或者责令退赔。(　　)

24. 公职人员因违法行为获得的职务、职级、衔级、级别、岗位和职员等级、职称、待遇、资格、学历、学位、荣誉、奖励等其他利益，监察机关应当予以纠正。(　　)

25. 公职人员被开除的，自政务处分决定生效次日起，应当解除其与所在机关、单位的人事关系或者劳动关系。(　　)

26. 公职人员受到开除以外的政务处分，在政务处分期内有悔改表现，并且没有再发生应当给予政务处分的违法行为的，政务处分期满后由监察机关公告予以解除处分。(　　)

27. 政务处分期满解除后，晋升职务、职级、衔级、级别、岗位和职员等级、职称、薪酬待遇不再受原政务处分影响。(　　)

28. 解除降级、撤职的，应当恢复原职务、职级、衔级、级别、岗位和职员等级、职称、薪酬待遇。(　　)

29. 已经退休的公职人员退休前或者退休后有违法行为的，不再给予政务处分，但是可以对其立案调查。（ ）
30. 已经离职的公职人员在履职期间有违法行为的，应当给予政务处分。（ ）
31. 以非法方式收集的证据不得作为给予政务处分的依据。（ ）
32. 作出政务处分决定后，监察机关应当将调查认定的违法事实及拟给予政务处分的依据告知被调查人，听取被调查人的陈述和申辩，并对其陈述的事实、理由和证据进行核实，记录在案。（ ）
33. 公职人员确有应受政务处分的违法行为的，监察机关应当根据情节轻重从速作出政务处分决定。（ ）
34. 政务处分决定书应当及时送达被处分人和被处分人所在机关、单位，并在一定范围内宣布。（ ）
35. 参与违法案件调查、处理人员的回避，由上级监察机关决定。（ ）
36. 公职人员依法受到刑事责任追究的，不再给予政务处分。（ ）
37. 公职人员依法受到行政处罚的，不再给予政务处分。（ ）
38. 监察机关对经各级人民代表大会、县级以上各级人民代表大会常务委员会选举或者决定任命的公职人员予以撤职、开除的，应当先依法罢免、撤销或者免去其职务，再依法作出政务处分决定。（ ）
39. 公职人员涉嫌违法，已经被立案调查，不宜继续履行职责的，监察机关可以决定暂停其履行职务。（ ）
40. 监察机关在调查中发现公职人员受到不实检举、控告或者诬告陷害，造成不良影响的，应当按照规定及时澄清事实，恢复名誉，消除不良影响。（ ）
41. 公职人员受到政务处分的，应当将政务处分决定书存入其本人档案。（ ）
42. 公职人员对监察机关作出的涉及本人的政务处分决定不服的，可以向上一级监察机关申请复审。（ ）
43. 监察机关对政务处分复审、复核期间，应当停止原政务处分决定的执行。（ ）
44. 公职人员不因提出复审、复核而被加重政务处分。（ ）

45. 公职人员的政务处分决定被撤销的，应当恢复该公职人员的原职务、职级、衔级、岗位和职员等级，并在原政务处分决定公布范围内为其恢复名誉。（　　）

46. 有关机关、单位无正当理由拒不采纳监察建议的，对该机关、单位给予通报批评。（　　）

47. 有关机关拒不执行政务处分决定的，应当由监察机关责令改正，依法给予处理。（　　）

（二）单项选择题

1. 下列关于政务处分的说法正确的是：（　　）

A. 政务处分可以由监察机关和任免机关作出

B. 公职人员任免机关应当按照管理权限，依法给予违法的公职人员政务处分

C. 监察机关发现公职人员任免机关应当给予处分而未给予处分的，应当督促其给予处分

D. 监察机关发现公职人员任免机关给予的处分违法、不当的，应当及时提出监察建议

2. 关于给予公职人员政务处分的原则和方式，下列哪一项是错误的？（　　）

A. 坚持党管干部原则　　B. 由机关负责人决定

C. 以事实为根据，以法律为准绳　　D. 惩戒与教育相结合

3. 下列哪一项不属于政务处分的种类？（　　）

A. 警告　　B. 记过

C. 开除　　D. 罚款

4. 关于政务处分的期间，下列哪一项说法是错误的？（　　）

A. 警告，六个月　　B. 记过，十二个月

C. 降级，十八个月　　D. 撤职，二十四个月

5. 公职人员二人以上共同违法，根据各自在违法行为中所起的作用和应当承担的法律责任，（　　）给予政务处分。

A. 一并　　B. 分别

C. 共同　　　　　　　　　　D. 合并

6. 有关机关、单位、组织集体作出的决定违法或者实施违法行为的，对(　　)依法给予政务处分。

A. 负有责任的领导人员

B. 直接责任人员中的公职人员

C. 负有责任的领导人员和直接责任人员中的公职人员

D. 有关机关、单位、组织

7. 公职人员有下列哪一情形的，可以免予或者不予政务处分？(　　)

A. 主动交代本人应当受到政务处分的违法行为的

B. 检举他人违纪违法行为，经查证属实的

C. 在共同违法行为中起次要或者辅助作用的

D. 违法行为情节轻微，主动上交或者退赔违法所得的

8. 公职人员主动采取措施，有效避免、挽回损失或者消除不良影响的，对其(　　)给予政务处分。

A. 可以从轻或者减轻　　　　B. 应当从轻或者减轻

C. 应当从轻　　　　　　　　D. 应当减轻

9. 公职人员因不明真相被裹挟或者被胁迫参与违法活动，经批评教育后确有悔改表现的，可以(　　)政务处分。

A. 减轻　　　　　　　　　　B. 减轻或者免予

C. 减轻、免予或者不予　　　D. 从轻、减轻、免予或者不予

10. 对公职人员的下列情形，不应当从重给予政务处分的是：(　　)

A. 在政务处分期内再次因过失违法，应当受到政务处分的

B. 阻止他人检举、提供证据的

C. 包庇同案人员的

D. 胁迫、唆使他人实施违法行为的

11. 关于公职人员犯罪，下列哪一项不属于应当予以开除的情形？(　　)

A. 因故意犯罪被判处管制的

B. 因故意犯罪被判处有期徒刑并宣告缓刑的

C. 因犯罪被单处罚金的

D. 因犯罪被单处剥夺政治权利的

12. 公职人员有两个以上违法行为，应当给予撤职以下多个相同政务处分的，可以在一个政务处分期以上、多个政务处分期之和以下确定政务处分期，但是最长不得超过(　　)。

A. 12 个月　　B. 24 个月

C. 36 个月　　D. 48 个月

13. 对公职人员的同一违法行为，监察机关和公职人员任免机关、单位(　　)给予政务处分和处分。

A. 应当分别　　B. 不得重复

C. 可以单独　　D. 应当协商

14. 公职人员有违法行为，有关机关依照规定给予组织处理的，监察机关(　　)同时给予政务处分。

A. 不再　　B. 不得

C. 应当　　D. 可以

15. 公职人员受到下列哪一处分，不影响在政务处分期内晋升工资档次？(　　)

A. 警告　　B. 记过

C. 降级　　D. 撤职

16. 公职人员被(　　)的，按照规定降低职务、职级、衔级和级别，同时降低工资和待遇。

A. 记大过　　B. 降级

C. 撤职　　D. 开除

17. 关于公职人员违法取得的财物，下列哪一说法是不正确的？(　　)

A. 除依法应当由其他机关没收、追缴或者责令退赔的，由监察机关没收、追缴或者责令退赔

B. 应当退还原所有人或者原持有人的，依法予以退还

C. 属于国家财产的，上缴国库

D. 不应当退还以及无法退还的，予以提存

18. 公职人员因违法行为获得的职务、职级、衔级、级别、岗位和职员等级、职称、待遇、资格、学历、学位、荣誉、奖励等其他利益，监察机关应当(　　)。

A. 予以撤销或收回

B. 建议有关机关、单位、组织按规定予以纠正

C. 责令有关机关、单位、组织按规定予以撤销或收回

D. 建议有关机关、单位、组织按规定予以撤销或收回

19. 公职人员被开除的，自政务处分决定(　　)之日起，应当解除其与所在机关、单位的人事关系或者劳动关系。

A. 期间经过　　B. 送达当事人

C. 生效　　D. 公告

20. 公职人员的下列哪一行为不应当受到政务处分？(　　)

A. 默许特定关系人利用本人职权或者职务上的影响谋取私利的

B. 拒不按照规定纠正特定关系人违规任职、兼职或者从事经营活动，且不服从职务调整的

C. 接受、提供可能影响公正行使公权力的宴请、旅游、健身、娱乐等活动安排，情节较轻的

D. 违反规定公款消费，情节较重的

21. 对于下列公职人员侵犯管理服务对象利益的行为，哪一项不应受到政务处分？(　　)

A. 违反规定向管理服务对象收取、摊派财物的

B. 在管理服务活动中故意刁难、吃拿卡要的

C. 在管理服务活动中态度恶劣粗暴，造成不良影响的

D. 不按照规定公开工作信息，侵犯管理服务对象知情权，及时补救未造成不良后果的

22. 关于监察机关政务处分调查程序，下列说法哪一项是错误的？(　　)

A. 可以由一名工作人员进行

B. 有权依法向有关单位和个人了解情况，有关单位和个人应当如实提供

C. 严禁以威胁、引诱、欺骗及其他非法方式收集证据

D. 以非法方式收集的证据不得作为给予政务处分的依据

23. 关于政务处分决定书，下列哪一项是不正确的？(　　)

A. 决定给予政务处分的，应当制作政务处分决定书

B. 政务处分决定书应当盖有作出决定的监察机关的印章

C. 政务处分决定书应当及时送达被处分人和被处分人所在机关、单位，但不对外宣布

D. 作出政务处分决定后，监察机关应当根据被处分人的具体身份书面告知相关的机关、单位

24. 关于调查人员的回避，下列哪一项是不正确的？（　　）

A. 担任过本案的证人的调查人员，应当回避

B. 上级监察机关发现参与违法案件调查、处理人员有应当回避情形的，可以直接决定该人员回避

C. 监察机关负责人的回避，由上级监察机关决定

D. 其他参与违法案件调查、处理人员的回避，由本级监察机关讨论决定

25. 公职人员依法受到刑事责任追究，对此下列哪一说法是正确的？（　　）

A. 监察机关不再给予政务处分

B. 监察机关仍可以自行调查，根据调查的事实和情节作出政务处分

C. 监察机关应当根据司法机关的生效判决、裁定、决定及其认定的事实和情节，给予政务处分

D. 应由该公职人员所在单位对其作出处分

26. 公职人员依法受到行政处罚，对此下列哪一说法是正确的？（　　）

A. 不影响监察机关对其给予政务处分

B. 监察机关应当给予其政务处分

C. 监察机关对其作出政务处分，无须再经立案调查核实

D. 监察机关作出政务处分的，应当根据行政处罚决定认定的事实和情节作出

27. 监察机关根据法院刑事判决对公职人员作出了政务处分，后法院依法改变原生效判决，对原政务处分决定产生影响的，监察机关应当如何处理？（　　）

A. 无需对原政务处分作出处理

B. 应当撤销原政务处分

C. 应当立案调查，重新作出处分决定

D. 应当根据改变后的判决重新作出相应处理

28. 监察机关对各级人民代表大会代表给予政务处分的，应当(　　)。

A. 经该人民代表大会批准

B. 经该人民代表大会常务委员会批准

C. 向有关的人民代表大会通报

D. 向有关的人民代表大会常务委员会通报

29. 下级监察机关根据上级监察机关的指定管辖决定进行调查的案件，调查终结后，对不属于本监察机关管辖范围内的监察对象，应当如何处理？(　　)

A. 交有管理权限的监察机关作出政务处分决定

B. 自行作出政务处分决定

C. 提请上级监察机关作出政务处分决定

D. 提请上级监察机关重新指定有管辖权的监察机关作出政务处分决定

30. 公职人员在被监察机关立案调查期间，下列做法哪一项是不正确的？(　　)

A. 未经监察机关同意，不得出境

B. 不得晋升职务

C. 不得办理退休手续

D. 公职人员所在机关可以对其作出处分

31. 对于受到降级以上政务处分的，应当由人事部门按照管理权限在作出政务处分决定后(　　)个月内办理职务、工资及其他有关待遇等的变更手续；特殊情况下，经批准可以适当延长办理期限，但是最长不得超过(　　)个月。

A. 1；6　　B. 2；6

C. 1；3　　D. 2；12

32. 公职人员对监察机关作出的涉及本人的政务处分决定不服，可以采取的救济措施是：(　　)

A. 直接向上一级监察机关申请复核

B. 向上一级监察机关投诉

C. 向作出决定的监察机关申请复审

D. 向人民法院提起行政诉讼

33. 因监察机关的过错导致政务处分被撤销的，对相关公职人员薪酬待遇受到的损失应当(　　)。

A. 予以赔偿　　B. 予以补偿

C. 不予赔偿　　D. 不予补偿

(三) 多项选择题

1. 对公职人员政务处分适用下列哪些原则？(　　)

A. 党管干部原则　　B. 集体讨论决定原则

C. 法律面前一律平等原则　　D. 宽严相济原则

2. 对公职人员作出政务处分，应满足哪些要求？(　　)

A. 事实清楚、证据确凿

B. 定性准确、处理恰当

C. 程序合法、手续完备

D. 非因法定事由、非经法定程序，不受政务处分

3. 公职人员有下列哪些情形之一的，可以从轻或者减轻给予政务处分？(　　)

A. 主动交代本人应当受到政务处分的违法行为的

B. 配合调查，如实说明本人违法事实的

C. 检举他人违纪违法行为，经查证属实的

D. 违法行为情节轻微，主动采取措施，有效避免、挽回损失或者消除不良影响的

4. 公职人员违法行为情节轻微，主动上交或者退赔违法所得的，可以对其(　　)。

A. 谈话提醒　　B. 责令检查

C. 予以诫勉　　D. 免予或者不予政务处分

5. 下列情形可以免予或者不予政务处分的是：(　　)

A. 违法行为情节轻微，并主动交代本人应当受到政务处分的违法行为的

B. 主动采取措施，有效避免、挽回损失或者消除不良影响的

C. 因不明真相被裹挟或者被胁迫参与违法活动，经批评教育后确有悔改表现的

D. 在共同违法行为中起次要或者辅助作用，经批评教育后确有悔改表现的

6. 公职人员有下列哪些情形之一的，应当从重给予政务处分？（　　）

A. 胁迫、唆使他人实施违法行为的

B. 拒不上交或者退赔违法所得的

C. 在政务处分期内再次故意或过失违法，应当受到政务处分的

D. 串供或者伪造、隐匿、毁灭证据的

7. 公职人员犯罪，有下列哪些情形之一的，予以开除？（　　）

A. 因故意犯罪被判处有期徒刑1年的

B. 因过失犯罪被判处有期徒刑5年的

C. 因犯罪被剥夺政治权利的

D. 因犯罪被单处罚金，造成不良影响的

8. 因故意犯罪被判处哪些刑罚的，应当予以开除？（　　）

A. 管制　　B. 拘役

C. 罚金　　D. 有期徒刑（宣告缓刑）

9. 张某因过失犯罪被判处拘役，对其处理正确的是：（　　）

A. 一般应当予以开除

B. 案件情况特殊，可以予以责令辞职

C. 案件情况特殊，可以予以撤职

D. 不予开除的，应当报请上一级机关批准

10. 公职人员有两个以上违法行为的，应当如何处理？（　　）

A. 分别确定政务处分

B. 给予两种以上政务处分的，执行其中最重的政务处分

C. 给予撤职以下多个相同政务处分的，执行其中最重的政务处分

D. 给予撤职以下多个相同政务处分的，处分期最长不得超过2年

11. 对于公职人员的处分，下列哪些说法是不正确的？（　　）

A. 对公职人员的同一违法行为，监察机关和公职人员任免机关、单位不得重复给予政务处分和处分

B. 公职人员有违法行为，有关机关依照规定给予组织处理的，监察机关不再给予政务处分

C. 担任领导职务的公职人员有违法行为，被免去领导职务的，监察机关不再给予政务处分

D. 担任领导职务的公职人员有违法行为，主动辞去领导职务的，监察机关不再给予政务处分

12. 受到记过处分的公务员在政务处分期内，不得晋升：（　　）

A. 职务　　B. 职级

C. 级别　　D. 工资档次

13. 公务员受到下列哪些处分，不得晋升工资档次？（　　）

A. 警告　　B. 记大过

C. 降级　　D. 撤职

14. 基层群众性自治组织中从事管理的人员有违法行为的，监察机关可以予以：（　　）

A. 警告　　B. 记过

C. 记大过　　D. 撤职

15. 张某受到撤职的政务处分，关于处分的解除，下列哪些选项是错误的？（　　）

A. 在政务处分期内有悔改表现，并且没有再发生应当给予政务处分的违法行为的，由监察机关作出解除处分的决定

B. 解除处分的，晋升职务、职级、衔级、级别、岗位和职员等级、职称、薪酬待遇不再受原政务处分影响

C. 解除处分的，不恢复原职务、职级、衔级、级别、岗位和职员等级、职称、薪酬待遇

D. 处分期满后即自动解除

16. 对已经退休的公职人员在退休后的违法行为，下列哪些说法是正确的？（　　）

A. 应当给予政务处分

B. 可以对其立案调查

C. 降低其享受的待遇

D. 违法取得的财物，除依法应当由其他机关没收、追缴或者责令退赔的，由监察机关没收、追缴或者责令退赔

17. 对公职人员的下列哪些行为，应当予以政务处分？（　　）

A. 参加旨在反对宪法、中国共产党领导和国家的集会、游行、示威等活动的

B. 拒不执行或者变相不执行中国共产党和国家的路线方针政策、重大决策部署的

C. 利用宗教活动破坏民族团结和社会稳定的

D. 在对外交往中损害国家荣誉和利益的

18. 对公职人员的下列哪些行为，应当予以政务处分？（　　）

A. 违反个人有关事项报告规定，隐瞒不报的

B. 篡改、伪造本人档案资料的

C. 拒不执行或者变相不执行、拖延执行上级依法作出的决定、命令的

D. 违反规定取得外国国籍或者获取境外永久居留资格、长期居留许可的

19. 公职人员有下列哪些违反家庭美德、社会公德的行为，应当予以政务处分？（　　）

A. 参与或者支持迷信活动，但未造成不良影响的

B. 偶尔参与赌博的

C. 拒不承担赡养、抚养、扶养义务的

D. 实施家庭暴力的

20. 关于监察机关政务处分程序，下列哪些选项是正确的？（　　）

A. 作出政务处分决定前，应当告知被调查人违法事实及拟给予政务处分的依据

B. 听取被调查人的陈述和申辩

C. 被调查人提出的事实、理由和证据成立的，应予采纳

D. 被调查人申辩的，可以对其加重处分

21. 调查终结后，监察机关作出的下列处理哪些是正确的？（　　）

A. 违法事实不能成立的，撤销案件

B. 符合免予、不予政务处分条件的，撤销案件

C. 确有应受政务处分的违法行为的，按照政务处分决定权限，履行规定的审批手续后，作出政务处分决定

D. 被调查人涉嫌其他违法或者犯罪行为的，依法移送主管机关处理

22. 参与公职人员违法案件调查、处理的人员有下列哪些情形之一的，应当自行回避？（　　）

A. 担任过本案的证人的

B. 是被调查人的近亲属的

C. 是检举人的近亲属的

D. 其近亲属与调查的案件有利害关系的

23. 监察机关欲对经县级以上各级人民代表大会常务委员会决定任命的公职人员予以撤职、开除，其下列哪些做法是不正确的？（　　）

A. 可以直接作出政务处分决定

B. 应当经该人民代表大会常务委员会决定后，在作出政务处分决定

C. 应当先依法撤销或者免去其职务，再作出政务处分决定

D. 应当提请上一级监察机关作出政务处分决定

24. 公职人员在被立案调查期间不宜进行哪些活动？（　　）

A. 出境　　　　B. 辞去公职

C. 交流　　　　D. 办理退休手续

25. 关于政务处分的复审、复核，下列哪些说法是正确的？（　　）

A. 应当先申请复审，对复审决定仍不服的，才可以申请复核

B. 申请复核应当向上一级监察机关提出

C. 复审、复核期间，不停止原政务处分决定的执行

D. 公职人员不因提出复审、复核而被加重政务处分

26. 有下列哪些情形之一的，复审、复核机关应当撤销原政务处分决定，重新作出决定或者责令原作出决定的监察机关重新作出决定？（　　）

A. 政务处分所依据的违法事实不清的

B. 政务处分所依据的证据不足的

C. 违反法定程序的

D. 超越职权作出政务处分决定的

27. 有下列哪些情形之一的，复审、复核机关应当变更原政务处分决定，或者责令原作出决定的监察机关予以变更？（　　）

A. 适用法律、法规确有错误的

B. 滥用职权作出政务处分决定的

C. 对违法行为的情节认定确有错误的

D. 政务处分不当的

28. 政务处分决定被撤销的，则：（　　）

A. 应当恢复该公职人员的级别、薪酬待遇

B. 按照原职务、职级、衔级、岗位和职员等级安排相应的职务、职级、衔级、岗位和职员等级

C. 在原政务处分决定公布范围内为其恢复名誉

D. 没收、追缴财物错误的，应当依法予以返还、赔偿

29. 有关机关、单位无正当理由拒不采纳监察建议的，可以采取哪些措施？（　　）

A. 由其上级机关、主管部门责令改正

B. 对该机关、单位给予通报批评

C. 对负有责任的领导人员和直接责任人员依法给予处理

D. 由监察机关责令纠正

30. 有关机关、单位、组织或者人员有下列哪些情形之一的，由其上级机关，主管部门，任免机关、单位或者监察机关责令改正，依法给予处理？（　　）

A. 拒不配合或者阻碍调查的

B. 对检举人、证人或者调查人员进行打击报复的

C. 诬告陷害公职人员的

D. 拒不采纳监察建议的

（四）填空题

1. 监察机关发现公职人员任免机关、单位应当给予处分而未给予，或者给予的处分违法、不当的，应当及时提出____。

2. 给予公职人员政务处分，坚持党管干部原则，____决定；坚持法律面前一律平等，以____为根据，以____为准绳，给予的政务处分与违法行为的性质、情节、危害程度相当；坚持____相结合，宽严相济。

3. 公职人员依法履行职责受法律保护，非因____、非经____，不受政务处分。

4. 政务处分的期间为：____，六个月；记过，____个月；____，十八个月；____，二十四个月。
5. 政务处分决定自____之日起生效，政务处分期自____之日起计算。
6. 在共同违法行为中起____或者____作用的，可以从轻或者减轻给予政务处分。
7. 公职人员____或者____参与违法活动，经批评教育后确有悔改表现的，可以减轻、免予或者不予政务处分。
8. 在政务处分期内再次____违法，应当受到____的，应当从重给予政务处分。
9. 因过失犯罪被判处有期徒刑，刑期超过____年的，予以开除。
10. 因过失犯罪被判处____、____或者____的，一般应当予以开除；案件情况特殊，予以撤职更为适当的，可以不予开除，但是应当报请____批准。
11. 公职人员因犯罪被____罚金，或者犯罪情节轻微，人民检察院依法作出____决定或者人民法院依法____的，予以撤职；造成不良影响的，予以开除。
12. 公职人员应当给予两种以上政务处分的，执行其中____的政务处分；应当给予____以下多个相同政务处分的，可以在____确定政务处分期，但是最长不得超过____个月。
13. 公务员以及参照《中华人民共和国公务员法》管理的人员在政务处分期内，不得晋升____、____、____和____；其中，被记过、记大过、降级、撤职的，不得晋升____。被撤职的，按照规定降低职务、职级、衔级和级别，同时降低工资和待遇。
14. 基层群众性自治组织中从事管理的人员受到政务处分的，应当由____或者____人民政府根据具体情况减发或者扣发补贴、奖金。
15. 公职人员违法取得的财物和用于____的本人财物，除依法应当由其他机关没收、追缴或者责令退赔的，由____没收、追缴或者责令退赔；应当退还原所有人或者原持有人的，依法予以退还；属于国家财产或者不应当退还以及无法退还的，____。
16. 公职人员因违法行为获得的职务、职级、衔级、级别、岗位和职员等级、职称、待遇、资格、学历、学位、荣誉、奖励等其他利益，监察机关应当____有关机关、单位、组织按规定予以纠正。

17. 公职人员受到____以外的政务处分，在政务处分期内有悔改表现，并且没有再发生____的，政务处分期满后____解除，晋升职务、职级、衔级、级别、岗位和职员等级、职称、薪酬待遇不再受原政务处分影响。但是，解除降级、撤职的，____原职务、职级、衔级、级别、岗位和职员等级、职称、薪酬待遇。

18. 已经退休的公职人员退休前或者退休后有违法行为的，不再给予政务处分，但是可以对其____；依法应当予以降级、撤职、开除的，应当按照规定____其享受的待遇。

19. 公开发表反对宪法确立的____，反对____领导，反对____制度，反对改革开放的文章、演说、宣言、声明等的，予以开除。

20. 违反____原则，个人或者少数人决定重大事项，或者拒不执行、擅自改变____作出的重大决定的，予以警告、记过或者记大过；情节严重的，予以降级或者撤职。

21. 违反规定取得____或者获取境外永久居留资格、长期居留许可的，予以撤职或者开除。

22. 拒不按照规定纠正特定关系人违规任职、兼职或者从事经营活动，且不服从职务调整的，予以____。

23. 违反规定从事或者参与____活动，或者违反规定____职务、领取报酬的，予以警告、记过或者记大过；情节较重的，予以降级或者撤职；情节严重的，予以开除。

24. 利用宗族或者黑恶势力等欺压群众，或者纵容、包庇黑恶势力活动的，予以____；情节严重的，予以____。

25. 监察机关对涉嫌违法的公职人员进行调查，应当由____名以上工作人员进行。监察机关进行调查时，有权依法向有关单位和个人了解情况，收集、调取____。有关单位和个人应当____。

26. ____以威胁、引诱、欺骗及其他非法方式收集证据。以非法方式收集的证据____作为给予政务处分的依据。

27. 作出政务处分决定前，监察机关应当将调查认定的____及拟给予政务处分的____告知被调查人，听取被调查人的____。不得因被调查人的申辩而____政务处分。

28. 监察机关负责人的回避，由____决定；其他参与违法案件调查、处理人员的回避，由____决定。
29. 公职人员依法受到行政处罚，应当给予政务处分的，监察机关____根据行政处罚决定认定的事实和情节，经立案调查核实后，依照本法给予政务处分。
30. 监察机关对经中国人民政治协商会议各级委员会全体会议或者其常务委员会选举或者决定任命的公职人员予以撤职、开除的，应当先____，再依法作出政务处分决定。
31. 监察机关对各级人民代表大会代表给予政务处分的，应当向有关的人民代表大会常务委员会，乡、民族乡、镇的人民代表大会主席团____。
32. 公职人员涉嫌违法，已经被立案调查，不宜继续履行职责的，公职人员任免机关、单位可以决定____其履行职务。
33. 监察机关在调查中发现公职人员受到不实检举、控告或者诬告陷害，造成不良影响的，应当按照规定及时____，____，消除不良影响。
34. 公职人员对监察机关作出的涉及本人的政务处分决定不服的，可以依法向____申请复审；公职人员对复审决定仍不服的，可以向____申请复核。
35. 监察机关发现本机关或者下级监察机关作出的政务处分决定确有错误的，应当及时____或者____。
36. 复审、复核机关认为政务处分决定____，____的，应当予以维持。
37. 有关机关、单位无正当理由拒不采纳监察建议的，由其____、____责令改正，对该机关、单位给予____，对____依法给予处理。
38. 有关机关或者人员拒不配合或者阻碍调查的，由其____，____，____或者____责令改正，依法给予处理。

（五）简答题

1. 简述政务处分的种类及其处分期间。
2. 简述对公职人员可以从轻或者减轻给予政务处分的情形。
3. 简述对公职人员应当从重给予政务处分的情形。
4. 简述因公职人员犯罪予以开除的情形。
5. 简述在公职人员有两个以上违法行为时，应当如何作出政务处分。

6. 简述对公职人员违法取得的财物和用于违法行为的本人财物应当如何处理?
7. 简述公职人员政务处分的解除及其后果。
8. 简述对已经退休的公职人员违法行为的处理。
9. 简述公职人员在被立案调查期间可以对其采取的限制措施。
10. 简述公职人员对政务处分的救济途径。
11. 简述政务处分决定被撤销后应当如何处理。
12. 简述有关机关、单位无正当理由拒不采纳监察建议，对其可以采取的措施。

参考答案

(一) 判断题

1. ×，解析:《公职人员政务处分法》第3条第1款规定，监察机关应当按照管理权限，加强对公职人员的监督，依法给予违法的公职人员政务处分。
2. ×，解析:《公职人员政务处分法》第3条第3款规定，监察机关发现公职人员任免机关、单位应当给予处分而未给予，或者给予的处分违法、不当的，应当及时提出监察建议。
3. √，解析:《公职人员政务处分法》第4条规定。
4. √，解析:《公职人员政务处分法》第4、5条规定。
5. ×，解析:《公职人员政务处分法》第8条规定，记大过的处分期间为18个月。
6. ×，解析:《公职人员政务处分法》第8条第2款规定，政务处分决定自作出之日起生效。
7. ×，解析:《公职人员政务处分法》第9条规定，公职人员二人以上共同违法，根据各自在违法行为中所起的作用和应当承担的法律责任，分别给予政务处分。
8. √，解析:《公职人员政务处分法》第10条规定。
9. ×，解析:《公职人员政务处分法》第11条第1项规定，主动交代本人应当受到政务处分的违法行为的，可以从轻或者减轻给予政务处分。
10. ×，解析:《公职人员政务处分法》第11条第4项规定，主动采取措施，有效避免、挽回损失或者消除不良影响的，可以从轻或者减轻给予政务处分。

11. √，解析：《公职人员政务处分法》第 12 条第 1 款规定，公职人员违法行为情节轻微，且具有本法第 11 条规定的情形之一的，可以对其进行谈话提醒、批评教育、责令检查或者予以诫勉，免予或者不予政务处分。
12. ×，解析：《公职人员政务处分法》第 12 条第 2 款规定，公职人员因不明真相被裹挟或者被胁迫参与违法活动，经批评教育后确有悔改表现的，可以减轻、免予或者不予政务处分
13. ×，解析：《公职人员政务处分法》第 13 条第 1 项规定，在政务处分期内再次故意违法，应当受到政务处分的，应当从重给予政务处分。
14. ×，解析：《公职人员政务处分法》第 14 条第 1 款第 1 项规定，因故意犯罪被判处管制、拘役或者有期徒刑以上刑罚（含宣告缓刑）的，应当予以开除。第 2 款规定，因过失犯罪被判处管制、拘役或者三年以下有期徒刑的，一般应当予以开除；案件情况特殊，予以撤职更为适当的，可以不予开除，但是应当报请上一级机关批准。
15. √，解析：《公职人员政务处分法》第 14 条第 1 款第 3 项规定。
16. ×，解析：《公职人员政务处分法》第 14 条第 3 款规定，公职人员因犯罪被单处罚金，或者犯罪情节轻微，人民检察院依法作出不起诉决定或者人民法院依法免予刑事处罚的，予以撤职；造成不良影响的，予以开除。
17. ×，解析：《公职人员政务处分法》第 15 条规定，应当给予两种以上政务处分的，执行其中最重的政务处分。
18. √，解析：《公职人员政务处分法》第 15 条。
19. √，解析：《公职人员政务处分法》第 17 条。
20. √，解析：《公职人员政务处分法》第 18 条。
21. ×，解析：《公职人员政务处分法》第 19 条规定，公务员以及参照《中华人民共和国公务员法》管理的人员在政务处分期内，不得晋升职务、职级、衔级和级别；其中，被记过、记大过、降级、撤职的，不得晋升工资档次。
22. √，解析：《公职人员政务处分法》第 24 条。
23. ×，解析：《公职人员政务处分法》第 25 条第 1 款规定，公职人员违法取得的财物和用于违法行为的本人财物，除依法应当由其他机关没收、追缴或者责令退赔的，由监察机关没收、追缴或者责令退赔；应当退还原所有人或者原持有人的，依法予以退还；属于国家财产或者不应当退还以及无法退还的，上缴国库。

24. ×，解析：《公职人员政务处分法》第25条第2款规定，公职人员因违法行为获得的职务、职级、衔级、级别、岗位和职员等级、职称、待遇、资格、学历、学位、荣誉、奖励等其他利益，监察机关应当建议有关机关、单位、组织按规定予以纠正。

25. ×，解析：《公职人员政务处分法》第26条第1款规定，公职人员被开除的，自政务处分决定生效之日起，应当解除其与所在机关、单位的人事关系或者劳动关系。

26. ×，解析：根据《公职人员政务处分法》第26条第2款规定，公职人员受到开除以外的政务处分，在政务处分期内有悔改表现，并且没有再发生应当给予政务处分的违法行为的，政务处分期满后自动解除。

27. √，解析：《公职人员政务处分法》第26条第2款。

28. ×，解析：根据《公职人员政务处分法》第26条第2款规定，解除降级、撤职的，不恢复原职务、职级、衔级、级别、岗位和职员等级、职称、薪酬待遇。

29. √，解析：《公职人员政务处分法》第27条。

30. ×，解析：《公职人员政务处分法》第27条规定，已经退休的公职人员退休前或者退休后有违法行为的，不再给予政务处分，但是可以对其立案调查；依法应当予以降级、撤职、开除的，应当按照规定相应调整其享受的待遇，对其违法取得的财物和用于违法行为的本人财物依照本法第二十五条的规定处理。已经离职或者死亡的公职人员在履职期间有违法行为的，依照前款规定处理。

31. √，解析：《公职人员政务处分法》第42条第2款。

32. ×，解析：《公职人员政务处分法》第43条规定，作出政务处分决定前，监察机关应当将调查认定的违法事实及拟给予政务处分的依据告知被调查人，听取被调查人的陈述和申辩，并对其陈述的事实、理由和证据进行核实，记录在案。

33. ×，解析：《公职人员政务处分法》第44条第1项规定，确有应受政务处分的违法行为的，监察机关应当根据情节轻重，按照政务处分决定权限，履行规定的审批手续后，作出政务处分决定。

34. √，解析：《公职人员政务处分法》第46条第1款。

35. ×，解析：《公职人员政务处分法》第48条第1款规定，监察机关负责人的回避，由上级监察机关决定；其他参与违法案件调查、处理人员的回避，由监察机关负责人决定。

36. ×，解析：《公职人员政务处分法》第 49 条第 1 款规定，公职人员依法受到刑事责任追究的，监察机关应当根据司法机关的生效判决、裁定、决定及其认定的事实和情节，依照本法规定给予政务处分。

37. ×，解析：《公职人员政务处分法》第 49 条第 2 款规定，公职人员依法受到行政处罚，应当给予政务处分的，监察机关可以根据行政处罚决定认定的事实和情节，经立案调查核实后，依照本法给予政务处分。

38. √，解析：《公职人员政务处分法》第 50 条第 1 款。

39. ×，解析：《公职人员政务处分法》第 52 条第 1 款规定，公职人员涉嫌违法，已经被立案调查，不宜继续履行职责的，公职人员任免机关、单位可以决定暂停其履行职务。

40. √，解析：《公职人员政务处分法》第 53 条。

41. √，解析：《公职人员政务处分法》第 54 条。

42. ×，解析：《公职人员政务处分法》第 55 条第 1 款规定，公职人员对监察机关作出的涉及本人的政务处分决定不服的，可以依法向作出决定的监察机关申请复审；公职人员对复审决定仍不服的，可以向上一级监察机关申请复核。

43. ×，解析：《公职人员政务处分法》第 56 条第 1 款规定，复审、复核期间，不停止原政务处分决定的执行。

44. √，解析：《公职人员政务处分法》第 56 条第 2 款。

45. ×，解析：根据《公职人员政务处分法》第 60 条规定，公职人员的政务处分决定被撤销的，应当恢复该公职人员的级别、薪酬待遇，按照原职务、职级、衔级、岗位和职员等级安排相应的职务、职级、衔级、岗位和职员等级，并在原政务处分决定公布范围内为其恢复名誉。

46. √，解析：《公职人员政务处分法》第 61 条。

47. ×，解析：《公职人员政务处分法》第 62 条第 1 项规定，有关机关、单位、组织或者人员拒不执行政务处分决定的，由其上级机关，主管部门，任免机关、单位或者监察机关责令改正，依法给予处理。

（二）单项选择题

1. D，解析：《公职人员政务处分法》第 3 条规定，监察机关应当按照管理权限，加强对公职人员的监督，依法给予违法的公职人员政务处分。公职人员任免机关、单位应当按照管理权限，加强对公职人员的教育、管理、监督，依法给予违法的公职人员处分。监察机关发现公职人员任免机关、单位应当给予处分而未给予，或者给予的处分违法、不当的，应当及时提出监察建议。

2. B，解析：《公职人员政务处分法》第4条规定，给予公职人员政务处分，坚持党管干部原则，集体讨论决定；坚持法律面前一律平等，以事实为根据，以法律为准绳，给予的政务处分与违法行为的性质、情节、危害程度相当；坚持惩戒与教育相结合，宽严相济。

3. D，解析：《公职人员政务处分法》第7条规定："政务处分的种类为：（一）警告；（二）记过；（三）记大过；（四）降级；（五）撤职；（六）开除。"

4. C，解析：《公职人员政务处分法》第8条规定第1款规定："政务处分的期间为：（一）警告，六个月；（二）记过，十二个月；（三）记大过，十八个月；（四）降级、撤职，二十四个月。"

5. B，解析：《公职人员政务处分法》第9条。

6. C，解析：《公职人员政务处分法》第10条。

7. D，解析：《公职人员政务处分法》第11条规定："公职人员有下列情形之一的，可以从轻或者减轻给予政务处分：（一）主动交代本人应当受到政务处分的违法行为的；（二）配合调查，如实说明本人违法事实的；（三）检举他人违纪违法行为，经查证属实的；（四）主动采取措施，有效避免、挽回损失或者消除不良影响的；（五）在共同违法行为中起次要或者辅助作用的；（六）主动上交或者退赔违法所得的；（七）法律、法规规定的其他从轻或者减轻情节。"第12条第1款规定："公职人员违法行为情节轻微，且具有本法第十一条规定的情形之一的，可以对其进行谈话提醒、批评教育、责令检查或者予以诫勉，免予或者不予政务处分。"

8. A，解析：《公职人员政务处分法》第11条第4项。

9. C，解析：《公职人员政务处分法》第12条第2款规定，公职人员因不明真相被裹挟或者被胁迫参与违法活动，经批评教育后确有悔改表现的，可以减轻、免予或者不予政务处分。

10. A，解析：《公职人员政务处分法》第13条第1项规定，在政务处分期内再次故意违法，应当受到政务处分的，应当从重给予政务处分。据此，过失违法的不从重给予政务处分。

11. C，解析：《公职人员政务处分法》第14条第1款规定："公职人员犯罪，有下列情形之一的，予以开除：（一）因故意犯罪被判处管制、拘役或者有期徒刑以上刑罚（含宣告缓刑）的；（二）因过失犯罪被判处有期徒刑，刑期超过三年的；（三）因犯罪被单处或者并处剥夺政治权利的。”第 3 款规定，公职人员因犯罪被单处罚金，或者犯罪情节轻微，人民检察院依法作出不起诉决定或者人民法院依法免予刑事处罚的，予以撤职；造成不良影响的，予以开除。

12. D，解析：《公职人员政务处分法》第 15 条。
13. B，解析：《公职人员政务处分法》第 16 条。
14. D，解析：《公职人员政务处分法》第 17 条。
15. A，解析：《公职人员政务处分法》第 19 条。
16. C，解析：《公职人员政务处分法》第 19 条。
17. D，解析：《公职人员政务处分法》第 25 条第 1 款规定，公职人员违法取得的财物和用于违法行为的本人财物，除依法应当由其他机关没收、追缴或者责令退赔的，由监察机关没收、追缴或者责令退赔；应当退还原所有人或者原持有人的，依法予以退还；属于国家财产或者不应当退还以及无法退还的，上缴国库。
18. B，解析：《公职人员政务处分法》第 25 条第 2 款规定，公职人员因违法行为获得的职务、职级、衔级、级别、岗位和职员等级、职称、待遇、资格、学历、学位、荣誉、奖励等其他利益，监察机关应当建议有关机关、单位、组织按规定予以纠正。
19. C，解析：《公职人员政务处分法》第 26 条第 1 款。
20. C，解析：《公职人员政务处分法》第 33 条、第 34 条、第 35 条。其中，根据《公职人员政务处分法》第 34 条第 2 款，接受、提供可能影响公正行使公权力的宴请、旅游、健身、娱乐等活动安排，情节较重的，才予以政务处分。
21. D，解析：《公职人员政务处分法》第 38 条。
22. A，解析：《公职人员政务处分法》第 42 条规定，监察机关对涉嫌违法的公职人员进行调查，应当由二名以上工作人员进行。监察机关进行调查时，有权依法向有关单位和个人了解情况，收集、调取证据。有关单位和个人应当如实提供情况。严禁以威胁、引诱、欺骗及其他非法方式收集证据。以非法方式收集的证据不得作为给予政务处分的依据。
23. C，解析：《公职人员政务处分法》第 45、46 条。
24. D，解析：根据《公职人员政务处分法》第 47、48 条规定，担任过本案的证人的调查人员应当自行回避，被调查人、检举人及其他有关人员也有权要求其回避。监察机关负责人的回避，由上级监察机关决定；其他参与违法案件调查、处理人员的回避，由监察机关负责人决定。监察机关或者上级监察机关发现参与违法案件调查、处理人员有应当回避情形的，可以直接决定该人员回避。

25. C，解析：根据《公职人员政务处分法》第49条第1款规定，公职人员依法受到刑事责任追究的，监察机关应当根据司法机关的生效判决、裁定、决定及其认定的事实和情节，依照本法规定给予政务处分。

26. A，解析：根据《公职人员政务处分法》第49条第2款规定，公职人员依法受到行政处罚，应当给予政务处分的，监察机关可以根据行政处罚决定认定的事实和情节，经立案调查核实后，依照本法给予政务处分。

27. D，解析：根据《公职人员政务处分法》第49条第3款规定，监察机关根据本条第一款、第二款的规定作出政务处分后，司法机关、行政机关依法改变原生效判决、裁定、决定等，对原政务处分决定产生影响的，监察机关应当根据改变后的判决、裁定、决定等重新作出相应处理。

28. D，解析：根据《公职人员政务处分法》第50条第3款规定，监察机关对各级人民代表大会代表、中国人民政治协商会议各级委员会委员给予政务处分的，应当向有关的人民代表大会常务委员会，乡、民族乡、镇的人民代表大会主席团或者中国人民政治协商会议委员会常务委员会通报。

29. A，解析：根据《公职人员政务处分法》第51条规定，下级监察机关根据上级监察机关的指定管辖决定进行调查的案件，调查终结后，对不属于本监察机关管辖范围内的监察对象，应当交有管理权限的监察机关依法作出政务处分决定。

30. D，解析：根据《公职人员政务处分法》第52条第2款规定，公职人员在被立案调查期间，未经监察机关同意，不得出境、辞去公职；被调查公职人员所在机关、单位及上级机关、单位不得对其交流、晋升、奖励、处分或者办理退休手续。

31. A，解析：根据《公职人员政务处分法》第54条规定，公职人员受到政务处分的，应当将政务处分决定书存入其本人档案。对于受到降级以上政务处分的，应当由人事部门按照管理权限在作出政务处分决定后1个月内办理职务、工资及其他有关待遇等的变更手续；特殊情况下，经批准可以适当延长办理期限，但是最长不得超过6个月。

32. C，解析：根据《公职人员政务处分法》第55条第1款规定，公职人员对监察机关作出的涉及本人的政务处分决定不服的，可以依法向作出决定的监察机关申请复审；公职人员对复审决定仍不服的，可以向上一级监察机关申请复核。

33. B，解析：根据《公职人员政务处分法》第60条第2款规定，公职人员因有本法第57条、第58条规定的情形被撤销政务处分或者减轻政务处分的，应当对其薪酬待遇受到的损失予以补偿。

（三）多项选择题

1. ABCD，解析：《公职人员政务处分法》第4条。
2. ABCD，解析：《公职人员政务处分法》第5、6条。
3. ABC，解析：《公职人员政务处分法》第11条规定，公职人员有下列情形之一的，可以从轻或者减轻给予政务处分：（1）主动交代本人应当受到政务处分的违法行为的；（2）配合调查，如实说明本人违法事实的；（3）检举他人违纪违法行为，经查证属实的；（4）主动采取措施，有效避免、挽回损失或者消除不良影响的；（5）在共同违法行为中起次要或者辅助作用的；（6）主动上交或者退赔违法所得的；（7）法律、法规规定的其他从轻或者减轻情节。第12条第1款规定，公职人员违法行为情节轻微，且具有本法第11条规定的情形之一的，可以对其进行谈话提醒、批评教育、责令检查或者予以诫勉，免予或者不予政务处分。
4. ABCD，解析：《公职人员政务处分法》第12条第1款。
5. AC，解析：《公职人员政务处分法》第12条规定，公职人员违法行为情节轻微，且具有本法第11条规定的情形之一的，可以对其进行谈话提醒、批评教育、责令检查或者予以诫勉，免予或者不予政务处分。公职人员因不明真相被裹挟或者被胁迫参与违法活动，经批评教育后确有悔改表现的，可以减轻、免予或者不予政务处分。
6. ABD，解析：《公职人员政务处分法》第13条规定："公职人员有下列情形之一的，应当从重给予政务处分：（一）在政务处分期内再次故意违法，应当受到政务处分的；（二）阻止他人检举、提供证据的；（三）串供或者伪造、隐匿、毁灭证据的；（四）包庇同案人员的；（五）胁迫、唆使他人实施违法行为的；（六）拒不上交或者退赔违法所得的；（七）法律、法规规定的其他从重情节。"
7. ABCD，解析：《公职人员政务处分法》第14条规定："公职人员犯罪，有下列情形之一的，予以开除：（一）因故意犯罪被判处管制、拘役或者有期徒刑以上刑罚（含宣告缓刑）的；（二）因过失犯罪被判处有期徒刑，刑期超过三年的；（三）因犯罪被单处或者并处剥夺政治权利的。因过失犯罪被判处管制、拘役或者三年以下有期徒刑的，一般应当予以开除；案件情况特殊，予以撤职更为适当的，可以不予开除，但是应当报请上一级机关批准。公职人员因犯罪被单处罚金，或者犯罪情节轻微，人民检察院依法作出不起诉决定或者人民法院依法免予刑事处罚的，予以撤职；造成不良影响的，予以开除。”

8. ABD，解析：《公职人员政务处分法》第 14 条第 1 款第 1 项规定，因故意犯罪被判处管制、拘役或者有期徒刑以上刑罚（含宣告缓刑）的，予以开除。第 3 款规定，公职人员因犯罪被单处罚金，或者犯罪情节轻微，人民检察院依法作出不起诉决定或者人民法院依法免予刑事处罚的，予以撤职；造成不良影响的，予以开除。

9. ACD，解析：《公职人员政务处分法》第 14 条第 2 款规定，因过失犯罪被判处管制、拘役或者 3 年以下有期徒刑的，一般应当予以开除；案件情况特殊，予以撤职更为适当的，可以不予开除，但是应当报请上一级机关批准。

10. AB，解析：《公职人员政务处分法》第 15 条规定，公职人员有两个以上违法行为的，应当分别确定政务处分。应当给予两种以上政务处分的，执行其中最重的政务处分；应当给予撤职以下多个相同政务处分的，可以在一个政务处分期以上、多个政务处分期之和以下确定政务处分期，但是最长不得超过 48 个月。

11. BCD，解析：《公职人员政务处分法》第 16 条规定，对公职人员的同一违法行为，监察机关和公职人员任免机关、单位不得重复给予政务处分和处分。第 17 条规定，公职人员有违法行为，有关机关依照规定给予组织处理的，监察机关可以同时给予政务处分。第 18 条规定，担任领导职务的公职人员有违法行为，被罢免、撤销、免去或者辞去领导职务的，监察机关可以同时给予政务处分。

12. ABCD，解析：《公职人员政务处分法》第 19 条。

13. BCD，解析：《公职人员政务处分法》第 19 条。

14. ABC，解析：《公职人员政务处分法》第 22 条第 1 款。

15. AD，解析：《公职人员政务处分法》第 26 条第 2 款规定，公职人员受到开除以外的政务处分，在政务处分期内有悔改表现，并且没有再发生应当给予政务处分的违法行为的，政务处分期满后自动解除，晋升职务、职级、衔级、级别、岗位和职员等级、职称、薪酬待遇不再受原政务处分影响。但是，解除降级、撤职的，不恢复原职务、职级、衔级、级别、岗位和职员等级、职称、薪酬待遇。

16. BD，解析：《公职人员政务处分法》第 27 条第 1 款规定，已经退休的公职人员退休前或者退休后有违法行为的，不再给予政务处分，但是可以对其立案调查；依法应当予以降级、撤职、开除的，应当按照规定相应调整其享受的待遇，对其违法取得的财物和用于违法行为的本人财物依照本法第 25 条的规定处理。
17. ABCD，解析：《公职人员政务处分法》第 28 条第 1 款。
18. BCD，解析：《公职人员政务处分法》第 29 条第 2 款规定，违反个人有关事项报告规定，隐瞒不报，情节较重的，予以警告、记过或者记大过。据此，A 项需要情节严重，故错误。BCD 项分别符合《公职人员政务处分法》第 29 条第 3 款、第 30 条、第 31 条规定。
19. BCD，解析：《公职人员政务处分法》第 40 条第 1 款。
20. ABC，解析：《公职人员政务处分法》第 43 条规定，作出政务处分决定前，监察机关应当将调查认定的违法事实及拟给予政务处分的依据告知被调查人，听取被调查人的陈述和申辩，并对其陈述的事实、理由和证据进行核实，记录在案。被调查人提出的事实、理由和证据成立的，应予采纳。不得因被调查人的申辩而加重政务处分。
21. ACD，解析：《公职人员政务处分法》第 44 条规定："调查终结后，监察机关应当根据下列不同情况，分别作出处理：（一）确有应受政务处分的违法行为的，根据情节轻重，按照政务处分决定权限，履行规定的审批手续后，作出政务处分决定；（二）违法事实不能成立的，撤销案件；（三）符合免予、不予政务处分条件的，作出免予、不予政务处分决定；（四）被调查人涉嫌其他违法或者犯罪行为的，依法移送主管机关处理。"
22. ABCD，解析：《公职人员政务处分法》第 47 条规定："参与公职人员违法案件调查、处理的人员有下列情形之一的，应当自行回避，被调查人、检举人及其他有关人员也有权要求其回避：（一）是被调查人或者检举人的近亲属的；（二）担任过本案的证人的；（三）本人或者其近亲属与调查的案件有利害关系的；（四）可能影响案件公正调查、处理的其他情形。"
23. ABD，解析：《公职人员政务处分法》第 50 条第 1 款规定，监察机关对经各级人民代表大会、县级以上各级人民代表大会常务委员会选举或者决定任命的公职人员予以撤职、开除的，应当先依法罢免、撤销或者免去其职务，再依法作出政务处分决定。

24. ABCD，解析：《公职人员政务处分法》第 52 条第 2 款规定，公职人员在被立案调查期间，未经监察机关同意，不得出境、辞去公职；被调查公职人员所在机关、单位及上级机关、单位不得对其交流、晋升、奖励、处分或者办理退休手续。
25. ABCD，解析：《公职人员政务处分法》第 55 条、第 56 条。
26. ABD，解析：《公职人员政务处分法》第 57 条规定："有下列情形之一的，复审、复核机关应当撤销原政务处分决定，重新作出决定或者责令原作出决定的监察机关重新作出决定：（一）政务处分所依据的违法事实不清或者证据不足的；（二）违反法定程序，影响案件公正处理的；（三）超越职权或者滥用职权作出政务处分决定的。"
27. ACD，解析：《公职人员政务处分法》第 58 条规定："有下列情形之一的，复审、复核机关应当变更原政务处分决定，或者责令原作出决定的监察机关予以变更：（一）适用法律、法规确有错误的；（二）对违法行为的情节认定确有错误的；（三）政务处分不当的。"B 项属于应予撤销的情形。
28. ABCD，解析：《公职人员政务处分法》第 60 条第 1 款。
29. ABC，解析：《公职人员政务处分法》第 61 条规定，有关机关、单位无正当理由拒不采纳监察建议的，由其上级机关、主管部门责令改正，对该机关、单位给予通报批评，对负有责任的领导人员和直接责任人员依法给予处理。
30. ABC，解析：《公职人员政务处分法》第 62 条规定："有关机关、单位、组织或者人员有下列情形之一的，由其上级机关，主管部门，任免机关、单位或者监察机关责令改正，依法给予处理：（一）拒不执行政务处分决定的；（二）拒不配合或者阻碍调查的；（三）对检举人、证人或者调查人员进行打击报复的；（四）诬告陷害公职人员的；（五）其他违反本法规定的情形。"

（四）填空题

1. 监察建议。（《公职人员政务处分法》第 3 条第 3 款）
2. 集体讨论；事实；法律；惩戒与教育。（《公职人员政务处分法》第 4 条）
3. 法定事由；法定程序。（《公职人员政务处分法》第 6 条）
4. 警告；十二个月；记大过；降级、撤职。（《公职人员政务处分法》第 8 条第 1 款）

5. 作出；政务处分决定生效。(《公职人员政务处分法》第 8 条第 2 款)
6. 次要；辅助。(《公职人员政务处分法》第 11 条)
7. 因不明真相被裹挟；被胁迫。(《公职人员政务处分法》第 12 条第 2 款)
8. 故意；政务处分。(《公职人员政务处分法》第 13 条)
9. 3。(《公职人员政务处分法》第 14 条第 1 款)
10. 管制；拘役；3 年以下有期徒刑；上一级机关。(《公职人员政务处分法》第 14 条第 2 款)
11. 单处；不起诉；免予刑事处罚。(《公职人员政务处分法》第 14 条第 3 款)
12. 最重；撤职；一个政务处分期以上、多个政务处分期之和以下；48。(《公职人员政务处分法》第 15 条)
13. 职务；职级；衔级；级别；工资档次。(《公职人员政务处分法》第 19 条)
14. 县级；乡镇。(《公职人员政务处分法》第 22 条第 2 款)
15. 违法行为；监察机关；上缴国库。(《公职人员政务处分法》第 25 条第 1 款)
16. 建议。(《公职人员政务处分法》第 25 条第 2 款)
17. 开除；应当给予政务处分的违法行为；自动；不恢复。(《公职人员政务处分法》第 26 条第 2 款)
18. 立案调查；相应调整。(《公职人员政务处分法》第 27 条第 1 款)
19. 国家指导思想；中国共产党；社会主义。(《公职人员政务处分法》第 28 条第 3 款)
20. 民主集中制；集体。(《公职人员政务处分法》第 30 条)
21. 外国国籍。(《公职人员政务处分法》第 31 条第 2 款)
22. 撤职。(《公职人员政务处分法》第 33 条第 2 款)
23. 营利性；兼任。(《公职人员政务处分法》第 36 条)
24. 撤职；开除。(《公职人员政务处分法》第 37 条)
25. 2；证据；如实提供情况。(《公职人员政务处分法》第 42 条第 1 款)
26. 严禁；不得。(《公职人员政务处分法》第 42 条第 2 款)
27. 违法事实；依据；陈述和申辩；加重。(《公职人员政务处分法》第 43 条)
28. 上级监察机关；监察机关负责人。(《公职人员政务处分法》第 48 条第 1 款)
29. 可以。(《公职人员政务处分法》第 49 条第 2 款)
30. 依章程免去其职务。(《公职人员政务处分法》第 50 条第 2 款)

31. 通报。(《公职人员政务处分法》第 50 条第 3 款)
32. 暂停。(《公职人员政务处分法》第 52 条第 1 款)
33. 澄清事实；恢复名誉。(《公职人员政务处分法》第 53 条)
34. 作出决定的监察机关；上一级监察机关。(《公职人员政务处分法》第 55 条第 1 款)
35. 予以纠正；责令下级监察机关及时予以纠正。(《公职人员政务处分法》第 55 条第 2 款)
36. 认定事实清楚；适用法律正确。(《公职人员政务处分法》第 59 条)
37. 上级机关；主管部门；通报批评；负有责任的领导人员和直接责任人员。(《公职人员政务处分法》第 61 条)
38. 上级机关；主管部门；任免机关；监察机关。(《公职人员政务处分法》第 62 条)

(五)简答题

1. 答：根据《公职人员政务处分法》第 7 条规定，政务处分的种类为：(1) 警告；(2) 记过；(3) 记大过；(4) 降级；(5) 撤职。第 8 条规定，政务处分的期间为：(1) 警告，6 个月；(2) 记过，12 个月；(3) 记大过，18 个月；(4) 降级、撤职，24 个月。政务处分决定自作出之日起生效，政务处分期自政务处分决定生效之日起计算。
2. 答：根据《公职人员政务处分法》第 11 条规定，公职人员有下列情形之一的，可以从轻或者减轻给予政务处分：(1) 主动交代本人应当受到政务处分的违法行为的；(2) 配合调查，如实说明本人违法事实的；(3) 检举他人违纪违法行为，经查证属实的；(4) 主动采取措施，有效避免、挽回损失或者消除不良影响的；(5) 在共同违法行为中起次要或者辅助作用的；(6) 主动上交或者退赔违法所得的；(7) 法律、法规规定的其他从轻或者减轻情节。
3. 答：根据《公职人员政务处分法》第 13 条规定，公职人员有下列情形之一的，应当从重给予政务处分：(1) 在政务处分期内再次故意违法，应当受到政务处分的；(2) 阻止他人检举、提供证据的；(3) 串供或者伪造、隐匿、毁灭证据的；(4) 包庇同案人员的；(5) 胁迫、唆使他人实施违法行为的；(6) 拒不上交或者退赔违法所得的；(7) 法律、法规规定的其他从重情节。
4. 答：根据《公职人员政务处分法》第 14 条规定，公职人员犯罪，有下列情形之一的，予以开除：(1) 因故意犯罪被判处管制、拘役或者有期徒刑以上刑罚(含宣告缓刑)的；(2) 因过失犯罪被判处有期徒刑，刑期超过 3 年的；

（3）因犯罪被单处或者并处剥夺政治权利的。因过失犯罪被判处管制、拘役或者3年以下有期徒刑的，一般应当予以开除；案件情况特殊，予以撤职更为适当的，可以不予开除，但是应当报请上一级机关批准。公职人员因犯罪被单处罚金，或者犯罪情节轻微，人民检察院依法作出不起诉决定或者人民法院依法免予刑事处罚的，予以撤职；造成不良影响的，予以开除。

5. 答：根据《公职人员政务处分法》第15条规定，公职人员有两个以上违法行为的，应当分别确定政务处分。应当给予两种以上政务处分的，执行其中最重的政务处分；应当给予撤职以下多个相同政务处分的，可以在一个政务处分期以上、多个政务处分期之和以下确定政务处分期，但是最长不得超过48个月。

6. 答：根据《公职人员政务处分法》第25条第1款规定，公职人员违法取得的财物和用于违法行为的本人财物，除依法应当由其他机关没收、追缴或者责令退赔的，由监察机关没收、追缴或者责令退赔；应当退还原所有人或者原持有人的，依法予以退还；属于国家财产或者不应当退还以及无法退还的，上缴国库。

7. 答：根据《公职人员政务处分法》第26条第2款规定，公职人员受到开除以外的政务处分，在政务处分期内有悔改表现，并且没有再发生应当给予政务处分的违法行为的，政务处分期满后自动解除，晋升职务、职级、衔级、级别、岗位和职员等级、职称、薪酬待遇不再受原政务处分影响。但是，解除降级、撤职的，不恢复原职务、职级、衔级、级别、岗位和职员等级、职称、薪酬待遇。

8. 答：根据《公职人员政务处分法》第27条第1款规定，已经退休的公职人员退休前或者退休后有违法行为的，不再给予政务处分，但是可以对其立案调查；依法应当予以降级、撤职、开除的，应当按照规定相应调整其享受的待遇，对其违法取得的财物和用于违法行为的本人财物依照本法第25条的规定处理。第25条第1款规定，公职人员违法取得的财物和用于违法行为的本人财物，除依法应当由其他机关没收、追缴或者责令退赔的，由监察机关没收、追缴或者责令退赔；应当退还原所有人或者原持有人的，依法予以退还；属于国家财产或者不应当退还以及无法退还的，上缴国库。

9. 答：根据《公职人员政务处分法》第52条规定，公职人员涉嫌违法，已经被立案调查，不宜继续履行职责的，公职人员任免机关、单位可以决定暂停其履行职务。公职人员在被立案调查期间，未经监察机关同意，不得出境、辞去公职；被调查公职人员所在机关、单位及上级机关、单位不得对其交流、晋升、奖励、处分或者办理退休手续。

10. 答：根据《公职人员政务处分法》第 55 条第 1 款规定，公职人员对监察机关作出的涉及本人的政务处分决定不服的，可以依法向作出决定的监察机关申请复审；公职人员对复审决定仍不服的，可以向上一级监察机关申请复核。

11. 答：根据《公职人员政务处分法》第 60 条规定，公职人员政务处分决定被撤销的，应当恢复该公职人员的级别、薪酬待遇，按照原职务、职级、衔级、岗位和职员等级安排相应的职务、职级、衔级、岗位和职员等级，并在原政务处分决定公布范围内为其恢复名誉。没收、追缴财物错误的，应当依法予以返还、赔偿。公职人员因有本法第 57 条、第 58 条规定的情形被撤销政务处分的，应当对其薪酬待遇受到的损失予以补偿。

12. 根据《公职人员政务处分法》第 61 条规定，有关机关、单位无正当理由拒不采纳监察建议的，由其上级机关、主管部门责令改正，对该机关、单位给予通报批评，对负有责任的领导人员和直接责任人员依法给予处理。

十五、治安管理处罚法

（一）判断题

1. 违反治安管理的行为对他人造成损害的，行为人或者其监护人应当依法承担行政责任。（　　）
2. 出于他人胁迫或者诱骗，违反治安管理的，一律不予处罚。（　　）
3. 违反治安管理行为在6个月内没有被公安机关发现的，不再处罚。（　　）
4. 公安机关及其人民警察在办理治安案件时，对涉及的国家秘密、商业秘密或者个人隐私，应当予以保密。（　　）
5. 当场作出治安管理处罚决定的，人民警察应当向违反治安管理行为人出示工作证件，并填写处罚决定书。（　　）

（二）单项选择题

1. 关于询问被侵害人或者其他证人的程序，下列哪一说法是错误的？（　　）

   A. 可以到其所在单位或者住处进行

   B. 必要时，也可以通知其到公安机关提供证言

   C. 在公安机关以外询问被侵害人或者其他证人，应当出示工作证件

   D. 询问被侵害人或者其他证人，无需将询问笔录交其核对

2. 人民警察在办理治安案件过程中，发生下列哪一情形的，可以不用回避？（　　）

   A. 是本案当事人的近亲属

   B. 本人的近亲属与本案有利害关系

   C. 与本案当事人有其他关系，不会影响案件公正处理

   D. 本人与本案有利害关系

3. 关于传唤违反治安管理行为人接受调查，下列哪一说法是错误的？（　　）

A. 经公安机关办案部门负责人批准，使用传唤证传唤

B. 为办案需要，可以不告知传唤的原因和依据

C. 对现场发现的违反治安管理行为人，人民警察经出示工作证件，可以口头传唤

D. 口头传唤的，应当在询问笔录中注明

4. 关于对违反治安管理行为人的询问查证，下列哪一说法是错误的？（　　）

A. 对违反治安管理行为人，公安机关传唤后应当及时询问查证

B. 询问查证的时间一般不得超过 12 小时

C. 应当及时将传唤的原因和处所通知被传唤人家属

D. 情况复杂，依照本法规定可能适用行政拘留处罚的，询问查证的时间不得超过 24 小时

5. 公安机关依法实施罚款处罚，应当依照有关法律、行政法规的规定，实行(　　)。

A. 罚款决定与罚款收缴分离　　B. 罚款决定与罚款收缴一体

C. 罚款决定当场作出　　D. 罚款由银行统一收缴

(三) 多项选择题

1. 关于询问笔录，下列哪些说法是正确的？（　　）

A. 询问笔录应当交被询问人核对

B. 对没有阅读能力的被询问人，应当向其宣读

C. 记载有遗漏或者差错的，被询问人可以提出补充或者更正

D. 被询问人确认笔录无误后，应当签名或者盖章

2. 下列哪些治安管理处罚措施，可以由公安派出所决定？（　　）

A. 警告　　B. 1000 元以下罚款

C. 500 元以下罚款　　D. 拘留

3. 同时满足下列哪些条件的，可以当场作出治安管理处罚决定？（　　）

A. 违反治安管理行为事实清楚

B. 证据确凿

C. 处警告或者 500 元以下罚款

D. 处警告或者 200 元以下罚款

4. 有下列哪些情形的，人民警察可以当场收缴罚款？（　　）
   A. 被处 50 元以下罚款，被处罚人对罚款无异议的
   B. 在交通不便地区作出罚款决定的
   C. 被处罚人在当地没有固定住所，不当场收缴事后难以执行的
   D. 在边远、水上、交通不便地区，公安机关及其人民警察依法作出罚款决定后，被处罚人向指定的银行缴纳罚款确有困难，经被处罚人提出的
5. 对违反治安管理的行为人，在下列哪些情况下，可以强制传唤？（　　）
   A. 经公安机关办案部门负责人批准的
   B. 现场发现违反治安管理行为人的
   C. 违反治安管理行为人无正当理由不接受传唤的
   D. 违反治安管理行为人逃避传唤的

（四）填空题

1. 对于因____引起的打架斗殴或者损毁他人财物等违反治安管理行为，情节较轻的，公安机关可以调解处理。
2. 违反治安管理有下列情形之一的，减轻处罚或者不予处罚：（1）情节特别轻微的；（2）主动消除或者减轻违法后果，并取得____的；（3）出于他人____的；（4）主动投案，向公安机关如实陈述自己的违法行为的；（5）有____表现的。
3. 违反治安管理有下列情形之一的，从重处罚：（1）有____的；（2）教唆、胁迫、诱骗他人违反治安管理的；（3）对报案人、控告人、举报人、证人____的；（4）____个月内曾受过治安管理处罚的。

（五）简答题

1. 简述治安管理处罚中当场收缴罚款的具体情形。
2. 简述对违反治安管理行为人的询问查证制度。
3. 简述治安管理处罚中行政拘留可以暂缓执行的情形。

参考答案

（一）判断题

1. ×，解析：《治安管理处罚法》第 8 条规定，违反治安管理的行为对他人造成损害的，行为人或者其监护人应当依法承担民事责任。
2. ×，解析：《治安管理处罚法》第 19 条规定："违反治安管理有下列情形之一的，减轻处罚或者不予处罚：（一）情节特别轻微的；（二）主动消除或者减轻违法后果，并取得被侵害人谅解的；（三）出于他人胁迫或者诱骗的；（四）主动投案，向公安机关如实陈述自己的违法行为的；（五）有立功表现的。"
3. √，解析：《治安管理处罚法》第 22 条。
4. √，解析：《治安管理处罚法》第 80 条。
5. √，解析：《治安管理处罚法》第 101 条第 1 款。

（二）单项选择题

1. D，解析：《治安管理处罚法》第 85 条规定，人民警察询问被侵害人或者其他证人，可以到其所在单位或者住处进行；必要时，也可以通知其到公安机关提供证言。人民警察在公安机关以外询问被侵害人或者其他证人，应当出示工作证件。询问被侵害人或者其他证人，同时适用本法第 84 条的规定。第 84 条第 1 款规定，询问笔录应当交被询问人核对；对没有阅读能力的，应当向其宣读。记载有遗漏或者差错的，被询问人可以提出补充或者更正。被询问人确认笔录无误后，应当签名或者盖章，询问的人民警察也应当在笔录上签名。
2. C，解析：《治安管理处罚法》第 81 条第 1 款规定："人民警察在办理治安案件过程中，遇有下列情形之一的，应当回避；违反治安管理行为人、被侵害人或者其法定代理人也有权要求他们回避：（一）是本案当事人或者当事人的近亲属的；（二）本人或者其近亲属与本案有利害关系的；（三）与本案当事人有其他关系，可能影响案件公正处理的。"
3. B，解析：《治安管理处罚法》第 82 条规定，需要传唤违反治安管理行为人接受调查的，经公安机关办案部门负责人批准，使用传唤证传唤。对现场发现的违反治安管理行为人，人民警察经出示工作证件，可以口头传唤，但应当在询问笔录中注明。公安机关应当将传唤的原因和依据告知被传唤人。对无正当理由不接受传唤或者逃避传唤的人，可以强制传唤。

4. B，解析：《治安管理处罚法》第 83 条规定，对违反治安管理行为人，公安机关传唤后应当及时询问查证，询问查证的时间不得超过 8 小时；情况复杂，依照本法规定可能适用行政拘留处罚的，询问查证的时间不得超过 24 小时。公安机关应当及时将传唤的原因和处所通知被传唤人家属。

5. A，解析：《治安管理处罚法》第 115 条规定，公安机关依法实施罚款处罚，应当依照有关法律、行政法规的规定，实行罚款决定与罚款收缴分离；收缴的罚款应当全部上缴国库。

（三）多项选择题

1. ABCD，解析：《治安管理处罚法》第 84 条第 1 款规定，询问笔录应当交被询问人核对；对没有阅读能力的，应当向其宣读。记载有遗漏或者差错的，被询问人可以提出补充或者更正。被询问人确认笔录无误后，应当签名或者盖章，询问的人民警察也应当在笔录上签名。

2. AC，解析：《治安管理处罚法》第 91 条规定，治安管理处罚由县级以上人民政府公安机关决定；其中警告、500 元以下的罚款可以由公安派出所决定。

3. ABD，解析：《治安管理处罚法》第 100 条规定，违反治安管理行为事实清楚，证据确凿，处警告或者 200 元以下罚款的，可以当场作出治安管理处罚决定。

4. ACD，解析：《治安管理处罚法》第 104 条规定："受到罚款处罚的人应当自收到处罚决定书之日起十五日内，到指定的银行缴纳罚款。但是，有下列情形之一的，人民警察可以当场收缴罚款：（一）被处五十元以下罚款，被处罚人对罚款无异议的；（二）在边远、水上、交通不便地区，公安机关及其人民警察依照本法的规定作出罚款决定后，被处罚人向指定的银行缴纳罚款确有困难，经被处罚人提出的；（三）被处罚人在当地没有固定住所，不当场收缴事后难以执行的。"

5. CD，解析：《治安管理处罚法》第 82 条第 2 款规定，公安机关应当将传唤的原因和依据告知被传唤人。对无正当理由不接受传唤或者逃避传唤的人，可以强制传唤。

（四）填空题

1. 民间纠纷。（《治安管理处罚法》第 9 条）

2. 被侵害人谅解；胁迫或者诱骗；立功。（《治安管理处罚法》第 19 条）

3. 较严重后果；打击报复；6。（《治安管理处罚法》第 20 条）

（五）简答题

1. 答：根据《治安管理处罚法》第104条规定，受到罚款处罚的人应当自收到处罚决定书之日起15日内，到指定的银行缴纳罚款。但是，有下列情形之一的，人民警察可以当场收缴罚款：（1）被处50元以下罚款，被处罚人对罚款无异议的；（2）在边远、水上、交通不便地区，公安机关及其人民警察依照本法的规定作出罚款决定后，被处罚人向指定的银行缴纳罚款确有困难，经被处罚人提出的；（3）被处罚人在当地没有固定住所，不当场收缴事后难以执行的。
2. 答：根据《治安管理处罚法》第83条规定，对违反治安管理行为人，公安机关传唤后应当及时询问查证，询问查证的时间不得超过8小时；情况复杂，依照本法规定可能适用行政拘留处罚的，询问查证的时间不得超过24小时。公安机关应当及时将传唤的原因和处所通知被传唤人家属。
3. 答：根据《治安管理处罚法》第107条规定，被处罚人不服行政拘留处罚决定，申请行政复议、提起行政诉讼的，可以向公安机关提出暂缓执行行政拘留的申请。公安机关认为暂缓执行行政拘留不致发生社会危险的，由被处罚人或者其近亲属提出符合本法第108条规定条件的担保人，或者按每日行政拘留200元的标准交纳保证金，行政拘留的处罚决定暂缓执行。

十六、行政强制法

（一）判断题

1. 行政强制的设定和实施，应当依照法定的权限、范围、条件和程序。（ ）
2. 法律对行政强制措施的对象、条件、种类作了规定的，行政法规、地方性法规可以作出适当扩大。（ ）
3. 违法行为涉嫌犯罪应当移送司法机关的，行政机关应当将查封、扣押、冻结的财物一并移送，并书面告知当事人。（ ）
4. 当事人收到催告书后有权进行陈述和申辩。行政机关应当充分听取当事人的意见，对当事人提出的事实、理由和证据，应当进行记录、复核。当事人提出的事实、理由或者证据成立的，行政机关应当采纳。（ ）
5. 当事人在法定期限内不申请行政复议或者提起行政诉讼，又不履行行政决定的，没有行政强制执行权的行政机关可以自期限届满之日起 1 个月内，申请人民法院强制执行。（ ）

（二）单项选择题

1. 下列哪一项不属于行政强制执行的方式？（ ）
   A. 划拨存款、汇款
   B. 代履行
   C. 罚款
   D. 拍卖扣押的财物
2. 关于行政机关实施行政强制措施应当遵守的规定，下列哪一选项是错误的？（ ）
   A. 出示执法身份证件
   B. 通知当事人到场

C. 情况紧急，需要当场实施行政强制措施的，应当立即向行政机关负责人报告

D. 制作现场笔录

3. 关于冻结存款、汇款的程序，下列哪一项是不正确的？（　　）

A. 由法律规定的行政机关实施

B. 可以委托给其他行政机关或者组织实施

C. 冻结存款、汇款的数额应当与违法行为涉及的金额相当

D. 已被其他国家机关依法冻结的，不得重复冻结

4. 关于行政强制执行协议，下列哪一说法是不正确的？（　　）

A. 不得损害公共利益和他人合法权益

B. 可以约定分阶段履行

C. 当事人采取补救措施的，可以减免加处的罚款或者滞纳金

D. 当事人不履行执行协议的，行政机关可以强制执行该协议

5. 人民法院接到行政机关强制执行的申请，应当在（　　）日内受理。行政机关对人民法院不予受理的裁定有异议的，可以在（　　）日内向上一级人民法院申请复议，上一级人民法院应当自收到复议申请之日起（　　）日内作出是否受理的裁定。

A. 5；15；15　　B. 15；30；30

C. 3；5；5　　D. 5；15；30

（三）多项选择题

1.《行政强制法》所称的行政强制，包括以下哪些选项？（　　）

A. 行政强制措施　　B. 行政强制执行

C. 行政强制程序　　D. 行政强制履行

2. 以下哪些选项属于行政强制措施？（　　）

A. 限制公民人身自由　　B. 查封场所、设施或者财物

C. 扣押财物　　D. 冻结存款、汇款

3. 以下哪些选项属于可以查封、扣押的范围？（　　）

A. 涉案的场所　　B. 涉案的设施

C. 涉案的财物　　D. 涉案的生活必需品

4. 行政机关作出强制执行决定前，应当事先催告当事人履行义务。催告应当以书面形式作出，并载明以下哪些事项？（　　）

A. 履行义务的期限

B. 履行义务的方式

C. 涉及金钱给付的，应当有明确的金额和给付方式

D. 当事人依法享有的陈述权和申辩权

5. 人民法院发现有下列哪些情形之一的，在作出强制执行的裁定前可以听取被执行人和行政机关的意见？（　　）

A. 明显缺乏事实根据的

B. 明显缺乏法律、法规依据的

C. 明显违法并损害被执行人合法权益的

D. 涉及多人利益的

（四）填空题

1. 行政强制的设定和实施，应当适当。采用____可以达到行政管理目的的，不得设定和实施行政强制。

2. 查封、扣押应当由____、____规定的行政机关实施，其他任何行政机关或者组织不得实施。

3. 行政机关不得在____或者____实施行政强制执行。但是，情况紧急的除外。行政机关____对居民生活采取停止供水、供电、供热、供燃气等方式迫使当事人履行相关行政决定。

4. 行政机关依法作出金钱给付义务的行政决定，当事人逾期不履行的，行政机关可以依法____或者____。

5. 行政机关依法作出要求当事人履行排除妨碍、恢复原状等义务的行政决定，当事人逾期不履行，经____仍不履行，其后果已经或者将危害____、造成____或者破坏____的，行政机关可以代履行，或者委托____代履行。

（五）简答题

1. 简述行政强制执行的方式。

2. 简述行政机关实施限制公民人身自由的行政强制措施应当遵守哪些规定。
3. 简述行政机关应当及时作出解除查封、扣押决定的具体情形。

参考答案

（一）判断题

1. √，解析：《行政强制法》第 4 条。
2. ×，解析：《行政强制法》第 11 条第 1 款规定，法律对行政强制措施的对象、条件、种类作了规定的，行政法规、地方性法规不得作出扩大规定。
3. √，解析：《行政强制法》第 21 条。
4. √，解析：《行政强制法》第 36 条。
5. ×，解析：《行政强制法》第 53 条规定，当事人在法定期限内不申请行政复议或者提起行政诉讼，又不履行行政决定的，没有行政强制执行权的行政机关可以自期限届满之日起 3 个月内，依照本章规定申请人民法院强制执行。

（二）单项选择题

1. C，解析：《行政强制法》第 12 条规定："行政强制执行的方式：（一）加处罚款或者滞纳金；（二）划拨存款、汇款；（三）拍卖或者依法处理查封、扣押的场所、设施或者财物；（四）排除妨碍、恢复原状；（五）代履行；（六）其他强制执行方式。"
2. C，解析：《行政强制法》第 19 条规定："情况紧急，需要当场实施行政强制措施的，行政执法人员应当在二十四小时内向行政机关负责人报告，并补办批准手续。行政机关负责人认为不应当采取行政强制措施的，应当立即解除。"故 C 项错误。ABD 项符合《行政强制法》第 18 条规定。
3. B，解析：《行政强制法》第 29 条规定："冻结存款、汇款应当由法律规定的行政机关实施，不得委托给其他行政机关或者组织；其他任何行政机关或者组织不得冻结存款、汇款。冻结存款、汇款的数额应当与违法行为涉及的金额相当；已被其他国家机关依法冻结的，不得重复冻结。"
4. D，解析：《行政强制法》第 42 条规定："实施行政强制执行，行政机关可以在不损害公共利益和他人合法权益的情况下，与当事人达成执行协议。执行协议可以约定分阶段履行；当事人采取补救措施的，可以减免加处的罚款或者滞纳金。执行协议应当履行。当事人不履行执行协议的，行政机关应当恢复强制执行。"

5. A，解析：《行政强制法》第 56 条规定："人民法院接到行政机关强制执行的申请，应当在五日内受理。行政机关对人民法院不予受理的裁定有异议的，可以在十五日内向上一级人民法院申请复议，上一级人民法院应当自收到复议申请之日起十五日内作出是否受理的裁定。"

（三）多项选择题

1. AB，解析：《行政强制法》第 2 条规定："本法所称行政强制，包括行政强制措施和行政强制执行。行政强制措施，是指行政机关在行政管理过程中，为制止违法行为、防止证据损毁、避免危害发生、控制危险扩大等情形，依法对公民的人身自由实施暂时性限制，或者对公民、法人或者其他组织的财物实施暂时性控制的行为。行政强制执行，是指行政机关或者行政机关申请人民法院，对不履行行政决定的公民、法人或者其他组织，依法强制履行义务的行为。"
2. ABCD，解析：《行政强制法》第 9 条规定："行政强制措施的种类：（一）限制公民人身自由；（二）查封场所、设施或者财物；（三）扣押财物；（四）冻结存款、汇款；（五）其他行政强制措施。
3. ABC，解析：《行政强制法》第 23 条规定："查封、扣押限于涉案的场所、设施或者财物，不得查封、扣押与违法行为无关的场所、设施或者财物；不得查封、扣押公民个人及其所扶养家属的生活必需品。"
4. ABCD，解析：《行政强制法》第 35 条规定："行政机关作出强制执行决定前，应当事先催告当事人履行义务。催告应当以书面形式作出，并载明下列事项：（一）履行义务的期限；（二）履行义务的方式；（三）涉及金钱给付的，应当有明确的金额和给付方式；（四）当事人依法享有的陈述权和申辩权。"
5. ABC，解析：《行政强制法》第 58 条第 1 款规定："人民法院发现有下列情形之一的，在作出裁定前可以听取被执行人和行政机关的意见：（一）明显缺乏事实根据的；（二）明显缺乏法律、法规依据的；（三）其他明显违法并损害被执行人合法权益的。"

（四）填空题

1. 非强制手段。（《行政强制法》第 37 条）
2. 法律；法规。（《行政强制法》第 22 条）
3. 夜间；法定节假日；不得。（《行政强制法》第 43 条）

4. 加处罚款；滞纳金。(《行政强制法》第45条)
5. 催告；交通安全；环境污染；自然资源；没有利害关系的第三人。(《行政强制法》第50条)

（五）简答题

1. 答：根据《行政强制法》第12条规定，行政强制执行的方式有：（1）加处罚款或者滞纳金；（2）划拨存款、汇款；（3）拍卖或者依法处理查封、扣押的场所、设施或者财物；（4）排除妨碍、恢复原状；（5）代履行；（6）其他强制执行方式。
2. 答：根据《行政强制法》第18条规定，行政机关实施行政强制措施应当遵守下列规定：（1）实施前须向行政机关负责人报告并经批准；（2）由两名以上行政执法人员实施；（3）出示执法身份证件；（4）通知当事人到场；（5）当场告知当事人采取行政强制措施的理由、依据以及当事人依法享有的权利、救济途径；（6）听取当事人的陈述和申辩；（7）制作现场笔录；（8）现场笔录由当事人和行政执法人员签名或者盖章，当事人拒绝的，在笔录中予以注明；（9）当事人不到场的，邀请见证人到场，由见证人和行政执法人员在现场笔录上签名或者盖章；（10）法律、法规规定的其他程序。
   第20条规定，依照法律规定实施限制公民人身自由的行政强制措施，除应当履行本法第18条规定的程序外，还应当遵守下列规定：（1）当场告知或者实施行政强制措施后立即通知当事人家属实施行政强制措施的行政机关、地点和期限；（2）在紧急情况下当场实施行政强制措施的，在返回行政机关后，立即向行政机关负责人报告并补办批准手续；（3）法律规定的其他程序。实施限制人身自由的行政强制措施不得超过法定期限。实施行政强制措施的目的已经达到或者条件已经消失，应当立即解除。
3. 答：根据《行政强制法》第28条规定，有下列情形之一的，行政机关应当及时作出解除查封、扣押决定：（1）当事人没有违法行为；（2）查封、扣押的场所、设施或者财物与违法行为无关；（3）行政机关对违法行为已经作出处理决定，不再需要查封、扣押；（4）查封、扣押期限已经届满；（5）其他不再需要采取查封、扣押措施的情形。解除查封、扣押应当立即退还财物；已将鲜活物品或者其他不易保管的财物拍卖或者变卖的，退还拍卖或者变卖所得款项。变卖价格明显低于市场价格，给当事人造成损失的，应当给予补偿。

十七、行政许可法

（一）判断题

1. 有关行政许可的规定应当公布；未经公布的，不得作为实施行政许可的依据。(　　)
2. 依法取得的行政许可，依照法定条件和程序均可以转让。(　　)
3. 行政机关实施行政许可，不得向申请人提出购买指定商品、接受有偿服务等不正当要求。(　　)
4. 行政许可需要行政机关内设的多个机构办理的，该行政机关应当统一受理行政许可申请，统一送达行政许可决定。(　　)
5. 行政机关实施监督检查，不得妨碍被许可人正常的生产经营活动。(　　)

（二）单项选择题

1. 申请人、利害关系人在被告知听证权利之日起(　　)日内提出听证申请的，行政机关应当在(　　)日内组织听证。

   A. 5；10　　B. 5；20

   C. 10；10　　D. 5；30

2. 经国务院批准，下列哪一机关根据精简、统一、效能的原则，可以决定一个行政机关行使有关行政机关的行政许可权？(　　)

   A. 省级人民政府　　B. 设区的市级以上人民政府

   C. 县级以上人民政府　　D. 乡级以上人民政府

3. 关于行政许可的收费，下列哪一说法是不正确的？(　　)

   A. 行政机关实施行政许可和对行政许可事项进行监督检查，绝对不能收取任何费用

   B. 行政机关提供行政许可申请书格式文本，不得收费

C. 行政机关实施行政许可所需经费应当列入本行政机关的预算，由本级财政予以保障

D. 财政部门不得以任何形式向行政机关返还或者变相返还实施行政许可所收取的费用

4. 法人或者其他组织依法终止的，行政机关应当依法办理有关行政许可的(　　)手续。

A. 撤销　　B. 注销

C. 吊销　　D. 撤回

(三) 多项选择题

1. 行政许可的实施和结果，除涉及下列哪些事项的外，应当公开？(　　)

A. 国家秘密　　B. 商业秘密

C. 集体秘密　　D. 个人隐私

2. 关于听证的程序下列选项表述正确的是：(　　)

A. 行政机关应当于举行听证的7日前将举行听证的时间、地点通知申请人、利害关系人，必要时予以公告

B. 行政机关应当指定审查该行政许可申请的工作人员以外的人员为听证主持人，申请人、利害关系人认为主持人与该行政许可事项有直接利害关系的，有权申请回避

C. 举行听证时，审查该行政许可申请的工作人员应当提供审查意见的证据、理由，申请人、利害关系人可以提出证据，并进行申辩和质证

D. 听证应当制作笔录，听证笔录应当交听证参加人确认无误后签字或者盖章

3. 下列哪些规范性文件不得设定应当由国家统一确定的公民、法人或者其他组织的资格、资质的行政许可？(　　)

A. 法律　　B. 行政法规

C. 地方性法规　　D. 省、自治区、直辖市人民政府规章

4. 通过下列哪些方式能够予以规范的事项，可以不设定行政许可？(　　)

A. 公民、法人或者其他组织能够自主决定的

B. 市场竞争机制能够有效调节的

C. 行业组织或者中介机构能够自律管理的

D. 行政机关采用事后监督等其他行政管理方式能够解决的

5. 关于行政许可的委托，下列哪些选项是正确的？（　　）

A. 可以委托其他行政机关、组织或个人实施行政许可

B. 受委托实施行政许可的内容应当予以公告

C. 委托行政机关对受委托行政机关实施行政许可行为的后果承担法律责任

D. 受委托行政机关经委托行政机关许可，可以再委托其他组织或者个人实施行政许可

（四）填空题

1. 行政许可所依据的法律、法规、规章修改或者废止，或者准予行政许可所依据的____发生重大变化的，为了____的需要，行政机关可以依法变更或者撤回已经生效的行政许可。由此给公民、法人或者其他组织造成财产损失的，行政机关应当依法给予____。

2. 行政机关____行政许可申请，应当出具加盖本行政机关____和注明日期的____。

3. 行政许可依法由地方人民政府两个以上部门分别实施的，本级人民政府可以确定一个部门受理行政许可申请并转告有关部门分别提出意见后____，或者组织有关部门____、____。

4. 行政机关作出准予行政许可的决定，应当自作出决定之日起____日内向申请人颁发、送达____，或者加贴标签、加盖检验、检测、检疫印章。

5. 听证应当制作笔录，听证笔录应当交听证参加人确认无误后____或者____。行政机关____根据听证笔录，作出行政许可决定。

（五）简答题

1. 简述行政机关对申请人提出的行政许可申请应当如何处理。

2. 简述行政许可的听证程序。

3. 简述行政机关应当依法办理有关行政许可的注销手续的情形。

参考答案

（一）判断题

1. √，解析：根据《行政许可法》第 5 条第 2 款规定。
2. ×，解析：根据《行政许可法》第 9 条规定，依法取得的行政许可，除法律、法规规定依照法定条件和程序可以转让的外，不得转让。
3. √，解析：根据《行政许可法》第 27 条第 1 款规定。
4. ×，解析：《行政许可法》第 26 条第 1 款规定，行政许可需要行政机关内设的多个机构办理的，该行政机关应当确定一个机构统一受理行政许可申请，统一送达行政许可决定。
5. √，解析：根据《行政许可法》第 63 条规定。

（二）单项选择题

1. B，解析：根据《行政许可法》第 47 条第 1 款规定，行政许可直接涉及申请人与他人之间重大利益关系的，行政机关在作出行政许可决定前，应当告知申请人、利害关系人享有要求听证的权利；申请人、利害关系人在被告知听证权利之日起 5 日内提出听证申请的，行政机关应当在 20 日内组织听证。
2. A，解析：根据《行政许可法》第 25 条规定，经国务院批准，省、自治区、直辖市人民政府根据精简、统一、效能的原则，可以决定一个行政机关行使有关行政机关的行政许可权。
3. A，解析：根据《行政许可法》第 58 条规定，行政机关实施行政许可和对行政许可事项进行监督检查，不得收取任何费用。但是，法律、行政法规另有规定的，依照其规定。行政机关提供行政许可申请书格式文本，不得收费。行政机关实施行政许可所需经费应当列入本行政机关的预算，由本级财政予以保障，按照批准的预算予以核拨。第 59 条规定，行政机关实施行政许可，依照法律、行政法规收取费用的，应当按照公布的法定项目和标准收费；所收取的费用必须全部上缴国库，任何机关或者个人不得以任何形式截留、挪用、私分或者变相私分。财政部门不得以任何形式向行政机关返还或者变相返还实施行政许可所收取的费用。
4. B，解析：根据《行政许可法》第 70 条规定，有下列情形之一的，行政机关应当依法办理有关行政许可的注销手续：（1）行政许可有效期届满未延续的；（2）赋予公民特定资格的行政许可，该公民死亡或者丧失行为能力的；

（3）法人或者其他组织依法终止的；（4）行政许可依法被撤销、撤回，或者行政许可证件依法被吊销的；（5）因不可抗力导致行政许可事项无法实施的；（6）法律、法规规定的应当注销行政许可的其他情形。

（三）多项选择题

1. ABD，解析：根据《行政许可法》第5条第2款规定，有关行政许可的规定应当公布；未经公布的，不得作为实施行政许可的依据。行政许可的实施和结果，除涉及国家秘密、商业秘密或者个人隐私的外，应当公开。未经申请人同意，行政机关及其工作人员、参与专家评审等的人员不得披露申请人提交的商业秘密、未披露信息或者保密商务信息，法律另有规定或者涉及国家安全、重大社会公共利益的除外；行政机关依法公开申请人前述信息的，允许申请人在合理期限内提出异议。
2. ABCD，解析：《行政许可法》第48条第1款规定，听证按照下列程序进行：（1）行政机关应当于举行听证的7日前将举行听证的时间、地点通知申请人、利害关系人，必要时予以公告；（2）听证应当公开举行；（3）行政机关应当指定审查该行政许可申请的工作人员以外的人员为听证主持人，申请人、利害关系人认为主持人与该行政许可事项有直接利害关系的，有权申请回避；（4）举行听证时，审查该行政许可申请的工作人员应当提供审查意见的证据、理由，申请人、利害关系人可以提出证据，并进行申辩和质证；（5）听证应当制作笔录，听证笔录应当交听证参加人确认无误后签字或者盖章。
3. CD，解析：根据《行政许可法》第15条第2款规定，地方性法规和省、自治区、直辖市人民政府规章，不得设定应当由国家统一确定的公民、法人或者其他组织的资格、资质的行政许可；不得设定企业或者其他组织的设立登记及其前置性行政许可。其设定的行政许可，不得限制其他地区的个人或者企业到本地区从事生产经营和提供服务，不得限制其他地区的商品进入本地区市场。
4. ABCD，解析：根据《行政许可法》第13条规定，本法第12条所列事项，通过下列方式能够予以规范的，可以不设行政许可：（1）公民、法人或者其他组织能够自主决定的；（2）市场竞争机制能够有效调节的；（3）行业组织或者中介机构能够自律管理的；（4）行政机关采用事后监督等其他行政管理方式能够解决的。
5. BC，解析：根据《行政许可法》第24条规定，行政机关在其法定职权范围内，依照法律、法规、规章的规定，可以委托其他行政机关实施行政许可。

委托机关应当将受委托行政机关和受委托实施行政许可的内容予以公告。委托行政机关对受委托行政机关实施行政许可的行为应当负责监督，并对该行为的后果承担法律责任。受委托行政机关在委托范围内，以委托行政机关名义实施行政许可；不得再委托其他组织或者个人实施行政许可。

（四）填空题

1. 客观情况；公共利益；补偿。（《行政许可法》第 8 条第 2 款）
2. 受理或者不予受理；专用印章；书面凭证。（《行政许可法》第 32 条第 2 款）
3. 统一办理；联合办理；集中办理。（《行政许可法》第 26 条第 2 款）
4. 10；行政许可证件。（《行政许可法》第 44 条）
5. 签字；盖章；应当。（《行政许可法》第 48 条）

（五）简答题

1. 答：根据《行政许可法》第 32 条规定，行政机关对申请人提出的行政许可申请，应当根据下列情况分别作出处理：（1）申请事项依法不需要取得行政许可的，应当即时告知申请人不受理；（2）申请事项依法不属于本行政机关职权范围的，应当即时作出不予受理的决定，并告知申请人向有关行政机关申请；（3）申请材料存在可以当场更正的错误的，应当允许申请人当场更正；（4）申请材料不齐全或者不符合法定形式的，应当当场或者在五日内一次告知申请人需要补正的全部内容，逾期不告知的，自收到申请材料之日起即为受理；（5）申请事项属于本行政机关职权范围，申请材料齐全、符合法定形式，或者申请人按照本行政机关的要求提交全部补正申请材料的，应当受理行政许可申请。
2. 答：根据《行政许可法》第 48 条规定，听证按照下列程序进行：（1）行政机关应当于举行听证的七日前将举行听证的时间、地点通知申请人、利害关系人，必要时予以公告；（2）听证应当公开举行；（3）行政机关应当指定审查该行政许可申请的工作人员以外的人员为听证主持人，申请人、利害关系人认为主持人与该行政许可事项有直接利害关系的，有权申请回避；（4）举行听证时，审查该行政许可申请的工作人员应当提供审查意见的证据、理由，申请人、利害关系人可以提出证据，并进行申辩和质证；（5）听证应当制作笔录，听证笔录应当交听证参加人确认无误后签字或者盖章。行政机关应当根据听证笔录，作出行政许可决定。
3. 答：根据《行政许可法》第 70 条规定，有下列情形之一的，行政机关应当依法办理有关行政许可的注销手续：（1）行政许可有效期届满未延续的；（2）赋予公民特定资格的行政许可，该公民死亡或者丧失行为能力的；（3）法人或者其他组织依法终止的；（4）行政许可依法被撤销、撤回，或者行政许可证件依法被吊销的；（5）因不可抗力导致行政许可事项无法实施的；（6）法律、法规规定的应当注销行政许可的其他情形。

十八、行政复议法

（一）判断题

1. 公民、法人或者其他组织对行政复议决定不服的，可以依照《行政诉讼法》的规定向人民法院提起行政诉讼，但是法律规定行政复议决定为最终裁决的除外。（　　）
2. 对被撤销的行政机关在撤销前所作出的具体行政行为不服的，向继续行使其职权的行政机关的上一级行政机关申请行政复议。（　　）
3. 公民、法人或者其他组织向人民法院提起行政诉讼，人民法院依法受理的，可以申请行政复议。（　　）
4. 公民、法人或者其他组织依法提出行政复议申请，行政复议机关无正当理由不予受理的，上级行政机关应当直接受理。（　　）

（二）单项选择题

1. 在行政复议(　　)，被申请人不得自行向申请人和其他有关组织或者个人收集证据。

   A. 期间　　B. 决定作出前

   C. 30 日内　　D. 过程中

2. 对省、自治区人民政府依法设立的派出机关所属的县级地方人民政府的具体行政行为不服的，向(　　)申请行政复议。

   A. 国务院　　B. 省、自治区人民政府

   C. 上一级地方人民政府　　D. 该派出机关

3. 申请人在申请行政复议时，一并提出对规章以下的规范性文件的审查申请的，行政复议机关对该规定有权处理的，应当在 30 日内依法处理；无权处理的，应当在(　　)按照法定程序转送有权处理的行政机关依法处理，有权处理的行政机关应当在(　　)依法处理。处理期间，中止对具

体行政行为的审查。

A. 5 日内；30 日内　　B. 5 日内；60 日内

C. 7 日内；30 日内　　D. 7 日内；60 日内

4. 公民、法人或者其他组织认为行政机关的具体行政行为侵犯其已经依法取得的土地、矿藏、水流、森林、山岭、草原、荒地、滩涂、海域等自然资源的所有权和使用权的，可以采取何种救济措施？（　　）

A. 可以提起行政诉讼

B. 只能申请行政复议

C. 应当先申请行政复议，对复议决定不服再提起行政诉讼

D. 向人民法院进行申诉

（三）多项选择题

1. 对县级以上地方各级人民政府工作部门的具体行政行为不服的，由申请人选择，可以向以下哪些机关申请行政复议？（　　）

A. 国务院　　B. 省、自治区、直辖市人民政府

C. 该部门的本级人民政府　　D. 上一级主管部门

2. 行政复议期间具体行政行为不停止执行；但是，有下列哪些情形之一的，可以停止执行？（　　）

A. 被申请人认为需要停止执行的

B. 行政复议机关认为需要停止执行的

C. 申请人申请停止执行，行政复议机关认为其要求合理，决定停止执行的

D. 法律规定停止执行的

3. 申请人逾期不起诉又不履行行政复议决定的，或者不履行最终裁决的行政复议决定的，按照下列哪些规定分别处理？（　　）

A. 维持具体行政行为的行政复议决定，由作出具体行政行为的行政机关依法强制执行，或者申请人民法院强制执行

B. 维持具体行政行为的行政复议决定，由行政复议机关依法强制执行，或者申请人民法院强制执行

C. 变更具体行政行为的行政复议决定，由作出具体行政行为的行政机关依法强制执行，或者申请人民法院强制执行

D. 变更具体行政行为的行政复议决定，由行政复议机关依法强制执行，或者申请人民法院强制执行

4. 关于行政复议，下列说法正确的是：（　　）

A. 对县级以上地方人民政府依法设立的派出机关的具体行政行为不服的，向设立该派出机关的人民政府申请行政复议

B. 对政府工作部门依法设立的派出机构依照法律、法规或者规章规定，以自己的名义作出的具体行政行为不服的，向设立该派出机构的部门或者该部门的本级地方人民政府申请行政复议

C. 对法律、法规授权的组织的具体行政行为不服的，分别向直接管理该组织的地方人民政府、地方人民政府工作部门或者国务院部门申请行政复议

D. 对两个或者两个以上行政机关以共同的名义作出的具体行政行为不服的，向其共同上一级行政机关申请行政复议

（四）填空题

1. 对政府工作部门依法设立的____依照法律、法规或者规章规定，以自己的名义作出的具体行政行为不服的，向____或者____申请行政复议。
2. 行政复议机关收到行政复议申请后，应当在____内进行审查，对不符合本法规定的行政复议申请，决定____，并书面告知申请人；对符合本法规定，但是____本机关受理的行政复议申请，应当告知申请人向有关行政复议机关提出。
3. 被申请人不履行或者____拖延履行行政复议决定的，____或者____行政机关应当责令其限期履行。
4. 行政复议机关在对被申请人作出的具体行政行为进行审查时，认为其依据不合法，本机关____处理的，应当在 30 日内依法处理；____处理的，应当在 7 日内按照法定程序转送有权处理的国家机关依法处理。处理期间，____对具体行政行为的审查。
5. 行政复议机关受理行政复议申请，不得向申请人收取____。行政复议活动所需经费，应当列入本机关的____，由本级财政予以保障。

（五）简答题

1. 申请人逾期不起诉又不履行行政复议决定的，或者不履行最终裁决的行政复议决定的，应当如何处理？
2. 简述行政复议期间，具体行政行为可以停止执行的情形。

参考答案

（一）判断题

1. √，解析：《行政复议法》第 5 条。
2. √，解析：《行政复议法》第 15 条第 1 款。
3. ×，解析：《行政复议法》第 16 条第 2 款规定，公民、法人或者其他组织向人民法院提起行政诉讼，人民法院已经依法受理的，不得申请行政复议。
4. ×，解析：《行政复议法》第 20 条规定，公民、法人或者其他组织依法提出行政复议申请，行政复议机关无正当理由不予受理的，上级行政机关应当责令其受理；必要时，上级行政机关也可以直接受理。

（二）单项选择题

1. D，解析：《行政复议法》第 24 条规定，在行政复议过程中，被申请人不得自行向申请人和其他有关组织或者个人收集证据。
2. D，解析：《行政复议法》第 13 条第 2 款规定，对省、自治区人民政府依法设立的派出机关所属的县级地方人民政府的具体行政行为不服的，向该派出机关申请行政复议。
3. D，解析：《行政复议法》第 26 条规定，申请人在申请行政复议时，一并提出对本法第 7 条所列有关规定的审查申请的，行政复议机关对该规定有权处理的，应当在 30 日内依法处理；无权处理的，应当在 7 日内按照法定程序转送有权处理的行政机关依法处理，有权处理的行政机关应当在 60 日内依法处理。处理期间，中止对具体行政行为的审查。
4. C，解析：《行政复议法》第 30 条第 1 款规定，公民、法人或者其他组织认为行政机关的具体行政行为侵犯其已经依法取得的土地、矿藏、水流、森林、山岭、草原、荒地、滩涂、海域等自然资源的所有权或者使用权的，应当先申请行政复议；对行政复议决定不服的，可以依法向人民法院提起行政诉讼。

（三）多项选择题

1. CD，解析：根据《行政复议法》第 12 条第 1 款规定，对县级以上地方各级人民政府工作部门的具体行政行为不服的，由申请人选择，可以向该部门的本级人民政府申请行政复议，也可以向上一级主管部门申请行政复议。
2. ABCD，解析：根据《行政复议法》第 21 条规定，行政复议期间具体行政行为不停止执行；但是，有下列情形之一的，可以停止执行：（1）被申请人认为需要停止执行的；（2）行政复议机关认为需要停止执行的；（3）申请人申请停止执行，行政复议机关认为其要求合理，决定停止执行的；（4）法律规定停止执行的。
3. AD，解析：根据《行政复议法》第 33 条规定，申请人逾期不起诉又不履行行政复议决定的，或者不履行最终裁决的行政复议决定的，按照下列规定分别处理：（1）维持具体行政行为的行政复议决定，由作出具体行政行为的行政机关依法强制执行，或者申请人民法院强制执行；（2）变更具体行政行为的行政复议决定，由行政复议机关依法强制执行，或者申请人民法院强制执行。
4. ABCD，解析：根据《行政复议法》第 15 条第 1 款规定，对本法第 12 条、第 13 条、第 14 条规定以外的其他行政机关、组织的具体行政行为不服的，按照下列规定申请行政复议：（1）对县级以上地方人民政府依法设立的派出机关的具体行政行为不服的，向设立该派出机关的人民政府申请行政复议；（2）对政府工作部门依法设立的派出机构依照法律、法规或者规章规定，以自己的名义作出的具体行政行为不服的，向设立该派出机构的部门或者该部门的本级地方人民政府申请行政复议；（3）对法律、法规授权的组织的具体行政行为不服的，分别向直接管理该组织的地方人民政府、地方人民政府工作部门或者国务院部门申请行政复议；（4）对两个或者两个以上行政机关以共同的名义作出的具体行政行为不服的，向其共同上一级行政机关申请行政复议；（5）对被撤销的行政机关在撤销前所作出的具体行政行为不服的，向继续行使其职权的行政机关的上一级行政机关申请行政复议。

（四）填空题

1. 派出机构；设立该派出机构的部门；该部门的本级地方人民政府。（《行政复议法》第 15 条第 1 款）
2. 5 日；不予受理；不属于。（《行政复议法》第 17 条第 1 款）
3. 无正当理由；行政复议机关；有关上级。（《行政复议法》第 32 条第 2 款）

4. 有权；无权；中止。(《行政复议法》第 27 条)
5. 任何费用；行政经费。(《行政复议法》第 39 条)

(五) 简答题

1. 答：《行政复议法》第 33 条规定，申请人逾期不起诉又不履行行政复议决定的，或者不履行最终裁决的行政复议决定的，按照下列规定分别处理：(1) 维持具体行政行为的行政复议决定，由作出具体行政行为的行政机关依法强制执行，或者申请人民法院强制执行；(2) 变更具体行政行为的行政复议决定，由行政复议机关依法强制执行，或者申请人民法院强制执行。
2. 答：《行政复议法》第 21 条规定，行政复议期间具体行政行为不停止执行；但是，有下列情形之一的，可以停止执行：(1) 被申请人认为需要停止执行的；(2) 行政复议机关认为需要停止执行的；(3) 申请人申请停止执行，行政复议机关认为其要求合理，决定停止执行的；(4) 法律规定停止执行的。

十九、行政处罚法

(一) 判断题

1. 行政法规可以设定限制人身自由的行政处罚。(　　)
2. 违法行为轻微并及时改正，没有造成危害后果的，不予行政处罚。(　　)
3. 违法行为构成犯罪，人民法院判处拘役或者有期徒刑时，行政机关已经给予当事人行政拘留的，经当事人申请，可以依法折抵相应刑期。(　　)
4. 公民、法人或者其他组织违反行政管理秩序的行为，依法应当给予行政处罚的，行政机关必须查明事实；违法事实不清、证据不足的，不得给予行政处罚。(　　)

(二) 单项选择题

1. 已满 14 周岁不满 18 周岁的未成年人有违法行为的，下列哪一说法是正确的？(　　)

   A. 不予行政处罚　　B. 可以从轻行政处罚

   C. 可以减轻行政处罚　　D. 应当从轻或者减轻行政处罚
2. 2 个以上行政机关都有管辖权的，由(　　)行政机关管辖。

   A. 最先受理的　　B. 最先立案的

   C. 共同的上一级　　D. 当事人选择的
3. 限制人身自由的行政处罚权只能由(　　)和法律规定的其他机关行使。

   A. 公安机关　　B. 监察机关

   C. 检察机关　　D. 审判机关
4. 对当事人的同一个违法行为，不得给予(　　)次以上罚款的行政处罚。同一个违法行为违反多个法律规范应当给予罚款处罚的，按照罚款数额高的规定处罚。

A. 1　　B. 3

C. 2　　D. 4

5. 执法人员当场收缴的罚款，应当自收缴罚款之日起(　　)日内，交至行政机关；在水上当场收缴的罚款，应当自抵岸之日起(　　)日内交至行政机关；行政机关应当在(　　)日内将罚款缴付指定的银行。

A. 2；2；2　　B. 1；2；3

C. 2；3；3　　D. 3；3；3

(三) 多项选择题

1. 当事人有下列哪些情形之一的，应当从轻或者减轻行政处罚？(　　)

A. 主动消除或者减轻违法行为危害后果的

B. 受他人胁迫或者诱骗实施违法行为的

C. 主动供述行政机关尚未掌握的违法行为的

D. 配合行政机关查处违法行为有立功表现的

2. 有下列哪些情形之一的，在行政机关负责人作出行政处罚的决定之前，应当由从事行政处罚决定法制审核的人员进行法制审核；未经法制审核或者审核未通过的，不得作出决定？(　　)

A. 涉及重大公共利益的

B. 直接关系当事人或者第三人重大权益，经过听证程序的

C. 案件情况疑难复杂、涉及多个法律关系的

D. 涉及多个当事人的

3. 行政处罚决定书应当载明下列哪些事项？(　　)

A. 当事人的姓名或者名称、地址

B. 违反法律、法规、规章的事实和证据

C. 行政处罚的种类和依据

D. 行政处罚的履行方式和期限

4. 关于行政处罚听证程序，下列哪些说法是正确的？(　　)

A. 当事人要求听证的，应当在行政机关告知后 7 日内提出

B. 行政机关应当在举行听证的 5 日前，通知当事人及有关人员听证的时间、地点

C. 当事人可以亲自参加听证，也可以委托1至2人代理

D. 听证应当制作笔录

5. 当事人逾期不履行行政处罚决定的，作出行政处罚决定的行政机关可以采取下列哪些措施？（　　）

A. 到期不缴纳罚款的，每日按罚款数额的2%加处罚款，加处罚款的数额不得超出罚款的数额

B. 根据法律规定，将查封、扣押的财物拍卖、依法处理

C. 根据法律规定，将冻结的存款、汇款划拨抵缴罚款

D. 依照《行政强制法》的规定申请人民法院强制执行

（四）填空题

1. 尚未制定法律、法规的，地方政府规章对违反行政管理秩序的行为，可以设定____、____或者____的行政处罚。罚款的限额由____规定。

2. 国务院部门和省、自治区、直辖市人民政府及其有关部门应当____组织评估行政处罚的实施情况和____，对不适当的行政处罚事项及种类、罚款数额等，应当提出修改或者废止的____。

3. 行政处罚应当由具有____的执法人员实施。执法人员不得少于____人，法律另有规定的除外。

4. 违法行为在____内未被发现的，不再给予行政处罚；涉及公民生命健康安全、金融安全且有危害后果的，上述期限延长至____。法律另有规定的除外。前款规定的期限，从违法行为____起计算；违法行为有连续或者继续状态的，从行为____起计算。

（五）简答题

1. 简述行政处罚的设定权。

2. 简述行政处罚的种类。

3. 简述行政处罚的听证程序。

参考答案

（一）判断题

1. ×，解析：《行政处罚法》第 11 条第 1 款规定，行政法规可以设定除限制人身自由以外的行政处罚。
2. √，解析：《行政处罚法》第 33 条第 1 款。
3. ×，解析：《行政处罚法》第 35 条第 1 款规定，违法行为构成犯罪，人民法院判处拘役或者有期徒刑时，行政机关已经给予当事人行政拘留的，应当依法折抵相应刑期。
4. √，解析：《行政处罚法》第 40 条。

（二）单项选择题

1. D，解析：《行政处罚法》第 30 条规定："不满十四周岁的未成年人有违法行为的，不予行政处罚，责令监护人加以管教；已满十四周岁不满十八周岁的未成年人有违法行为的，应当从轻或者减轻行政处罚。"
2. B，解析：《行政处罚法》第 25 条第 1 款规定："两个以上行政机关都有管辖权的，由最先立案的行政机关管辖。"
3. A，解析：《行政处罚法》第 18 条第 3 款规定："限制人身自由的行政处罚权只能由公安机关和法律规定的其他机关行使。"
4. C，解析：《行政处罚法》第 29 条规定："对当事人的同一个违法行为，不得给予两次以上罚款的行政处罚。同一个违法行为违反多个法律规范应当给予罚款处罚的，按照罚款数额高的规定处罚。"
5. A，解析：《行政处罚法》第 71 条规定："执法人员当场收缴的罚款，应当自收缴罚款之日起二日内，交至行政机关；在水上当场收缴的罚款，应当自抵岸之日起二日内交至行政机关；行政机关应当在二日内将罚款缴付指定的银行。"

（三）多项选择题

1. ABCD，解析：《行政处罚法》第 32 条规定："当事人有下列情形之一，应当从轻或者减轻行政处罚：（一）主动消除或者减轻违法行为危害后果的；（二）受他人胁迫或者诱骗实施违法行为的；（三）主动供述行政机关尚未掌握的违法行为的；（四）配合行政机关查处违法行为有立功表现的；（五）法律、法规、规章规定其他应当从轻或者减轻行政处罚的。"

2. ABC，解析：《行政处罚法》第58条规定：“有下列情形之一，在行政机关负责人作出行政处罚的决定之前，应当由从事行政处罚决定法制审核的人员进行法制审核；未经法制审核或者审核未通过的，不得作出决定：（一）涉及重大公共利益的；（二）直接关系当事人或者第三人重大权益，经过听证程序的；（三）案件情况疑难复杂、涉及多个法律关系的；（四）法律、法规规定应当进行法制审核的其他情形。”
3. ABCD，解析：《行政处罚法》第59条第1款规定：“行政处罚决定书应当载明下列事项：（一）当事人的姓名或者名称、地址；（二）违反法律、法规、规章的事实和证据；（三）行政处罚的种类和依据；（四）行政处罚的履行方式和期限；（五）申请行政复议、提起行政诉讼的途径和期限；（六）作出行政处罚决定的行政机关名称和作出决定的日期。”
4. CD，解析：《行政处罚法》第64条规定：“听证应当依照以下程序组织：（一）当事人要求听证的，应当在行政机关告知后五日内提出；（二）行政机关应当在举行听证的七日前，通知当事人及有关人员听证的时间、地点；（三）除涉及国家秘密、商业秘密或者个人隐私依法予以保密外，听证公开举行；（四）听证由行政机关指定的非本案调查人员主持；当事人认为主持人与本案有直接利害关系的，有权申请回避；（五）当事人可以亲自参加听证，也可以委托一至二人代理；（六）当事人及其代理人无正当理由拒不出席听证或者未经许可中途退出听证的，视为放弃听证权利，行政机关终止听证；（七）举行听证时，调查人员提出当事人违法的事实、证据和行政处罚建议，当事人进行申辩和质证；（八）听证应当制作笔录。笔录应当交当事人或者其代理人核对无误后签字或者盖章。当事人或者其代理人拒绝签字或者盖章的，由听证主持人在笔录中注明。”
5. BCD，解析：《行政处罚法》第72条第1款规定：“当事人逾期不履行行政处罚决定的，作出行政处罚决定的行政机关可以采取下列措施：（一）到期不缴纳罚款的，每日按罚款数额的百分之三加处罚款，加处罚款的数额不得超出罚款的数额；（二）根据法律规定，将查封、扣押的财物拍卖、依法处理或者将冻结的存款、汇款划拨抵缴罚款；（三）根据法律规定，采取其他行政强制执行方式；（四）依照《中华人民共和国行政强制法》的规定申请人民法院强制执行。”

（四）填空题

1. 警告；通报批评；一定数额罚款；省、自治区、直辖市人民代表大会常务委

员会。(《行政处罚法》第 14 条第 2 款)

2. 定期；必要性；建议。(《行政处罚法》第 15 条)

3. 行政执法资格；2。(《行政处罚法》第 42 条第 1 款)

4. 2 年；5 年；发生之日；终了之日。(《行政处罚法》第 36 条)

(五) 简答题

1. 答：根据《行政处罚法》第 10 – 16 条的规定，行政处罚的设定权如下：

(1) 法律可以设定各种行政处罚。限制人身自由的行政处罚，只能由法律设定。

(2) 行政法规可以设定除限制人身自由以外的行政处罚。法律对违法行为未作出行政处罚规定，行政法规为实施法律，可以补充设定行政处罚。拟补充设定行政处罚的，应当通过听证会、论证会等形式广泛听取意见，并向制定机关作出书面说明。行政法规报送备案时，应当说明补充设定行政处罚的情况。

(3) 地方性法规可以设定除限制人身自由、吊销企业营业执照以外的行政处罚。法律、行政法规对违法行为未作出行政处罚规定，地方性法规为实施法律、行政法规，可以补充设定行政处罚。拟补充设定行政处罚的，应当通过听证会、论证会等形式广泛听取意见，并向制定机关作出书面说明。地方性法规报送备案时，应当说明补充设定行政处罚的情况。

(4) 尚未制定法律、行政法规的，国务院部门规章对违反行政管理秩序的行为，可以设定警告、通报批评或者一定数额罚款的行政处罚。罚款的限额由国务院规定。

(5) 尚未制定法律、法规的，地方政府规章对违反行政管理秩序的行为，可以设定警告、通报批评或者一定数额罚款的行政处罚。罚款的限额由省、自治区、直辖市人民代表大会常务委员会规定。

(6) 除法律、法规、规章以外的其他规范性文件不得设定行政处罚。

2. 答：根据《行政处罚法》第 9 条规定，行政处罚的种类如下，(1) 警告、通报批评；(2) 罚款、没收违法所得、没收非法财物；(3) 暂扣许可证件、降低资质等级、吊销许可证件；(4) 限制开展生产经营活动、责令停产停业、责令关闭、限制从业；(5) 行政拘留；(6) 法律、行政法规规定的其他行政处罚。

3. 答：根据《行政处罚法》第 64 条规定，听证应当依照以下程序组织：(1) 当事人要求听证的，应当在行政机关告知后 5 日内提出；(2) 行政机关应当在举行听证的7日前，通知当事人及有关人员听证的时间、地点；（3）除涉及国家秘密、商业秘密或者个人隐私依法予以保密外，听证公开举行；（4）听证由行政机关指定的非本案调查人员主持；当事人认为主持人与本案有直接利害关系的，有权申请回避；（5）当事人可以亲自参加听证，也可以委托1至2人代理；（6）当事人及其代理人无正当理由拒不出席听证或者未经许可中途退出听证的，视为放弃听证权利，行政机关终止听证；（7）举行听证时，调查人员提出当事人违法的事实、证据和行政处罚建议，当事人进行申辩和质证；（8）听证应当制作笔录。笔录应当交当事人或者其代理人核对无误后签字或者盖章。当事人或者其代理人拒绝签字或者盖章的，由听证主持人在笔录中注明。

二十、行政诉讼法

（一）判断题

1. 行政机关侵犯经营自主权的，不属于行政诉讼受案范围，应当提起民事诉讼。（　　）
2. 公民、法人或者其他组织同被诉行政行为有利害关系但没有提起诉讼，人民法院应当通知其作为第三人参加诉讼。（　　）
3. 发回重审、按照审判监督程序再审的案件不适用简易程序。（　　）
4. 适用简易程序审理的行政案件，应当在立案之日起 30 日内审结。（　　）
5. 上级人民法院发现下级人民法院的调解违反自愿原则或者调解书内容违法的，有权指令下级人民法院再审。（　　）
6. 上级人民检察院发现下级人民法院的调解书损害国家利益、社会公共利益的，应当提出抗诉。（　　）
7. 地方各级人民检察院对同级人民法院已经发生法律效力的判决、裁定，发现存在应当再审情形的，可以向同级人民法院提出抗诉。（　　）

（二）单项选择题

1. 下列哪一项属于行政诉讼受案范围？（　　）
   A. 国防、外交等国家行为
   B. 行政机关对行政机关工作人员的奖惩、任免等决定
   C. 行政机关制定、发布的具有普遍约束力的决定、命令
   D. 行政机关作出的土地征用补偿决定
2. 关于行政案件的地域管辖，下列选项不正确的是：（　　）
   A. 经复议的案件，既可以由最初作出行政行为的行政机关所在地人民法院管辖，也可以由复议机关所在地人民法院管辖
   B. 对限制人身自由的行政强制措施不服提起的诉讼，既可以由被告所在

地人民法院管辖，也可以由原告所在地人民法院管辖

C. 因不动产提起的行政诉讼，由不动产所在地人民法院管辖

D. 经最高人民法院备案，高级人民法院可以根据审判工作的实际情况，确定若干人民法院跨行政区域管辖行政案件

3. 关于复议案件的行政诉讼被告，下列说法不正确的是：（　　）

A. 复议机关决定维持原行政行为的，作出原行政行为的行政机关和复议机关是共同被告

B. 复议机关改变原行政行为的，作出原行政行为的行政机关和复议机关是共同被告

C. 复议机关在法定期限内未作出复议决定，公民、法人或者其他组织起诉原行政行为的，作出原行政行为的行政机关是被告

D. 复议机关在法定期限内未作出复议决定，公民、法人或者其他组织起诉复议机关不作为的，复议机关是被告

4. 下列哪一情形，人民法院可以缺席判决？（　　）

A. 经人民法院传票传唤，原告无正当理由拒不到庭的

B. 原告未经法庭许可中途退庭的

C. 被告未经法庭许可中途退庭的

D. 第三人未经法庭许可中途退庭的

5. 关于行政诉讼调解，下列哪一项是不正确的？（　　）

A. 人民法院审理行政案件，一般不适用调解

B. 公安机关对当事人处以罚款的案件，可以适用调解

C. 税务机关对纳税人征收税款的案件，可以适用调解

D. 调解不得损害国家利益、社会公共利益和他人合法权益

6. 关于行政诉讼附带民事诉讼，下列说法哪一项是正确的？（　　）

A. 适用于行政赔偿案件

B. 适用于行政处罚案件

C. 当事人应提出一并解决相关民事争议的申请

D. 人民法院可以依职权决定合并审理

7. 关于行政诉讼的审理，下列哪一项是正确的？（　　）

A. 涉及个人隐私的案件，当事人申请不公开审理的，可以不公开审理

B. 涉及国家秘密、商业秘密和个人隐私的裁判文书，不予公开

C. 行政案件的审理需以民事诉讼的裁判为依据的，应当裁定驳回起诉

D. 人民法院在审理行政案件中，经审查认为规章不合法的，可以向制定机关提出处理建议

（三）多项选择题

1. 关于行政诉讼案件的管辖，下列说法不正确的是：（　　）

A. 对省级政府部门所作行政行为不服，应当向中级人民法院提起诉讼

B. 对行政机关实施的行政强制措施不服，可以向被告所在地或者原告所在地人民法院提起诉讼

C. 两个以上人民法院都有管辖权的案件，原告应当提请上一级人民法院指定管辖

D. 有管辖权的人民法院由于特殊原因不能行使管辖权的，可以移送其他人民法院管辖

2. 关于证据的保全，下列说法正确的是：（　　）

A. 适用于证据可能灭失的情况下

B. 适用于证据以后难以取得的情况下

C. 原告、被告、第三人均可向法院申请保全

D. 法院可以主动采取保全措施

3. 关于行政诉讼撤诉，下列选项正确的是：（　　）

A. 行政案件宣告判决前，原告可以申请撤诉

B. 被告改变其所作的行政行为的，原告可以申请撤诉

C. 原告申请撤诉，是否准许由人民法院裁定

D. 经人民法院传票传唤，原告无正当理由拒不到庭的，可以按照撤诉处理

4. 对于人民法院审理行政案件的依据，下列哪些说法是正确的？（　　）

A. 以法律和行政法规、地方性法规为依据

B. 审理民族自治地方的行政案件，以该民族自治地方的自治条例和单行条例为依据

C. 以部门规章和地方政府规章为参照

D. 地方性法规仅适用于本行政区域内发生的行政案件

5. 关于规范性文件的审查和处理，下列哪些选项是正确的？（　　）

A. 公民、法人或者其他组织在对行政行为提起诉讼时，可以一并请求对规范性文件进行审查

B. 人民法院在审理行政案件中可以主动对规范性文件进行审查

C. 人民法院认为规范性文件不合法的，不将其作为认定行政行为合法的依据

D. 人民法院认为规范性文件不合法的，可以要求制定机关作出处理

6. 被告经传票传唤无正当理由拒不到庭，或者未经法庭许可中途退庭的，人民法院可以采取哪些措施？（　　）

A. 将被告拒不到庭或者中途退庭的情况予以公告

B. 向监察机关提出司法建议

C. 向被告的上一级行政机关提出司法建议

D. 缺席判决

7. 人民法院在审理行政案件中，认为行政机关的主管人员、直接责任人员违法违纪的，可以将有关材料移送哪些机关？（　　）

A. 该行政机关

B. 上一级行政机关

C. 监察机关

D. 认为有犯罪行为的，应当移送公安、检察机关

（四）填空题

1. 公民、法人或者其他组织认为行政机关和行政机关工作人员的____侵犯其____，有权依法提起行政诉讼。这里所称行政行为，包括____授权的组织作出的行政行为。

2. 人民法院依法对行政案件____行使审判权，不受____的干涉。

3. 人民法院判决被告重新作出行政行为的，被告不得以____作出与原行政行为____的行政行为。

4. 行政行为有____或者____等重大且明显违法情形，____申请确认行政行为无效的，人民法院判决确认无效。

5. 人民法院判决确认违法或者无效的，可以同时判决____；给原告造成损失的，依法判决被告____。
6. ____，或者其他行政行为涉及对____的确定、认定确有错误的，人民法院可以判决变更。
7. 人民法院判决变更，不得____原告的义务或者____原告的权益。但利害关系人____，且____的除外。
8. 被告不依法履行、未按照约定履行或者违法变更、解除行政协议的，人民法院判决被告承担____、____或者____等责任。

（五）简答题

1. 简述撤销判决的适用情形。
2. 简述确认违法判决的适用情形。
3. 简述行政机关拒绝履行判决、裁定、调解书时，人民法院可以采取的措施。

参考答案

（一）判断题

1. ×，解析：根据《行政诉讼法》第 12 条第 1 款第 7 项规定，认为行政机关侵犯其经营自主权或者农村土地承包经营权、农村土地经营权的，属于行政诉讼的受案范围。
2. ×，解析：根据《行政诉讼法》第 29 条第 2 款规定，公民、法人或者其他组织同被诉行政行为有利害关系但没有提起诉讼，或者同案件处理结果有利害关系的，可以作为第三人申请参加诉讼，或者由人民法院通知参加诉讼。
3. √，解析：《行政诉讼法》第 82 条第 3 款。
4. ×，解析：根据《行政诉讼法》第 83 条规定，适用简易程序审理的行政案件，由审判员一人独任审理，并应当在立案之日起 45 日内审结。
5. √，解析：《行政诉讼法》第 92 条第 2 款。
6. √，解析：《行政诉讼法》第 93 条第 1 款。
7. ×，解析：《行政诉讼法》第 93 条第 2 款规定，地方各级人民检察院对同级人民法院已经发生法律效力的判决、裁定，发现有本法第 91 条规定情形之一的，可以向同级人民法院提出检察建议，并报上级人民检察院备案；也可以提请上级人民检察院向同级人民法院提出抗诉。

（二）单项选择题

1. D，解析：根据《行政诉讼法》第13条规定，ABC项均不属于行政诉讼受案范围。根据《行政诉讼法》第12条第1款第5项规定，行政征收、征用决定及其补偿决定属于行政诉讼受案范围，故D项正确。
2. D，解析：《行政诉讼法》第18条第1款规定，行政案件由最初作出行政行为的行政机关所在地人民法院管辖。经复议的案件，也可以由复议机关所在地人民法院管辖。故A项正确。《行政诉讼法》第19条规定，对限制人身自由的行政强制措施不服提起的诉讼，由被告所在地或者原告所在地人民法院管辖。故B项正确。《行政诉讼法》第20条规定，因不动产提起的行政诉讼，由不动产所在地人民法院管辖。故C项正确。《行政诉讼法》第18条第2款规定，经最高人民法院批准，高级人民法院可以根据审判工作的实际情况，确定若干人民法院跨行政区域管辖行政案件。故D项错误。
3. B，解析：《行政诉讼法》第26条第2款规定，经复议的案件，复议机关决定维持原行政行为的，作出原行政行为的行政机关和复议机关是共同被告；复议机关改变原行政行为的，复议机关是被告。故A项正确，B项错误。《行政诉讼法》第26条第3款规定，复议机关在法定期限内未作出复议决定，公民、法人或者其他组织起诉原行政行为的，作出原行政行为的行政机关是被告；起诉复议机关不作为的，复议机关是被告。故C、D项正确。
4. C，解析：《行政诉讼法》第58条规定，经人民法院传票传唤，原告无正当理由拒不到庭，或者未经法庭许可中途退庭的，可以按照撤诉处理；被告无正当理由拒不到庭，或者未经法庭许可中途退庭的，可以缺席判决。据此，只有C项正确。
5. C，解析：《行政诉讼法》第60条规定，人民法院审理行政案件，不适用调解。但是，行政赔偿、补偿以及行政机关行使法律、法规规定的自由裁量权的案件可以调解。调解应当遵循自愿、合法原则，不得损害国家利益、社会公共利益和他人合法权益。据此，行政机关行使法律、法规规定的自由裁量权的案件可以调解。公安机关的罚款数额多少可以根据案情自由裁量，故可以调解；税务机关征收税款应当依法计算并全额征收，没有裁量的余地，故不可以调解。因此，B项正确，C项错误。AD项符合上述法律规定。
6. C，解析：《行政诉讼法》第60条第1款规定，在涉及行政许可、登记、征收、征用和行政机关对民事争议所作的裁决的行政诉讼中，当事人申请一并解决相关民事争议的，人民法院可以一并审理。据此，行政赔偿和行政处罚案件，均不适用于行政附带民事诉讼，AB 项错误。行政附带民事诉讼只能依当事人申请，人民法院不能依职权作出，故 C 项正确，D 项错误。

7. B，解析：根据《行政诉讼法》第 54 条规定，涉及商业秘密的案件，当事人申请不公开审理的，可以不公开审理。而涉及个人隐私的案件，应当依法不公开。故 A 项错误。《行政诉讼法》第 65 条规定，人民法院应当公开发生法律效力的判决书、裁定书，供公众查阅，但涉及国家秘密、商业秘密和个人隐私的内容除外。故 B 项正确。《行政诉讼法》第 61 条第 2 款规定，在行政诉讼中，人民法院认为行政案件的审理需以民事诉讼的裁判为依据的，可以裁定中止行政诉讼。故 C 项错误。《行政诉讼法》第 64 条规定，人民法院在审理行政案件中，经审查认为本法第 53 条规定的规范性文件不合法的，不作为认定行政行为合法的依据，并向制定机关提出处理建议。而根据《行政诉讼法》第 53 条规定，这里的规范性文件不包含规章。故 D 项错误。

（三）多项选择题

1. ABCD，解析：根据《行政诉讼法》第 15 条规定，对国务院部门或者县级以上地方人民政府所作的行政行为提起诉讼的案件，由中级人民法院管辖。省级政府部门属于地方人民政府工作部门，不属于中级人民法院管辖，而应由基层人民法院管辖。故 A 项错误。根据《行政诉讼法》第 19 条规定，只有对“限制人身自由”的行政强制措施不服提起的诉讼，才可以由被告所在地或者原告所在地人民法院管辖。故 B 项错误。根据《行政诉讼法》第 21 条规定，两个以上人民法院都有管辖权的案件，原告可以选择其中一个人民法院提起诉讼。故 C 项错误。根据《行政诉讼法》第 23 条第 1 款规定，有管辖权的人民法院由于特殊原因不能行使管辖权的，由上级人民法院指定管辖。故 D 项错误。
2. ABCD，解析：《行政诉讼法》第 42 条规定，在证据可能灭失或者以后难以取得的情况下，诉讼参加人可以向人民法院申请保全证据，人民法院也可以主动采取保全措施。据此，A、B、C、D 项均正确。
3. ABCD，解析：《行政诉讼法》第 62 条规定，人民法院对行政案件宣告判决或者裁定前，原告申请撤诉的，或者被告改变其所作的行政行为，原告同意并申请撤诉的，是否准许，由人民法院裁定。故 A、B、C 项正确。根据《行政诉讼法》第 58 条规定，D 项正确。

4. ABCD，解析：《行政诉讼法》第63条规定，人民法院审理行政案件，以法律和行政法规、地方性法规为依据。地方性法规适用于本行政区域内发生的行政案件。人民法院审理民族自治地方的行政案件，并以该民族自治地方的自治条例和单行条例为依据。人民法院审理行政案件，参照规章。
5. ABC，解析：《行政诉讼法》第64条规定，人民法院在审理行政案件中，经审查认为本法第53条规定的规范性文件不合法的，不作为认定行政行为合法的依据，并向制定机关提出处理建议。据此，人民法院认为规范性文件不合法的，应当向制定机关提出处理建议，但不能要求制定机关作出处理，故D项错误。ABC项均符合规定。
6. ABCD，解析：《行政诉讼法》第66条第2款规定，人民法院对被告经传票传唤无正当理由拒不到庭，或者未经法庭许可中途退庭的，可以将被告拒不到庭或者中途退庭的情况予以公告，并可以向监察机关或者被告的上一级行政机关提出依法给予其主要负责人或者直接责任人员处分的司法建议。故ABC项正确。根据《行政诉讼法》第58条，D项正确。
7. ABCD，解析：《行政诉讼法》第66条第1款规定，人民法院在审理行政案件中，认为行政机关的主管人员、直接责任人员违法违纪的，应当将有关材料移送监察机关、该行政机关或者其上一级行政机关；认为有犯罪行为的，应当将有关材料移送公安、检察机关。

（四）填空题

1. 行政行为；合法权益；法律、法规、规章。（《行政诉讼法》第2条）
2. 独立；行政机关、社会团体和个人。（《行政诉讼法》第4条第1款）
3. 同一的事实和理由；基本相同。（《行政诉讼法》第71条）
4. 实施主体不具有行政主体资格；没有依据；原告。（《行政诉讼法》第75条）
5. 责令被告采取补救措施；承担赔偿责任。（《行政诉讼法》第76条）
6. 行政处罚明显不当；款额。（《行政诉讼法》第77条第1款）
7. 加重；减损；同为原告；诉讼请求相反。（《行政诉讼法》第77条第2款）
8. 继续履行；采取补救措施；赔偿损失。（《行政诉讼法》第78条第1款）

（五）简答题

1. 答：根据《行政诉讼法》第70条规定，行政行为有下列情形之一的，人民法院判决撤销或者部分撤销，并可以判决被告重新作出行政行为：（1）主要证据不足的；（2）适用法律、法规错误的；（3）违反法定程序的；（4）超越职权的；（5）滥用职权的；（6）明显不当的。

2. 答：根据《行政诉讼法》第 74 条规定，确认违法判决的适用情形如下：

（1）行政行为有下列情形之一的，人民法院判决确认违法，但不撤销行政行为：①行政行为依法应当撤销，但撤销会给国家利益、社会公共利益造成重大损害的；②行政行为程序轻微违法，但对原告权利不产生实际影响的。

（2）行政行为有下列情形之一，不需要撤销或者判决履行的，人民法院判决确认违法：①行政行为违法，但不具有可撤销内容的；②被告改变原违法行政行为，原告仍要求确认原行政行为违法的；③被告不履行或者拖延履行法定职责，判决履行没有意义的。

3. 答：根据《行政诉讼法》第 96 条规定，行政机关拒绝履行判决、裁定、调解书的，第一审人民法院可以采取下列措施：（1）对应当归还的罚款或者应当给付的款额，通知银行从该行政机关的账户内划拨；（2）在规定期限内不履行的，从期满之日起，对该行政机关负责人按日处 50 元至 100 元的罚款；（3）将行政机关拒绝履行的情况予以公告；（4）向监察机关或者该行政机关的上一级行政机关提出司法建议。接受司法建议的机关，根据有关规定进行处理，并将处理情况告知人民法院；（5）拒不履行判决、裁定、调解书，社会影响恶劣的，可以对该行政机关直接负责的主管人员和其他直接责任人员予以拘留；情节严重，构成犯罪的，依法追究刑事责任。

二十一、国家赔偿法

(一) 判断题

1. 行政赔偿中，赔偿请求人要求赔偿，应当先向赔偿义务机关提出，也可以在申请行政复议或者提起行政诉讼时一并提出。(　　)
2. 经复议机关复议的，最初造成侵权行为的行政机关为赔偿义务机关，但复议机关的复议决定加重损害的，复议机关对加重的部分履行赔偿义务。(　　)
3. 行政赔偿中，赔偿义务机关应当自收到申请之日起3个月内，作出是否赔偿的决定。(　　)
4. 对于行使侦查、检察、审判职权的机关以及看守所、监狱管理机关的工作人员与行使职权无关的个人行为，国家不承担赔偿责任。(　　)
5. 侵犯公民人身自由的，每日赔偿金按照国家本年度职工日平均工资计算。(　　)

(二) 单项选择题

1. 行政赔偿中，赔偿请求人对赔偿的方式、项目、数额有异议的，或者赔偿义务机关作出不予赔偿决定的，赔偿请求人可以自赔偿义务机关作出赔偿或者不予赔偿决定之日起(　　)个月内，向人民法院提起诉讼。

   A. 1　　B. 3

   C. 6　　D. 12

2. 刑事赔偿中，关于赔偿义务机关的确定，下列说法错误的是：(　　)

   A. 看守所在行使职权时侵犯公民的合法权益造成损害的，该机关为赔偿义务机关

   B. 对公民采取拘留措施，依照《国家赔偿法》的规定应当给予国家赔偿的，作出拘留决定的机关为赔偿义务机关

C. 对公民采取逮捕措施后决定撤销案件、不起诉或者判决宣告无罪的，作出逮捕决定的机关为赔偿义务机关

D. 再审改判无罪的，作出再审判决的人民法院为赔偿义务机关

3. 人民法院赔偿委员会应当自收到赔偿申请之日起(　　)内作出决定；属于疑难、复杂、重大案件的，经本院院长批准，可以延长(　　)。

A. 3 个月；1 个月　　B. 15 天；1 个月

C. 3 个月；3 个月　　D. 1 个月；3 个月

4. 侵犯公民生命健康权的，关于赔偿金的计算，下列说法错误的是：(　　)

A. 造成身体伤害的，减少的收入每日的赔偿金最高额为国家上年度职工年平均工资的 3 倍

B. 造成部分或者全部丧失劳动能力的，残疾赔偿金最高不超过国家上年度职工年平均工资的 20 倍

C. 造成全部丧失劳动能力的，对其扶养的无劳动能力的人，应当支付生活费

D. 造成死亡的，应当支付死亡赔偿金、丧葬费

(三) 多项选择题

1. 行政机关及其工作人员在行使行政职权时有下列哪些侵犯人身权情形之一的，受害人有取得赔偿的权利？(　　)

A. 违法拘留或者违法采取限制公民人身自由的行政强制措施

B. 非法拘禁或者以其他方法非法剥夺公民人身自由

C. 以殴打、虐待等行为或者唆使、放纵他人以殴打、虐待等行为造成公民身体伤害或者死亡

D. 违法使用武器、警械造成公民身体伤害或者死亡

2. 行政机关及其工作人员在行使行政职权时有下列哪些侵犯财产权情形之一的，受害人有取得赔偿的权利？(　　)

A. 违法实施罚款、吊销许可证和执照

B. 违法没收财物

C. 违法对财产采取查封、扣押、冻结

D. 违法征收、征用财产

3. 行政赔偿中，属于下列哪些情形之一的，国家不承担赔偿责任？（ ）

A. 行政机关工作人员与行使职权无关的个人行为

B. 对公民采取逮捕措施后，决定撤销案件、不起诉或者判决宣告无罪终止追究刑事责任的

C. 因公民、法人和其他组织自己的行为致使损害发生的

D. 依照审判监督程序再审改判无罪，原判刑罚已经执行的

4. 行使侦查、检察、审判职权的机关以及看守所、监狱管理机关及其工作人员在行使职权时有下列哪些情形之一的，受害人有取得赔偿的权利？（ ）

A. 依照审判监督程序再审改判无罪，原判罚金、没收财产已经执行

B. 刑讯逼供或者以殴打、虐待等行为或者唆使、放纵他人以殴打、虐待等行为造成公民身体伤害或者死亡

C. 违法使用武器、警械造成公民身体伤害或者死亡的

D. 违法对财产采取查封、扣押、冻结、追缴等措施

（四）填空题

1. 经复议机关复议的，____的行政机关为赔偿义务机关，但复议机关的复议决定加重损害的，复议机关对____履行赔偿义务。

2. 赔偿请求人可以向共同赔偿义务机关中的____赔偿义务机关要求赔偿，该赔偿义务机关应当____。

3. 赔偿义务机关应当自收到支付赔偿金申请之日起____日内，依照预算管理权限向有关的财政部门提出支付申请。财政部门应当自收到支付申请之日起____日内支付赔偿金。

4. 国家赔偿以____为主要方式。能够返还财产或者恢复原状的，予以返还财产或者恢复原状。

5. 赔偿请求人请求国家赔偿的时效为____年，自其知道或者____国家机关及其工作人员行使职权时的行为侵犯其人身权、财产权之日起计算，但被羁押等____期间不计算在内。

（五）简答题

1. 简述行政赔偿中赔偿义务机关的确定规则。
2. 简述国家赔偿中侵犯公民、法人和其他组织的财产权造成损害的赔偿方式与标准。

参考答案

（一）判断题

1. √，解析：《国家赔偿法》第9条。
2. √，解析：《国家赔偿法》第8条。
3. ×，解析：根据《国家赔偿法》第13条第1款规定，赔偿义务机关应当自收到申请之日起2个月内，作出是否赔偿的决定。赔偿义务机关作出赔偿决定，应当充分听取赔偿请求人的意见，并可以与赔偿请求人就赔偿方式、赔偿项目和赔偿数额依照本法第四章的规定进行协商。
4. √，解析：《国家赔偿法》第19条。
5. ×，解析：根据《国家赔偿法》第33条规定，侵犯公民人身自由的，每日赔偿金按照国家上年度职工日平均工资计算。

（二）单项选择题

1. B，解析：根据《国家赔偿法》第14条第2款规定，赔偿请求人对赔偿的方式、项目、数额有异议的，或者赔偿义务机关作出不予赔偿决定的，赔偿请求人可以自赔偿义务机关作出赔偿或者不予赔偿决定之日起3个月内，向人民法院提起诉讼。故B项错误。
2. D，解析：根据《国家赔偿法》第21条规定，行使侦查、检察、审判职权的机关以及看守所、监狱管理机关及其工作人员在行使职权时侵犯公民、法人和其他组织的合法权益造成损害的，该机关为赔偿义务机关。对公民采取拘留措施，依照本法的规定应当给予国家赔偿的，作出拘留决定的机关为赔偿义务机关。对公民采取逮捕措施后决定撤销案件、不起诉或者判决宣告无罪的，作出逮捕决定的机关为赔偿义务机关。再审改判无罪的，作出原生效判决的人民法院为赔偿义务机关。二审改判无罪，以及二审发回重审后作无罪处理的，作出一审有罪判决的人民法院为赔偿义务机关。故D项错误。

3. C，解析：《国家赔偿法》第 28 条规定，人民法院赔偿委员会应当自收到赔偿申请之日起 3 个月内作出决定；属于疑难、复杂、重大案件的，经本院院长批准，可以延长 3 个月。
4. A，解析：根据《国家赔偿法》第 34 条第 1 款规定，侵犯公民生命健康权的，赔偿金按照下列规定计算：（1）造成身体伤害的，应当支付医疗费、护理费，以及赔偿因误工减少的收入。减少的收入每日的赔偿金按照国家上年度职工日平均工资计算，最高额为国家上年度职工年平均工资的 5 倍；（2）造成部分或者全部丧失劳动能力的，应当支付医疗费、护理费、残疾生活辅助具费、康复费等因残疾而增加的必要支出和继续治疗所必需的费用，以及残疾赔偿金。残疾赔偿金根据丧失劳动能力的程度，按照国家规定的伤残等级确定，最高不超过国家上年度职工年平均工资的 20 倍。造成全部丧失劳动能力的，对其扶养的无劳动能力的人，还应当支付生活费；（3）造成死亡的，应当支付死亡赔偿金、丧葬费，总额为国家上年度职工年平均工资的 20 倍。对死者生前扶养的无劳动能力的人，还应当支付生活费。

（三）多项选择题

1. ABCD，解析：根据《国家赔偿法》第 3 条规定，行政机关及其工作人员在行使行政职权时有下列侵犯人身权情形之一的，受害人有取得赔偿的权利：（1）违法拘留或者违法采取限制公民人身自由的行政强制措施的；（2）非法拘禁或者以其他方法非法剥夺公民人身自由的；（3）以殴打、虐待等行为或者唆使、放纵他人以殴打、虐待等行为造成公民身体伤害或者死亡的；（4）违法使用武器、警械造成公民身体伤害或者死亡的；（5）造成公民身体伤害或者死亡的其他违法行为。故 A、B、C、D 项正确。
2. ABCD，解析：根据《国家赔偿法》第 4 条规定，行政机关及其工作人员在行使行政职权时有下列侵犯财产权情形之一的，受害人有取得赔偿的权利：（1）违法实施罚款、吊销许可证和执照、责令停产停业、没收财物等行政处罚的；（2）违法对财产采取查封、扣押、冻结等行政强制措施的；（3）违法征收、征用财产的；（4）造成财产损害的其他违法行为。故 A、B、C、D 项正确。
3. AC，解析：根据《国家赔偿法》第 5 条规定，属于下列情形之一的，国家不承担赔偿责任：（1）行政机关工作人员与行使职权无关的个人行为；（2）因公民、法人和其他组织自己的行为致使损害发生的；（3）法律规定的其他情形。故 A、C 项正确。
4. ABCD，解析：根据《国家赔偿法》第 17、18 条规定，A、B、C、D 项均正确。

（四）填空题

1. 最初造成侵权行为；加重的部分。（《国家赔偿法》第 8 条）
2. 任何一个；先予赔偿。（《国家赔偿法》第 10 条）
3. 7；15。（《国家赔偿法》第 37 条第 3 款）
4. 支付赔偿金。（《国家赔偿法》第 32 条第 1 款）
5. 2；应当知道；限制人身自由。（《国家赔偿法》第 39 条第 1 款）

（五）简答题

1. 答：根据《国家赔偿法》第 7 条，行政赔偿中赔偿义务机关的确定规则如下：

（1）行政机关及其工作人员行使行政职权侵犯公民、法人和其他组织的合法权益造成损害的，该行政机关为赔偿义务机关。

（2）两个以上行政机关共同行使行政职权时侵犯公民、法人和其他组织的合法权益造成损害的，共同行使行政职权的行政机关为共同赔偿义务机关。

（3）法律、法规授权的组织在行使授予的行政权力时侵犯公民、法人和其他组织的合法权益造成损害的，被授权的组织为赔偿义务机关。

（4）受行政机关委托的组织或者个人在行使受委托的行政权力时侵犯公民、法人和其他组织的合法权益造成损害的，委托的行政机关为赔偿义务机关。

（5）赔偿义务机关被撤销的，继续行使其职权的行政机关为赔偿义务机关；没有继续行使其职权的行政机关的，撤销该赔偿义务机关的行政机关为赔偿义务机关。

2. 答：根据《国家赔偿法》第 36 条规定，侵犯公民、法人和其他组织的财产权造成损害的，按照下列规定处理：（1）处罚款、罚金、追缴、没收财产或者违法征收、征用财产的，返还财产；（2）查封、扣押、冻结财产的，解除对财产的查封、扣押、冻结，造成财产损坏或者灭失的，依照本条第 3 项、第 4 项的规定赔偿；（3）应当返还的财产损坏的，能够恢复原状的恢复原状，不能恢复原状的，按照损害程度给付相应的赔偿金；（4）应当返还的财产灭失的，给付相应的赔偿金；（5）财产已经拍卖或者变卖的，给付拍卖或者变卖所得的价款；变卖的价款明显低于财产价值的，应当支付相应的赔偿金；（6）吊销许可证和执照、责令停产停业的，赔偿停产停业期间必要的经常性费用开支；（7）返还执行的罚款或者罚金、追缴或者没收的金钱，解除冻结的存款或者汇款的，应当支付银行同期存款利息；（8）对财产权造成其他损害的，按照直接损失给予赔偿。

二十二、民法典

（一）判断题

1. 民事主体从事民事活动，应当有利于节约资源、保护生态环境。（　　）
2. 法人的民事权利能力和民事行为能力，从法人成立时产生，到法人清算时消灭。（　　）
3. 事业单位法人属于特别法人。（　　）
4. 民事主体的财产权利受法律平等保护。（　　）
5. 民事权益受到侵害的，被侵权人有权请求侵权人承担侵权责任。（　　）
6. 民事法律行为可以采用书面形式、口头形式或者其他形式。（　　）
7. 基于虚假的意思实施的民事法律行为，行为人有权请求人民法院或者仲裁机构予以撤销。（　　）
8. 违反法律、行政法规的强制性规定的民事法律行为一律无效。（　　）
9. 数人为同一代理事项的代理人的，应当分别行使代理权。（　　）
10. 危险由自然原因引起的，紧急避险人不承担民事责任，可以给予适当补偿。（　　）
11. 因当事人一方的违约行为，损害对方人身权益、财产权益的，受损害方有权选择请求其承担违约责任和侵权责任。（　　）
12. 机关法人被撤销的，法人终止，其民事权利和义务由继任的机关法人享有和承担；没有继任的机关法人的，由上一级机关法人享有和承担。

（二）单项选择题

1. 民事主体从事民事活动，应当遵循（　　）原则，合理确定各方的权利和义务。

A. 自愿　　B. 公平

C. 诚信　　D. 公序良俗

2. 依照法律或者法人章程的规定，代表法人从事民事活动的负责人，为法人的(　　)。

A. 委托代理人　　B. 法定代理人

C. 委托代表人　　D. 法定代表人

3. 非法人组织解散的情形不包括：(　　)

A. 非法人组织的代表人决定解散的

B. 章程规定的存续期间届满

C. 章程规定的其他解散事由出现

D. 出资人或者设立人决定解散

4. 法人、非法人组织享有的权利不包括：(　　)

A. 名称权　　B. 名誉权

C. 姓名权　　D. 荣誉权

5. 因他人没有(　　)根据，取得不当利益，受损失的人有权请求其返还不当利益。

A. 事实　　B. 习惯

C. 现实　　D. 法律

6. 下列关于民事法律行为的说法错误的是：(　　)

A. 民事法律行为是民事主体通过意思表示设立、变更、终止民事法律关系的行为

B. 民事法律行为可以基于双方或者多方的意思表示一致成立

C. 民事法律行为不可以基于单方的意思表示成立

D. 法人依照章程规定的议事方式和表决程序作出决议的，该决议行为成立

7. 有相对人的意思表示的解释，应当按照所使用的词句，结合相关条款、行为的性质和目的、习惯以及(　　)原则，确定意思表示的含义。

A. 公平　　B. 诚信

C. 平等　　D. 自愿

8. 下列关于无效的民事法律行为的法律约束力的说法正确的是：(　　)

A. 自行为人知道该行为时起没有法律约束力

B. 自行为人申请该行为无效时起没有法律约束力

C. 自人民法院确定该行为无效时起没有法律约束力

D. 自始没有法律约束力

9. 代理人不得以被代理人的名义与自己同时代理的其他人实施民事法律行为，但是(　　)同意或者追认的除外。

A. 被代理人　　B. 代理人

C. 被代理的双方　　D. 同时代理的其他人

10. 下列不属于承担民事责任的方式的是：(　　)

A. 停止侵害　　B. 排除妨碍

C. 消除危险　　D. 支付补偿金

11. 民事主体因同一行为应当承担民事责任、行政责任和刑事责任的，承担行政责任或者刑事责任不影响承担民事责任；民事主体的财产不足以支付的，(　　)。

A. 优先用于承担民事责任

B. 优先用于承担行政责任

C. 优先用于承担刑事责任

D. 按比例分别用于承担民事责任、行政责任和刑事责任

(三) 多项选择题

1. 下列关于法人合并或者分立后，其权利的享有的说法正确的是：(　　)

A. 法人合并的，其权利仍由合并前的法人享有

B. 法人合并的，其权利由合并后的法人享有

C. 法人分立的，其权利由分立后的法人享有连带债权

D. 法人分立的，其权利由分立前的法人享有债权

2. 下列关于营利法人的说法正确的是：(　　)

A. 依法设立的营利法人，由登记机关发给营利法人营业执照

B. 营业执照签发日期为营利法人的成立日期

C. 设立营利法人应当依法制定法人章程

D. 营利法人经依法登记成立

3. 下列关于社会团体法人的说法正确的是：(　　)

A. 设立社会团体法人应当依法制定法人章程

B. 社会团体法人应当设会员大会等权力机构

C. 社会团体法人应当设理事会等权力机构

D. 依法不需要办理法人登记的，从成立之日起，具有社会团体法人资格

4. 物权包括：(　　)

A. 著作权　　B. 所有权

C. 用益物权　　D. 担保物权

5. 行为人(　　)，不得擅自变更或者解除民事法律行为。

A. 非依人民法院判决　　B. 非依仲裁机构裁决

C. 非依法律规定　　D. 未经对方同意

6. 民事法律行为有效的条件有：(　　)

A. 行为人具有相应的民事行为能力

B. 意思表示真实

C. 不违反法律、行政法规的强制性规定

D. 不违背公序良俗

7. 下列关于附条件和附期限的民事法律行为的说法正确的是：(　　)

A. 附生效条件的民事法律行为，自条件成就时生效

B. 附解除条件的民事法律行为，自条件成就时失效

C. 附生效期限的民事法律行为，自期限届至时生效

D. 附终止期限的民事法律行为，自期限届满时失效

8. 下列关于行为人没有代理权，仍然实施代理行为的说法正确的是：(　　)

A. 未经被代理人追认的，对被代理人不发生效力

B. 相对人可以催告被代理人自收到通知之日起 30 日内予以追认

C. 行为人实施的行为未被追认的，善意相对人有权请求行为人履行债务

D. 行为人实施的行为被追认前，善意相对人有撤销的权利

9. 行为人(　　)，仍然实施代理行为，相对人有理由相信行为人有代理权的，代理行为有效。

A. 代理权中止　　B. 没有代理权

C. 超越代理权　　D. 代理权终止后

10. 不承担民事责任的情形有：(　　)

A. 因正当防卫造成损害的　　B. 因不可抗力不能履行民事义务的

C. 因紧急避险造成损害的　　　　D. 因不可抗力造成损害的

11. 侵害英雄烈士等的(　　)，损害社会公共利益的，应当承担民事责任。

A. 姓名　　　　B. 肖像

C. 名誉　　　　D. 荣誉

（四）填空题

1. 民事主体从事民事活动，不得违反____，不得违背____。
2. 法人以其____为住所。依法需要办理法人登记的，应当将____登记为住所。
3. 具备____条件，为公益目的以____设立的基金会、社会服务机构等，经依法____成立，取得捐助法人资格。
4. 知识产权是权利人依法就下列客体享有的专有的权利：（1）作品；（2）____、实用新型、外观设计；（3）____；（4）地理标志；（5）商业秘密；（6）____；（7）植物新品种；（8）法律规定的其他客体。
5. 民事主体____滥用民事权利损害国家利益、____或者他人合法权益。
6. 具备下列条件的民事法律行为有效：（1）行为人具有相应的____；（2）意思表示真实；（3）不违反法律、行政法规的强制性规定，不违背____。
7. 一方利用对方处于____、____等情形，致使民事法律行为成立时____的，受损害方有权请求人民法院或者仲裁机构予以撤销。
8. 行为人与相对人____，损害他人合法权益的民事法律行为无效。
9. 代理人不得以被代理人的名义与____实施民事法律行为，但是被代理人____的除外。
10. 危险由____原因引起的，紧急避险人不承担民事责任，可以给予适当____。
11. 因自愿实施____造成受助人损害的，救助人不承担民事责任。

（五）简答题

简述承担民事责任的方式。

参考答案

（一）判断题

1. √，解析：《民法典》第 9 条。
2. ×，解析：根据《民法典》第 59 条规定，法人的民事权利能力和民事行为能力，从法人成立时产生，到法人终止时消灭。
3. ×，解析：根据《民法典》第 96 条规定，本节规定的机关法人、农村集体经济组织法人、城镇农村的合作经济组织法人、基层群众性自治组织法人，为特别法人。
4. √，解析：《民法典》第 113 条。
5. √，解析：《民法典》第 120 条。
6. √，解析：《民法典》第 135 条。
7. ×，解析：根据《民法典》第 146 条第 1 款规定，行为人与相对人以虚假的意思表示实施的民事法律行为无效。根据《民法典》第 147 条规定，基于重大误解实施的民事法律行为，行为人有权请求人民法院或者仲裁机构予以撤销。
8. ×，解析：根据《民法典》第 153 条规定，违反法律、行政法规的强制性规定的民事法律行为无效。但是，该强制性规定不导致该民事法律行为无效的除外。违背公序良俗的民事法律行为无效。
9. ×，解析：根据《民法典》第 166 条规定，数人为同一代理事项的代理人的，应当共同行使代理权，但当事人另有约定的除外。
10. √，解析：《民法典》第 182 条第 2 款。
11. ×，解析：根据《民法典》第 186 条规定，因当事人一方的违约行为，损害对方人身权益、财产权益的，受损害方有权选择请求其承担违约责任或者侵权责任。
12. ×，解析：根据《民法典》第 98 条规定，机关法人被撤销的，法人终止，其民事权利和义务由继任的机关法人享有和承担；没有继任的机关法人的，由作出撤销决定的机关法人享有和承担。

（二）单项选择题

1. B，解析：根据《民法典》第 6 条规定，民事主体从事民事活动，应当遵循公平原则，合理确定各方的权利和义务。

2. D，解析：根据《民法典》第61条第1款规定，依照法律或者法人章程的规定，代表法人从事民事活动的负责人，为法人的法定代表人。
3. A，解析：根据《民法典》第106条规定，有下列情形之一的，非法人组织解散：（1）章程规定的存续期间届满或者章程规定的其他解散事由出现；（2）出资人或者设立人决定解散；（3）法律规定的其他情形。
4. C，解析：根据《民法典》第110条规定，自然人享有生命权、身体权、健康权、姓名权、肖像权、名誉权、荣誉权、隐私权、婚姻自主权等权利。法人、非法人组织享有名称权、名誉权和荣誉权。
5. D，解析：根据《民法典》第122条规定，因他人没有法律根据，取得不当利益，受损失的人有权请求其返还不当利益。
6. C，解析：根据《民法典》第133条规定，民事法律行为是民事主体通过意思表示设立、变更、终止民事法律关系的行为。根据《民法典》第134条规定，民事法律行为可以基于双方或者多方的意思表示一致成立，也可以基于单方的意思表示成立。法人、非法人组织依照法律或者章程规定的议事方式和表决程序作出决议的，该决议行为成立。
7. B，解析：根据《民法典》第142条第1款规定，有相对人的意思表示的解释，应当按照所使用的词句，结合相关条款、行为的性质和目的、习惯以及诚信原则，确定意思表示的含义。
8. D，解析：根据《民法典》第155条规定，无效的或者被撤销的民事法律行为自始没有法律约束力。
9. C，解析：根据《民法典》第168条第2款规定，代理人不得以被代理人的名义与自己同时代理的其他人实施民事法律行为，但是被代理的双方同意或者追认的除外。
10. D，解析：根据《民法典》第179条第1款规定，承担民事责任的方式主要有：（1）停止侵害；（2）排除妨碍；（3）消除危险；（4）返还财产；（5）恢复原状；（6）修理、重作、更换；（7）继续履行；（8）赔偿损失；（9）支付违约金；（10）消除影响、恢复名誉；（11）赔礼道歉。
11. A，解析：根据《民法典》第187条规定，民事主体因同一行为应当承担民事责任、行政责任和刑事责任的，承担行政责任或者刑事责任不影响承担民事责任；民事主体的财产不足以支付的，优先用于承担民事责任。

（三）多项选择题

1. BC，解析：根据《民法典》第67条规定，法人合并的，其权利和义务由合并后的法人享有和承担。法人分立的，其权利和义务由分立后的法人享有连带债权，承担连带债务，但是债权人和债务人另有约定的除外。

2. ABCD，解析：根据《民法典》第77条规定，营利法人经依法登记成立。根据《民法典》第78条规定，依法设立的营利法人，由登记机关发给营利法人营业执照。营业执照签发日期为营利法人的成立日期。根据《民法典》第79条规定，设立营利法人应当依法制定法人章程。

3. ABD，解析：根据《民法典》第90条规定，具备法人条件，基于会员共同意愿，为公益目的或者会员共同利益等非营利目的设立的社会团体，经依法登记成立，取得社会团体法人资格；依法不需要办理法人登记的，从成立之日起，具有社会团体法人资格。根据《民法典》第91条规定，设立社会团体法人应当依法制定法人章程。社会团体法人应当设会员大会或者会员代表大会等权力机构。社会团体法人应当设理事会等执行机构。理事长或者会长等负责人按照法人章程的规定担任法定代表人。

4. BCD，解析：根据《民法典》第114条第2款规定，物权是权利人依法对特定的物享有直接支配和排他的权利，包括所有权、用益物权和担保物权。

5. CD，解析：根据《民法典》第136条规定，民事法律行为自成立时生效，但是法律另有规定或者当事人另有约定的除外。行为人非依法律规定或者未经对方同意，不得擅自变更或者解除民事法律行为。

6. ABCD，解析：根据《民法典》第143条规定，具备下列条件的民事法律行为有效：（1）行为人具有相应的民事行为能力；（2）意思表示真实；（3）不违反法律、行政法规的强制性规定，不违背公序良俗。

7. ABCD，解析：根据《民法典》第158条规定，民事法律行为可以附条件，但是根据其性质不得附条件的除外。附生效条件的民事法律行为，自条件成就时生效。附解除条件的民事法律行为，自条件成就时失效。根据《民法典》第160条规定，民事法律行为可以附期限，但是根据其性质不得附期限的除外。附生效期限的民事法律行为，自期限届至时生效。附终止期限的民事法律行为，自期限届满时失效。

8. ABCD，解析：根据《民法典》第171条规定，行为人没有代理权、超越代理权或者代理权终止后，仍然实施代理行为，未经被代理人追认的，对被代理人不发生效力。相对人可以催告被代理人自收到通知之日起30日内予以追认。被代理人未作表示的，视为拒绝追认。行为人实施的行为被追认前，善意相对人有撤销的权利。撤销应当以通知的方式作出。行为人实施的行为未被追认的，善意相对人有权请求行为人履行债务或者就其受到的损害请求行为人赔偿。但是，赔偿的范围不得超过被代理人追认时相对人所能获得的利益。相对人知道或者应当知道行为人无权代理的，相对人和行为人按照各自的过错承担责任。

9. BCD，解析：根据《民法典》第 172 条规定，行为人没有代理权、超越代理权或者代理权终止后，仍然实施代理行为，相对人有理由相信行为人有代理权的，代理行为有效。

10. AB，解析：根据《民法典》第 180 条规定，因不可抗力不能履行民事义务的，不承担民事责任。法律另有规定的，依照其规定。不可抗力是不能预见、不能避免且不能克服的客观情况。根据《民法典》第 181 条规定，因正当防卫造成损害的，不承担民事责任。正当防卫超过必要的限度，造成不应有的损害的，正当防卫人应当承担适当的民事责任。根据《民法典》第 182 条第 1 款规定，因紧急避险造成损害的，由引起险情发生的人承担民事责任。

11. ABCD，解析：根据《民法典》第 185 条规定，侵害英雄烈士等的姓名、肖像、名誉、荣誉，损害社会公共利益的，应当承担民事责任。

（四）填空题

1. 法律；公序良俗。（《民法典》第 8 条）
2. 主要办事机构所在地；主要办事机构所在地。（《民法典》第 63 条）
3. 法人；捐助财产；登记。（《民法典》第 92 条第 1 款）
4. 发明；商标；集成电路布图设计。（《民法典》第 123 条第 2 款）
5. 不得；社会公共利益。（《民法典》第 132 条）
6. 民事行为能力；公序良俗。（《民法典》第 143 条）
7. 危困状态；缺乏判断能力；显失公平。（《民法典》第 151 条）
8. 恶意串通。（《民法典》第 154 条）
9. 自己；同意或者追认。（《民法典》第 168 条第 1 款）
10. 自然；补偿。（第 182 条第 2 款）
11. 紧急救助行为。（《民法典》第 184 条）

（五）简答题

答：根据《民法典》第 179 条第 1 款规定，承担民事责任的方式主要有：（1）停止侵害；（2）排除妨碍；（3）消除危险；（4）返还财产；（5）恢复原状；（6）修理、重作、更换；（7）继续履行；（8）赔偿损失；（9）支付违约金；（10）消除影响、恢复名誉；（11）赔礼道歉。

二十三、民事诉讼法

(一) 判断题

1. 人民法院依照法律规定对民事案件进行审判，行政机关可以对审判过程进行干涉。(　　)
2. 基层人民法院管辖所有的第一审民事案件。(　　)
3. 因合同纠纷提起的诉讼，合同履行地人民法院有管辖权。(　　)
4. 适用简易程序审理的案件，由审判员一人独任审理。(　　)
5. 审判人员是本案当事人的邻居，应当自行回避。(　　)

(二) 单项选择题

1. 关于中华人民共和国民事诉讼法的任务，下列哪一说法是错误的？(　　)

   A. 保护当事人行使诉讼权利　　B. 及时审理民事案件

   C. 制裁民事违法行为　　D. 惩罚犯罪

2. 一般情况下，当事人应当在(　　)提出回避申请。

   A. 案件开始审理时　　B. 法庭调查结束前

   C. 法庭辩论时　　D. 宣判前

3. 民事诉讼当事人不享有下列哪项诉讼权利？(　　)

   A. 提出回避申请　　B. 委托诉讼代理人

   C. 查阅与本案无关的案卷材料　　D. 请求调解

4. 下列哪一证据不属于法定证据种类？(　　)

   A. 当事人的陈述　　B. 书证

   C. 单位证明材料　　D. 电子数据

5. 关于鉴定的申请，下列哪一说法是错误的？(　　)

   A. 当事人可以就查明事实的专门性问题向人民法院申请鉴定

   B. 当事人申请鉴定的，由双方当事人协商确定具备资格的鉴定人

C. 无法通过协商确定鉴定人的，应当由申请鉴定一方当事人指定

D. 当事人未申请鉴定，人民法院对专门性问题认为需要鉴定的，应当委托具备资格的鉴定人进行鉴定

6. 当事人不服地方人民法院第一审判决的，有权在判决书送达之日起(　　)内向上一级人民法院提起上诉。

A. 10 日　　B. 15 日

C. 20 日　　D. 30 日

(三) 多项选择题

1. 人民法院审理民事案件，依照法律规定实行下列哪些制度？(　　)

A. 合议　　B. 回避

C. 公开审判　　D. 两审终审

2. 下列哪些民事诉讼，由原告住所地人民法院管辖；原告住所地与经常居住地不一致的，由原告经常居住地人民法院管辖？(　　)

A. 对不在中华人民共和国领域内居住的人提起的有关身份关系的诉讼

B. 对下落不明或者宣告失踪的人提起的有关身份关系的诉讼

C. 对被采取强制性教育措施的人提起的诉讼

D. 对被监禁的人提起的诉讼

3. 关于原告和被告，下列哪些说法是正确的？(　　)

A. 原告可以放弃诉讼请求　　B. 原告可以变更诉讼请求

C. 被告有权提出反诉　　D. 被告可以反驳诉讼请求

4. 因情况紧急，在证据可能灭失或者以后难以取得的情况下，利害关系人可以在提起诉讼或者申请仲裁前向(　　)申请保全证据。

A. 仲裁庭所在地人民法院　　B. 证据所在地人民法院

C. 被申请人住所地人民法院　　D. 对案件有管辖权的人民法院

5. 下列哪些选项属于上诉状的内容？(　　)

A. 当事人的姓名　　B. 法人的名称

C. 原审人民法院名称　　D. 上诉的请求和理由

6. 关于合议庭评议案件，下列哪些说法是正确的？(　　)

A. 实行少数服从多数原则

B. 应当制作笔录

C. 评议中的不同意见，必须如实记入笔录

D. 合议庭的审判长由院长担任

（四）填空题

1. 人民法院审理民事案件，必须以____为根据，以____为准绳。
2. 有管辖权的人民法院由于特殊原因，不能行使管辖权的，由____指定管辖。人民法院之间因管辖权发生争议，由争议双方协商解决；协商解决不了的，报请它们的____指定管辖。
3. 人民法院对公开审理或者不公开审理的案件，一律____宣告判决。当庭宣判的，应当在____内发送判决书；定期宣判的，宣判后____发给判决书。
4. 被执行人未按执行通知履行法律文书确定的义务，应当报告____的财产情况。被执行人拒绝报告或者虚假报告的，人民法院可以根据情节轻重对被执行人或者其法定代理人、有关单位的主要负责人或者直接责任人员予以____。
5. 人民法院受理申请后，经审查核实，应当发出财产认领公告。公告满____年无人认领的，判决认定财产无主，收归____所有。

（五）简答题

1. 简述缺席判决的适用情形。
2. 简述当事人申请再审的事由。

参考答案

（一）判断题

1. ×，解析：《民事诉讼法》第 6 条第 2 款规定，人民法院依照法律规定对民事案件独立进行审判，不受行政机关、社会团体和个人的干涉。
2. ×，解析：《民事诉讼法》第 17 条规定，基层人民法院管辖第一审民事案件，但本法另有规定的除外。

3. √，解析：《民事诉讼法》第 23 条。
4. √，解析：《民事诉讼法》第 39 条第 2 款。
5. ×，解析：《民事诉讼法》第 44 条第 1 款规定，审判人员有下列情形之一的，应当自行回避，当事人有权用口头或者书面方式申请他们回避：(1) 是本案当事人或者当事人、诉讼代理人近亲属的；(2) 与本案有利害关系的；(3) 与本案当事人、诉讼代理人有其他关系，可能影响对案件公正审理的。

（二）单项选择题

1. D，解析：《民事诉讼法》第 2 条规定，中华人民共和国民事诉讼法的任务，是保护当事人行使诉讼权利，保证人民法院查明事实，分清是非，正确适用法律，及时审理民事案件，确认民事权利义务关系，制裁民事违法行为，保护当事人的合法权益，教育公民自觉遵守法律，维护社会秩序、经济秩序，保障社会主义建设事业顺利进行。
2. A，解析：《民事诉讼法》第 45 条第 1 款规定，当事人提出回避申请，应当说明理由，在案件开始审理时提出；回避事由在案件开始审理后知道的，也可以在法庭辩论终结前提出。
3. C，解析：《民事诉讼法》第 49 条第 1、2 款规定，当事人有权委托代理人，提出回避申请，收集、提供证据，进行辩论，请求调解，提起上诉，申请执行。当事人可以查阅本案有关材料，并可以复制本案有关材料和法律文书。查阅、复制本案有关材料的范围和办法由最高人民法院规定。
4. C，解析：《民事诉讼法》第 63 条规定："证据包括：（一）当事人的陈述；（二）书证；（三）物证；（四）视听资料；（五）电子数据；（六）证人证言；（七）鉴定意见；（八）勘验笔录。证据必须查证属实，才能作为认定事实的根据。"
5. C，解析：《民事诉讼法》第 76 条规定，当事人可以就查明事实的专门性问题向人民法院申请鉴定。当事人申请鉴定的，由双方当事人协商确定具备资格的鉴定人；协商不成的，由人民法院指定。当事人未申请鉴定，人民法院对专门性问题认为需要鉴定的，应当委托具备资格的鉴定人进行鉴定。
6. B，解析：《民事诉讼法》第 164 条第 1 条规定，当事人不服地方人民法院第一审判决的，有权在判决书送达之日起 15 日内向上一级人民法院提起上诉。

（三）多项选择题

1. ABCD，解析：《民事诉讼法》第 10 条规定，人民法院审理民事案件，依照法律规定实行合议、回避、公开审判和两审终审制度。

2. ABCD，解析：《民事诉讼法》第 22 条规定，下列民事诉讼，由原告住所地人民法院管辖；原告住所地与经常居住地不一致的，由原告经常居住地人民法院管辖：（1）对不在中华人民共和国领域内居住的人提起的有关身份关系的诉讼；（2）对下落不明或者宣告失踪的人提起的有关身份关系的诉讼；（3）对被采取强制性教育措施的人提起的诉讼；（4）对被监禁的人提起的诉讼。
3. ABCD，解析：《民事诉讼法》第 51 条规定，原告可以放弃或者变更诉讼请求。被告可以承认或者反驳诉讼请求，有权提起反诉。
4. BCD，解析：《民事诉讼法》第 81 条规定，在证据可能灭失或者以后难以取得的情况下，当事人可以在诉讼过程中向人民法院申请保全证据，人民法院也可以主动采取保全措施。因情况紧急，在证据可能灭失或者以后难以取得的情况下，利害关系人可以在提起诉讼或者申请仲裁前向证据所在地、被申请人住所地或者对案件有管辖权的人民法院申请保全证据。证据保全的其他程序，参照适用本法第九章保全的有关。
5. ABCD，解析：《民事诉讼法》第 165 条规定，上诉应当递交上诉状。上诉状的内容，应当包括当事人的姓名，法人的名称及其法定代表人的姓名或者其他组织的名称及其主要负责人的姓名；原审人民法院名称、案件的编号和案由；上诉的请求和理由。
6. ABC，解析：《民事诉讼法》第 41 条规定，合议庭的审判长由院长或者庭长指定审判员一人担任；院长或者庭长参加审判的，由院长或者庭长担任。第 42 条规定，合议庭评议案件，实行少数服从多数的原则。评议应当制作笔录，由合议庭成员签名。评议中的不同意见，必须如实记入笔录。

（四）填空题

1. 事实；法律。（《民事诉讼法》第 7 条）
2. 上级人民法院；共同上级人民法院。（《民事诉讼法》第 37 条）
3. 公开；10 日；立即。（《民事诉讼法》第 148 条第 1、2 款）
4. 当前及收到执行通知之日前一年；罚款、拘留。（《民事诉讼法》第 241 条）
5. 1；国家或者集体。（《民事诉讼法》第 192 条）

（五）简答题

1. 答：根据《民事诉讼法》第 143、144、145 条规定，缺席判决的适用分为三种情形：（1）被告反诉的，可以缺席判决；（2）被告经传票传唤，无正当理由拒不到庭的，或者未经法庭许可中途退庭的，可以缺席判决；（3）人民法院裁定不准许撤诉的，原告经传票传唤，无正当理由拒不到庭的，可以缺席判决。

2. 答：根据《民事诉讼法》第200条规定，当事人的申请符合下列情形之一的，人民法院应当再审：（1）有新的证据，足以推翻原判决、裁定的；（2）原判决、裁定认定的基本事实缺乏证据证明的；（3）原判决、裁定认定事实的主要证据是伪造的；（4）原判决、裁定认定事实的主要证据未经质证的；（5）对审理案件需要的主要证据，当事人因客观原因不能自行收集，书面申请人民法院调查收集，人民法院未调查收集的；（6）原判决、裁定适用法律确有错误的；（7）审判组织的组成不合法或者依法应当回避的审判人员没有回避的；（8）无诉讼行为能力人未经法定代理人代为诉讼或者应当参加诉讼的当事人，因不能归责于本人或者其诉讼代理人的事由，未参加诉讼的；（9）违反法律规定，剥夺当事人辩论权利的；（10）未经传票传唤，缺席判决的；（11）原判决、裁定遗漏或者超出诉讼请求的；（12）据以作出原判决、裁定的法律文书被撤销或者变更的；（13）审判人员审理该案件时有贪污受贿，徇私舞弊，枉法裁判行为的。

二十四、刑　法

（一）判断题

1. 对多次贪污未经处理的，按照累计贪污数额处罚。（　　）
2. 犯贪污罪，贪污数额特别巨大或者有其他特别严重情节的，被判处死刑缓期执行的，人民法院根据犯罪情节等情况可以同时决定在其死刑缓期执行二年期满依法减为无期徒刑后，终身监禁，不得减刑、假释。（　　）
3. 索贿的从重处罚。（　　）
4. 国家机关在经济往来中，在账外暗中收受各种名义的回扣、手续费的，以利用影响力受贿论。（　　）
5. 因被勒索给予国家工作人员以财物，没有获得不正当利益的，以行贿论处，从轻处罚。（　　）
6. 国家工作人员在境外的存款，应当依照国家规定申报。（　　）
7. 国家机关工作人员违反保守国家秘密法的规定，过失泄露国家秘密，依照故意泄露国家秘密罪从轻处罚。（　　）
8. 上级部门强令登记机关及其工作人员徇私舞弊，滥用职权，对不符合法律规定条件的公司设立等予以批准或者登记，致使公共财产、国家和人民利益遭受重大损失的，对其直接负责的主管人员和其他责任人员，依照滥用管理公司、证券职权罪的规定处罚。（　　）

（二）单项选择题

1. 为谋取不正当利益，给予（　　）以财物的，是行贿罪。

   A. 国家工作人员

   B. 国家工作人员的近亲属

   C. 与国家工作人员关系密切的人

   D. 国家机关

2. 以下对犯行贿罪的处罚，不正确的是：(　　)

A. 处五年以下有期徒刑或者拘役，并处罚金

B. 因行贿谋取不正当利益，情节严重的，或者使国家利益遭受重大损失的，处五年以上十年以下有期徒刑，并处罚金

C. 情节特别严重的，或者使国家利益遭受特别重大损失的，处十年以上有期徒刑、无期徒刑或者死刑，并处没收财产

D. 犯罪较轻的，对侦破重大案件起关键作用的，或者有重大立功表现的，可以减轻或者免除处罚

3. 行贿人在(　　)主动交待行贿行为的，可以从轻或者减轻处罚。

A. 被调查时　　B. 被起诉前

C. 被追诉前　　D. 被审判前

4. 向(　　)介绍贿赂，情节严重的，处三年以下有期徒刑或者拘役，并处罚金。

A. 国家工作人员　　B. 国家工作人员的近亲属

C. 与国家工作人员关系密切的人　　D. 国家机关

5. 单位为谋取不正当利益而行贿，或者违反国家规定，给予国家工作人员以回扣、手续费，情节严重的，构成：(　　)

A. 行贿罪　　B. 单位行贿罪

C. 私分国有资产罪　　D. 对有影响力的人行贿罪

6. 国家机关工作人员滥用职权或者玩忽职守，致使公共财产、国家和人民利益遭受重大损失的，处(　　)；情节特别严重的，处(　　)。本法另有规定的，依照规定。

A. 三年以下有期徒刑或者拘役；三年以上七年以下有期徒刑

B. 三年以下有期徒刑、拘役或者管制；三年以上十年以下有期徒刑

C. 三年以下有期徒刑或者拘役，并处罚金；三年以上七年以下有期徒刑或者拘役，并处罚金

D. 三年以下有期徒刑、拘役或者管制，可以并处或者单处罚金；三年以上十年以下有期徒刑，并处罚金

7. (　　)私放在押的犯罪嫌疑人、被告人或者罪犯的，处五年以下有期徒刑或者拘役；情节严重的，处五年以上十年以下有期徒刑；情节特别严

重的，处十年以上有期徒刑。

A. 国家机关工作人员

B. 司法工作人员

C. 有查禁犯罪活动职责的国家机关工作人员

D. 行政执法人员

8. (　　)徇私舞弊，对依法应当移交司法机关追究刑事责任的不移交，情节严重的，处三年以下有期徒刑或者拘役；造成严重后果的，处三年以上七年以下有期徒刑。

A. 国家机关工作人员

B. 司法工作人员

C. 有查禁犯罪活动职责的国家机关工作人员

D. 行政执法人员

9. 负有环境保护监督管理职责的国家机关工作人员严重不负责任，导致发生重大环境污染事故，致使公私财产遭受重大损失或者造成人身伤亡的严重后果的，处(　　)。

A. 三年以下有期徒刑或者拘役

B. 三年以下有期徒刑、拘役或者管制

C. 三年以下有期徒刑或者拘役，并处罚金

D. 三年以下有期徒刑、拘役或者管制，可以并处或者单处罚金

10. (　　)徇私舞弊，不征或者少征应征税款，致使国家税收遭受重大损失的，处五年以下有期徒刑或者拘役。

A. 国家机关工作人员

B. 税务机关的工作人员

C. 有查禁犯罪活动职责的国家机关工作人员

D. 行政执法人员

11. (　　)徇私舞弊，放纵走私，情节严重的，处五年以下有期徒刑或者拘役；情节特别严重的，处五年以上有期徒刑。

A. 国家机关工作人员

B. 海关工作人员

C. 有查禁犯罪活动职责的国家机关工作人员

D. 负有查禁走私职责的国家机关工作人员

12. (　　)向犯罪分子通风报信、提供便利，帮助犯罪分子逃避处罚的，处三年以下有期徒刑或者拘役；情节严重的，处三年以上十年以下有期徒刑。

A. 直接责任人员

B. 国家机关工作人员

C. 有查禁犯罪活动职责的国家机关工作人员

D. 国家有关主管部门的国家机关工作人员

13. (　　)在招收公务员、学生工作中徇私舞弊，情节严重的，处三年以下有期徒刑或者拘役。

A. 国家考试直接责任人员

B. 国家机关工作人员

C. 国家考试组织者

D. 国家有关主管部门的国家机关工作人员

(三) 多项选择题

1. 国家工作人员利用职务上的便利，(　　)非法占有公共财物的，是贪污罪。

A. 侵吞　　B. 窃取

C. 骗取　　D. 抢夺

2. (　　)索取、非法收受他人财物，为他人谋取利益，情节严重的，对单位判处罚金，并对其直接负责的主管人员和其他直接责任人员，处五年以下有期徒刑或者拘役。

A. 国家机关　　B. 国有公司

C. 事业单位　　D. 人民团体

3. 为谋取不正当利益，向(　　)行贿的，构成对有影响力的人行贿罪。

A. 国家工作人员的近亲属

B. 与该国家工作人员关系密切的人

C. 离职国家工作人员的近亲属

D. 与该离职国家工作人员关系密切的人

4. 为谋取不正当利益，给予(　　)以财物的，或者在经济往来中，违反国家规定，给予各种名义的回扣、手续费的，构成对单位行贿罪。

A. 国家机关　　B. 国有公司

C. 事业单位　　D. 人民团体

5. (　　)违反国家规定，将应当上缴国家的罚没财物，以单位名义集体私分给个人的，依照私分罚没财产罪处罚。

A. 国家机关　　B. 事业单位

C. 司法机关　　D. 行政执法机关

6. 国家有关主管部门的国家机关工作人员，徇私舞弊，滥用职权，对不符合法律规定条件的公司(　　)，予以批准或者登记，致使公共财产、国家和人民利益遭受重大损失的，处五年以下有期徒刑或者拘役。

A. 登记申请　　B. 股票发行

C. 债券发行　　D. 上市申请

7. 从事传染病防治的政府卫生行政部门的工作人员严重不负责任，导致(　　)，情节严重的，处三年以下有期徒刑或者拘役。

A. 传染病传播　　B. 传染病发生

C. 传染病流行　　D. 重大人员伤亡

8. 国家机关工作人员在签订、履行合同过程中，因严重不负责任被诈骗，(　　)。

A. 致使国家利益遭受重大损失的，处三年以下有期徒刑或者拘役

B. 致使国家利益遭受重大损失的，处五年以下有期徒刑或者拘役

C. 致使国家利益遭受特别重大损失的，处三年以上七年以下有期徒刑

D. 致使国家利益遭受特别重大损失的，处五年以上十年以下有期徒刑

9. 税务机关的工作人员违反法律、行政法规的规定，在办理(　　)工作中，徇私舞弊，致使国家利益遭受重大损失的，处五年以下有期徒刑或者拘役；致使国家利益遭受特别重大损失的，处五年以上有期徒刑。

A. 征收税款　　B. 发售发票

C. 抵扣税款　　D. 出口退税

10. 国家机关工作人员徇私舞弊，违反土地管理法规，滥用职权，(　　)，情节严重的，处三年以下有期徒刑或者拘役；致使国家或者集体利益遭

受特别重大损失的，处三年以上七年以下有期徒刑。

A. 非法批准征收土地　　B. 非法批准征用土地

C. 非法批准占用土地　　D. 非法低价出让国有土地使用权

11. 动植物检疫机关的检疫人员严重不负责任，对应当检疫的检疫物（　　），致使国家利益遭受重大损失的，处三年以下有期徒刑或者拘役。

A. 不检疫　　B. 延误检疫出证

C. 错误出证　　D. 伪造检疫结果

12. 对被拐卖、绑架的妇女、儿童负有解救职责的国家机关工作人员，接到（　　）的解救要求或者接到其他人的举报，而对被拐卖、绑架的妇女、儿童不进行解救，造成严重后果的，处五年以下有期徒刑或者拘役。

A. 被拐卖妇女　　B. 被拐卖儿童

C. 被拐卖妇女家属　　D. 被拐卖青年男性

（四）填空题

1. 受国家机关、国有公司、企业、事业单位、人民团体委托____国有财产的人员，利用职务上的便利，____或者以其他手段非法占有国有财物的，以贪污论。
2. 国家工作人员利用职务上的便利，挪用公款归个人使用，____的，或者挪用公款数额较大、____的，或者挪用公款数额较大、超过三个月未还的，构成挪用公款罪。
3. 国家工作人员利用____或者____形成的便利条件，通过其他国家工作人员职务上的行为，为请托人谋取不正当利益，索取请托人财物或者收受请托人财物的，以受贿论处。
4. 在经济往来中，违反国家规定，给予国家工作人员以财物，____，或者____，给予国家工作人员以各种名义的回扣、手续费的，以行贿论处。
5. 国家工作人员在____或者____中接受礼物，依照国家规定应当交公而不交公，数额较大的，按照贪污罪处理。
6. 国家工作人员的财产、支出明显超过____，差额巨大的，可以责令该国家工作人员说明来源。

7. 国家机关、国有公司、企业、事业单位、人民团体，违反国家规定，以____将国有资产集体私分给个人，数额较大的，对其直接负责的主管人员和其他直接责任人员，处三年以下有期徒刑或者拘役，并处或者单处罚金。
8. 依法承担仲裁职责的人员，在仲裁活动中故意违背事实和法律作____，情节严重的，处三年以下有期徒刑或者拘役；情节特别严重的，处三年以上七年以下有期徒刑。
9. 司法工作人员徇私舞弊，对不符合减刑、假释、____条件的罪犯，予以减刑、假释或者____的，处三年以下有期徒刑或者拘役；情节严重的，处三年以上七年以下有期徒刑。
10. 林业主管部门的工作人员违反森林法的规定，超过____发放林木采伐许可证或者违反规定滥发林木采伐许可证，情节严重，致使森林遭受严重破坏的，处三年以下有期徒刑或者拘役。
11. 对生产、销售伪劣商品犯罪行为负有追究责任的国家机关工作人员，徇私舞弊，不履行法律规定的____，情节严重的，处五年以下有期徒刑或者拘役。
12. 负责办理护照、签证以及其他出入境证件的国家机关工作人员，对明知是企图偷越国（边）境的人员，予以办理出入境证件的，或者____等国家机关工作人员，对明知是偷越国（边）境的人员，予以放行的，处三年以下有期徒刑或者拘役；情节严重的，处三年以上七年以下有期徒刑。
13. ____严重不负责任，造成珍贵文物损毁或者流失，后果严重的，处三年以下有期徒刑或者拘役。

（五）简答题

1. 简述贪污罪的处罚规定。
2. 简述什么是受贿罪。
3. 简述利用影响力受贿罪。
4. 简述徇私枉法罪。

参考答案

(一) 判断题

1. √，解析:《刑法》第 383 条第 2 款。
2. √，解析:《刑法》第 383 条第 4 款。
3. √，解析:《刑法》第 386 条。
4. ×，解析:《刑法》第 387 规定，国家机关、国有公司、企业、事业单位、人民团体，索取、非法收受他人财物，为他人谋取利益，情节严重的，对单位判处罚金，并对其直接负责的主管人员和其他直接责任人员，处 5 年以下有期徒刑或者拘役。前款所列单位，在经济往来中，在账外暗中收受各种名义的回扣、手续费的，以受贿论，依照前款的规定处罚。
5. ×，解析:《刑法》第 389 条第 3 款规定，因被勒索给予国家工作人员以财物，没有获得不正当利益的，不是行贿。
6. √，解析:《刑法》第 395 条第 2 款。
7. ×，解析:《刑法》第 398 条规定，国家机关工作人员违反保守国家秘密法的规定，故意或者过失泄露国家秘密，情节严重的，处 3 年以下有期徒刑或者拘役；情节特别严重的，处 3 年以上 7 年以下有期徒刑。非国家机关工作人员犯前款罪的，依照前款的规定酌情处罚。
8. ×，解析:《刑法》第 403 条规定，国家有关主管部门的国家机关工作人员，徇私舞弊，滥用职权，对不符合法律规定条件的公司设立、登记申请或者股票、债券发行、上市申请，予以批准或者登记，致使公共财产、国家和人民利益遭受重大损失的，处 5 年以下有期徒刑或者拘役。上级部门强令登记机关及其工作人员实施前款行为的，对其直接负责的主管人员，依照前款的规定处罚。

(二) 单项选择题

1. A，解析:《刑法》第 389 条第 1 款规定，为谋取不正当利益，给予国家工作人员以财物的，是行贿罪。
2. C，解析:《刑法》第 390 条规定，对犯行贿罪的，处 5 年以下有期徒刑或者拘役，并处罚金；因行贿谋取不正当利益，情节严重的，或者使国家利益遭受重大损失的，处 5 年以上 10 年以下有期徒刑，并处罚金；情节特别严重的，或者使国家利益遭受特别重大损失的，处 10 年以上有期徒刑或者无期徒刑，并处罚金或者没收财产。行贿人在被追诉前主动交待行贿行为的，可以从轻或者减轻处罚。其中，犯罪较轻的，对侦破重大案件起关键作用的，或者有重大立功表现的，可以减轻或者免除处罚。

3. C，解析：《刑法》第390条第2款规定，行贿人在被追诉前主动交待行贿行为的，可以从轻或者减轻处罚。其中，犯罪较轻的，对侦破重大案件起关键作用的，或者有重大立功表现的，可以减轻或者免除处罚。
4. A，解析：《刑法》第392条第1款规定，向国家工作人员介绍贿赂，情节严重的，处3年以下有期徒刑或者拘役，并处罚金。
5. B，解析：《刑法》第393条规定了单位行贿罪，根据该条规定，单位为谋取不正当利益而行贿，或者违反国家规定，给予国家工作人员以回扣、手续费，情节严重的，对单位判处罚金，并对其直接负责的主管人员和其他直接责任人员，处5年以下有期徒刑或者拘役，并处罚金。因行贿取得的违法所得归个人所有的，依照本法第389条、第390条的规定定罪处罚。
6. A，解析：《刑法》第397条第1款规定，国家机关工作人员滥用职权或者玩忽职守，致使公共财产、国家和人民利益遭受重大损失的，处3年以下有期徒刑或者拘役；情节特别严重的，处3年以上7年以下有期徒刑。本法另有规定的，依照规定。
7. B，解析：《刑法》第400条第1款规定，司法工作人员私放在押的犯罪嫌疑人、被告人或者罪犯的，处5年以下有期徒刑或者拘役；情节严重的，处5年以上10年以下有期徒刑；情节特别严重的，处10年以上有期徒刑。
8. D，解析：《刑法》第402条规定，行政执法人员徇私舞弊，对依法应当移交司法机关追究刑事责任的不移交，情节严重的，处3年以下有期徒刑或者拘役；造成严重后果的，处3年以上7年以下有期徒刑。
9. A，解析：《刑法》第408条规定，环负有环境保护监督管理职责的国家机关工作人员严重不负责任，导致发生重大环境污染事故，致使公私财产遭受重大损失或者造成人身伤亡的严重后果的，处3年以下有期徒刑或者拘役。
10. B，解析：《刑法》第404条规定，税务机关的工作人员徇私舞弊，不征或者少征应征税款，致使国家税收遭受重大损失的，处5年以下有期徒刑或者拘役；造成特别重大损失的，处5年以上有期徒刑。
11. B，解析：《刑法》第411条规定，海关工作人员徇私舞弊，放纵走私，情节严重的，处5年以下有期徒刑或者拘役；情节特别严重的，处5年以上有期徒刑。

12. C，解析：《刑法》第417条规定，有查禁犯罪活动职责的国家机关工作人员，向犯罪分子通风报信、提供便利，帮助犯罪分子逃避处罚的，处3年以下有期徒刑或者拘役；情节严重的，处3年以上10年以下有期徒刑。

13. B，解析：《刑法》第418条规定，国家机关工作人员在招收公务员、学生工作中徇私舞弊，情节严重的，处3年以下有期徒刑或者拘役。

（三）多项选择题

1. ABC，解析：《刑法》第382条第1款规定，国家工作人员利用职务上的便利，侵吞、窃取、骗取或者以其他手段非法占有公共财物的，是贪污罪。

2. ABCD，解析：《刑法》第387条第1款规定，国家机关、国有公司、企业、事业单位、人民团体，索取、非法收受他人财物，为他人谋取利益，情节严重的，对单位判处罚金，并对其直接负责的主管人员和其他直接责任人员，处5年以下有期徒刑或者拘役。

3. ABCD，解析：《刑法》第390条之一第1款规定，为谋取不正当利益，向国家工作人员的近亲属或者其他与该国家工作人员关系密切的人，或者向离职的国家工作人员或者其近亲属以及其他与其关系密切的人行贿的，处3年以下有期徒刑或者拘役，并处罚金；情节严重的，或者使国家利益遭受重大损失的，处3年以上7年以下有期徒刑，并处罚金；情节特别严重的，或者使国家利益遭受特别重大损失的，处7年以上10年以下有期徒刑，并处罚金。

4. ABCD，解析：《刑法》第391条规定，为谋取不正当利益，给予国家机关、国有公司、企业、事业单位、人民团体以财物的，或者在经济往来中，违反国家规定，给予各种名义的回扣、手续费的，处3年以下有期徒刑或者拘役，并处罚金。单位犯前款罪的，对单位判处罚金，并对其直接负责的主管人员和其他直接责任人员，依照前款的规定处罚。

5. CD，解析：《刑法》第396条第2款规定，司法机关、行政执法机关违反国家规定，将应当上缴国家的罚没财物，以单位名义集体私分给个人的，依照前款的规定处罚。

6. ABCD，解析：《刑法》第403条规定，国家有关主管部门的国家机关工作人员，徇私舞弊，滥用职权，对不符合法律规定条件的公司设立、登记申请或者股票、债券发行、上市申请，予以批准或者登记，致使公共财产、国家和人民利益遭受重大损失的，处5年以下有期徒刑或者拘役。上级部门强令登记机关及其工作人员实施前款行为的，对其直接负责的主管人员，依照前款的规定处罚。

7. AC，解析：《刑法》第409条规定，从事传染病防治的政府卫生行政部门的工作人员严重不负责任，导致传染病传播或者流行，情节严重的，处3年以下有期徒刑或者拘役。
8. AC，解析：《刑法》第406条规定，国家机关工作人员在签订、履行合同过程中，因严重不负责任被诈骗，致使国家利益遭受重大损失的，处3年以下有期徒刑或者拘役；致使国家利益遭受特别重大损失的，处3年以上7年以下有期徒刑。
9. BCD，解析：《刑法》第405条第1款规定，税务机关的工作人员违反法律、行政法规的规定，在办理发售发票、抵扣税款、出口退税工作中，徇私舞弊，致使国家利益遭受重大损失的，处5年以下有期徒刑或者拘役；致使国家利益遭受特别重大损失的，处5年以上有期徒刑。
10. ABCD，解析：《刑法》第410条规定，国家机关工作人员徇私舞弊，违反土地管理法规，滥用职权，非法批准征收、征用、占用土地，或者非法低价出让国有土地使用权，情节严重的，处3年以下有期徒刑或者拘役；致使国家或者集体利益遭受特别重大损失的，处3年以上7年以下有期徒刑。
11. ABC，解析：《刑法》第413条规定，动植物检疫机关的检疫人员徇私舞弊，伪造检疫结果的，处5年以下有期徒刑或者拘役；造成严重后果的，处5年以上10年以下有期徒刑。动植物检疫失职罪前款所列人员严重不负责任，对应当检疫的检疫物不检疫，或者延误检疫出证、错误出证，致使国家利益遭受重大损失的，处3年以下有期徒刑或者拘役。
12. ABC，解析：《刑法》第416条第1款规定，对被拐卖、绑架的妇女、儿童负有解救职责的国家机关工作人员，接到被拐卖、绑架的妇女、儿童及其家属的解救要求或者接到其他人的举报，而对被拐卖、绑架的妇女、儿童不进行解救，造成严重后果的，处5年以下有期徒刑或者拘役。

（四）填空题

1. 管理、经营；侵吞、窃取、骗取。（《刑法》第382条第2款）
2. 进行非法活动；进行营利活动。（《刑法》第384条）
3. 本人职权；地位。（《刑法》第388条）
4. 数额较大；违法国家规定。（《刑法》第389条第2款）
5. 国内公务活动；对外交往。（《刑法》第394条）
6. 合法收入。（《刑法》第395条第1款）
7. 单位名义。（《刑法》第396条第1款）

8. 枉法裁决。(《刑法》第 399 条之一)
9. 暂予监外执行;暂予监外执行。(《刑法》第 401 条)
10. 批准的年采伐限额。(《刑法》第 407 条)
11. 追究职责。(《刑法》第 414 条)
12. 边防、海关。(《刑法》第 415 条)
13. 国家机关工作人员。(《刑法》第 419 条)

(五)简答题

1. 答:《刑法》第 383 条规定,对犯贪污罪的,根据情节轻重,分别依照下列规定处罚:(1)贪污数额较大或者有其他较重情节的,处 3 年以下有期徒刑或者拘役,并处罚金。(2)贪污数额巨大或者有其他严重情节的,处 3 年以上 10 年以下有期徒刑,并处罚金或者没收财产。(3)贪污数额特别巨大或者有其他特别严重情节的,处 10 年以上有期徒刑或者无期徒刑,并处罚金或者没收财产;数额特别巨大,并使国家和人民利益遭受特别重大损失的,处无期徒刑或者死刑,并处没收财产。

   对多次贪污未经处理的,按照累计贪污数额处罚。

   犯第 1 款罪,在提起公诉前如实供述自己罪行、真诚悔罪、积极退赃,避免、减少损害结果的发生,有第 1 项规定情形的,可以从轻、减轻或者免除处罚;有第 2 项、第 3 项规定情形的,可以从轻处罚。

   犯第 1 款罪,有第 3 项规定情形被判处死刑缓期执行的,人民法院根据犯罪情节等情况可以同时决定在其死刑缓期执行二年期满依法减为无期徒刑后,终身监禁,不得减刑、假释。

2. 答:《刑法》第 385 条规定,国家工作人员利用职务上的便利,索取他人财物的,或者非法收受他人财物,为他人谋取利益的,是受贿罪。

   国家工作人员在经济往来中,违反国家规定,收受各种名义的回扣、手续费,归个人所有的,以受贿论处。

3. 答:《刑法》第 388 条之一规定,国家工作人员的近亲属或者其他与该国家工作人员关系密切的人,通过该国家工作人员职务上的行为,或者利用该国家工作人员职权或者地位形成的便利条件,通过其他国家工作人员职务上的行为,为请托人谋取不正当利益,索取请托人财物或者收受请托人财物,数额较大或者有其他较重情节的,处 3 年以下有期徒刑或者拘役,并处罚金;数额巨大或者有其他严重情节的,处 3 年以上 7 年以下有期徒刑,并处罚金;数额特别巨大或者有其他特别严重情节的,处 7 年以上有期徒刑,并处罚金或者没收财产。

离职的国家工作人员或者其近亲属以及其他与其关系密切的人，利用该离职的国家工作人员原职权或者地位形成的便利条件实施前款行为的，依照前款的规定定罪处罚。

4. 答：《刑法》第399条第1款规定，司法工作人员徇私枉法、徇情枉法，对明知是无罪的人而使他受追诉、对明知是有罪的人而故意包庇不使他受追诉，或者在刑事审判活动中故意违背事实和法律作枉法裁判的，处5年以下有期徒刑或者拘役；情节严重的，处5年以上10年以下有期徒刑；情节特别严重的，处10年以上有期徒刑。

二十五、刑事诉讼法

(一) 判断题

1. 对刑事案件的侦查、拘留、执行逮捕、预审、提起公诉，由公安机关负责。(　　)
2. 国家安全机关依照法律规定，办理危害国家安全的刑事案件时，可以行使与公安机关相同的职权。(　　)
3. 在少数民族聚居或者多民族杂居的地区，应当用当地通用的语言进行审讯，用当地通用的文字发布判决书、布告和其他文件。(　　)
4. 人民法院审判案件，实行三审终审制。(　　)
5. 下级人民法院认为案情重大、复杂需要由上级人民法院审判的第一审刑事案件，可以请求移送上一级人民法院审判。(　　)
6. 犯罪嫌疑人自被侦查机关第一次讯问或者采取强制措施之日起，有权委托辩护人；在侦查期间，可以委托律师作为辩护人或自己作为辩护人。(　　)
7. 辩护律师可以同在押的犯罪嫌疑人、被告人会见和通信。其他辩护人经人民检察院许可，也可以同在押的犯罪嫌疑人、被告人会见和通信。(　　)

(二) 单项选择题

1. 最高人民法院管辖的(　　)刑事案件，是全国性的重大刑事案件。

A. 第一审　　B. 第二审
C. 第三审　　D. 终审

2. 担任过本案的证人、鉴定人、辩护人、诉讼代理人的(　　)，应当自行回避，当事人及其法定代理人也有权要求他们回避。

A. 审判人员　　B. 检察人员
C. 侦查人员　　D. 以上都是

3.《刑事诉讼法》关于回避的规定适用于：(　　)

A. 书记员　　B. 翻译人员

C. 鉴定人　　D. 以上都是

4. 下列可以被委托为辩护人的是：(　　)

A. 律师　　B. 犯罪嫌疑人、被告人的亲友

C. 人民团体　　D. 以上都是

5. (　　)可以在人民法院、看守所等场所派驻值班律师。

A. 人民法院　　B. 人民检察院

C. 指定律师事务所　　D. 法律援助机构

6. 收件人本人或者代收人拒绝接收或者拒绝签名、盖章的时候，送达人可以邀请他的邻居或者其他见证人到场，说明情况，把文件留在他的住处，在送达证上记明拒绝的事由、送达的日期，由(　　)，即认为已经送达。

A. 邻居签名　　B. 其他见证人签名

C. 送达人签名　　D. 代收人签名

7. 搜查妇女的身体，应当由(　　)进行。

A. 女工作人员　　B. 女医生

C. 医生　　D. 侦查人员

(三) 多项选择题

1. (　　)进行刑事诉讼，必须依靠群众，必须以事实为根据，以法律为准绳。对于一切公民，在适用法律上一律平等，在法律面前，不允许有任何特权。

A. 人民法院　　B. 人民检察院

C. 公安机关　　D. 各级政府

2. 人民法院、人民检察院和公安机关进行刑事诉讼，应当(　　)，以保证准确有效地执行法律。

A. 分工负责　　B. 互相配合

C. 互相制约　　D. 互相监督

3. 犯罪嫌疑人、被告人是(　　)，没有委托辩护人的，人民法院、人民检察院和公安机关应当通知法律援助机构指派律师为其提供辩护。

A. 盲、聋、哑人

B. 尚未完全丧失辨认或者控制自己行为能力的精神病人

C. 经济困难的人

D. 可能被判处无期徒刑、死刑的人

4. 法律援助机构可以在人民法院、看守所等场所派驻值班律师。犯罪嫌疑人、被告人没有委托辩护人，法律援助机构没有指派律师为其提供辩护的，由值班律师为犯罪嫌疑人、被告人提供(　　)等法律帮助。

A. 法律咨询　　B. 程序选择建议

C. 申请变更强制措施　　D. 对案件处理提出意见

5. 辩护律师持(　　)要求会见在押的犯罪嫌疑人、被告人的，看守所应当及时安排会见，至迟不得超过48小时。

A. 律师执业证书　　B. 律师事务所证明

C. 委托书或者法律援助公函　　D. 身份证

6. 对于(　　)的重大嫌疑分子，提请审查批准的时间可以延长至30日。

A. 流窜作案　　B. 多次作案

C. 结伙作案　　D. 案情严重

(四) 填空题

1. 犯罪嫌疑人、被告人____供述自己的罪行，承认指控的犯罪事实，愿意接受处罚的，可以依法从宽处理。

2. 辩护人收集的有关犯罪嫌疑人不在犯罪现场、____、属于依法不负刑事责任的精神病人的证据，应当及时告知公安机关、人民检察院。

3. 在审判过程中，被告人可以拒绝辩护人继续为他辩护，也可以____。

4. 附带民事诉讼应当同刑事案件____审判，只有为了防止刑事案件审判的过分迟延，才可以在刑事案件审判后，由同一审判组织继续审理附带民事诉讼。

5. 对查封、扣押的财物、文件，应当会同____和被查封、扣押财物、文件持有人查点清楚，当场开列清单一式二份。

（五）简答题

1. 简述可以不追究刑事责任的情形。
2. 简述法律援助机构应当提供律师进行辩护援助的情形。
3. 简述刑事诉讼中止审理的情形。
4. 简述刑事自诉案件的类型。

参考答案

（一）判断题

1. ×，解析：《刑事诉讼法》第3条第1款规定，对刑事案件的侦查、拘留、执行逮捕、预审，由公安机关负责。检察、批准逮捕、检察机关直接受理的案件的侦查、提起公诉，由人民检察院负责。审判由人民法院负责。除法律特别规定的以外，其他任何机关、团体和个人都无权行使这些权力。
2. √，解析：《刑事诉讼法》第4条。
3. √，解析：《刑事诉讼法》第9条第2款。
4. ×，解析：《刑事诉讼法》第10条规定，人民法院审判案件，实行两审终审制。
5. √，解析：《刑事诉讼法》第24条。
6. ×，解析：《刑事诉讼法》第34条第1款规定，犯罪嫌疑人自被侦查机关第一次讯问或者采取强制措施之日起，有权委托辩护人；在侦查期间，只能委托律师作为辩护人。被告人有权随时委托辩护人。
7. ×，解析：《刑事诉讼法》第39条第1款规定，辩护律师可以同在押的犯罪嫌疑人、被告人会见和通信。其他辩护人经人民法院、人民检察院许可，也可以同在押的犯罪嫌疑人、被告人会见和通信。

（二）单项选择题

1. A，解析：《刑事诉讼法》第23条规定，最高人民法院管辖的第一审刑事案件，是全国性的重大刑事案件。
2. D，解析：《刑事诉讼法》第29条规定："审判人员、检察人员、侦查人员有下列情形之一的，应当自行回避，当事人及其法定代理人也有权要求他们回避：（一）是本案的当事人或者是当事人的近亲属的；（二）本人或者他的近亲属和本案有利害关系的；（三）担任过本案的证人、鉴定人、辩护人、诉讼代理人的；（四）与本案当事人有其他关系，可能影响公正处理案件的。”

3. D，解析：《刑事诉讼法》第 32 条第 1 款规定，关于回避的规定适用于书记员、翻译人员和鉴定人。
4. D，解析：《刑事诉讼法》第 33 条第 1 款规定：“犯罪嫌疑人、被告人除自己行使辩护权以外，还可以委托一至二人作为辩护人。下列的人可以被委托为辩护人：（一）律师；（二）人民团体或者犯罪嫌疑人、被告人所在单位推荐的人；（三）犯罪嫌疑人、被告人的监护人、亲友。”
5. D，解析：《刑事诉讼法》第 36 条第 1 款规定，法律援助机构可以在人民法院、看守所等场所派驻值班律师。犯罪嫌疑人、被告人没有委托辩护人，法律援助机构没有指派律师为其提供辩护的，由值班律师为犯罪嫌疑人、被告人提供法律咨询、程序选择建议、申请变更强制措施、对案件处理提出意见等法律帮助。
6. C，解析：《刑事诉讼法》第 107 条第 2 款规定，收件人本人或者代收人拒绝接收或者拒绝签名、盖章的时候，送达人可以邀请他的邻居或者其他见证人到场，说明情况，把文件留在他的住处，在送达证上记明拒绝的事由、送达的日期，由送达人签名，即认为已经送达。
7. A，解析：《刑事诉讼法》第 139 条第 2 款规定，搜查妇女的身体，应当由女工作人员进行。

（三）多项选择题

1. ABC，解析：《刑事诉讼法》第 6 条规定，人民法院、人民检察院和公安机关进行刑事诉讼，必须依靠群众，必须以事实为根据，以法律为准绳。对于一切公民，在适用法律上一律平等，在法律面前，不允许有任何特权。
2. ABC，解析：《刑事诉讼法》第 7 条规定，人民法院、人民检察院和公安机关进行刑事诉讼，应当分工负责，互相配合，互相制约，以保证准确有效地执行法律。
3. ABD，解析：《刑事诉讼法》第 35 条第 2 款、第 3 款规定，犯罪嫌疑人、被告人是盲、聋、哑人，或者是尚未完全丧失辨认或者控制自己行为能力的精神病人，没有委托辩护人的，人民法院、人民检察院和公安机关应当通知法律援助机构指派律师为其提供辩护。犯罪嫌疑人、被告人可能被判处无期徒刑、死刑，没有委托辩护人的，人民法院、人民检察院和公安机关应当通知法律援助机构指派律师为其提供辩护。

4. ABCD，解析：《刑事诉讼法》第 36 条第 1 款规定，法律援助机构可以在人民法院、看守所等场所派驻值班律师。犯罪嫌疑人、被告人没有委托辩护人，法律援助机构没有指派律师为其提供辩护的，由值班律师为犯罪嫌疑人、被告人提供法律咨询、程序选择建议、申请变更强制措施、对案件处理提出意见等法律帮助。
5. ABC，解析：《刑事诉讼法》第 39 条第 2 款规定，辩护律师持律师执业证书、律师事务所证明和委托书或者法律援助公函要求会见在押的犯罪嫌疑人、被告人的，看守所应当及时安排会见，至迟不得超过 48 小时。
6. ABC，解析：《刑事诉讼法》第 91 条第 2 款规定，对于流窜作案、多次作案、结伙作案的重大嫌疑分子，提请审查批准的时间可以延长至 30 日。

（四）填空题

1. 自愿如实。（《刑事诉讼法》第 15 条）
2. 未达到刑事责任年龄。（《刑事诉讼法》第 42 条）
3. 另行委托辩护人辩护。（《刑事诉讼法》第 45 条）
4. 一并。（《刑事诉讼法》第 104 条）
5. 在场见证人。（《刑事诉讼法》第 142 条）

（五）简答题

1. 答：《刑事诉讼法》第 16 条规定，有下列情形之一的，不追究刑事责任，已经追究的，应当撤销案件，或者不起诉，或者终止审理，或者宣告无罪：（1）情节显著轻微、危害不大，不认为是犯罪的；（2）犯罪已过追诉时效期限的；（3）经特赦令免除刑罚的；（4）依照刑法告诉才处理的犯罪，没有告诉或者撤回告诉的；（5）犯罪嫌疑人、被告人死亡的；（6）其他法律规定免予追究刑事责任的。
2. 答：《刑事诉讼法》第 35 条规定，犯罪嫌疑人、被告人因经济困难或者其他原因没有委托辩护人的，本人及其近亲属可以向法律援助机构提出申请。对符合法律援助条件的，法律援助机构应当指派律师为其提供辩护。犯罪嫌疑人、被告人是盲、聋、哑人，或者是尚未完全丧失辨认或者控制自己行为能力的精神病人，没有委托辩护人的，人民法院、人民检察院和公安机关应当通知法律援助机构指派律师为其提供辩护。犯罪嫌疑人、被告人可能被判处无期徒刑、死刑，没有委托辩护人的，人民法院、人民检察院和公安机关应当通知法律援助机构指派律师为其提供辩护。
3. 答：《刑事诉讼法》第 206 条第 1 款规定，在审判过程中，有下列情形之一，致使案件在较长时间内无法继续审理的，可以中止审理：（1）被告人患有严重疾病，无法出庭的；（2）被告人脱逃的；（3）自诉人患有严重疾病，无法出庭，未委托诉讼代理人出庭的；（4）由于不能抗拒的原因。

4. 答：《刑事诉讼法》第 210 条规定，自诉案件包括下列案件：（1）告诉才处理的案件；（2）被害人有证据证明的轻微刑事案件；（3）被害人有证据证明对被告人侵犯自己人身、财产权利的行为应当依法追究刑事责任，而公安机关或者人民检察院不予追究被告人刑事责任的案件。

二十六、税收征收管理法

（一）判断题

1. 任何机关、单位和个人不得违反法律、行政法规的规定，擅自作出税收开征、停征以及减税、免税、退税、补税和其他同税收法律、行政法规相抵触的决定。（　　）
2. 税务人员征收税款和查处税收违法案件，与纳税人、扣缴义务人或者税收违法案件有利害关系的，应当回避。（　　）
3. 国家根据税收征收管理的需要，积极推广使用税控装置。纳税人可以根据自身需要定制、安装、使用税控装置，不得损毁或者擅自改动税控装置。（　　）
4. 纳税人、扣缴义务人按照有关法律、行政法规和国务院财政、税务主管部门的规定设置账簿，根据合法、有效凭证记账，进行核算。（　　）
5. 税务机关、税务人员可以依法查封、扣押纳税人个人及其所扶养家属维持生活必需的住房和用品。（　　）

（二）单项选择题

1. 纳税人因有特殊困难，不能按期缴纳税款的，经省、自治区、直辖市国家税务局、地方税务局批准，可以延期缴纳税款，但是最长不得超过（　　）。

   A. 1 个月　　B. 3 个月

   C. 6 个月　　D. 9 个月

2. 纳税人要按照（　　）的规定使用税务登记证件。税务登记证件不得转借、涂改、损毁、买卖或者伪造。

   A. 国务院税务主管部门　　B. 地方税务分局

   C. 全国人大　　D. 审计局

3. 税务机关征收税款，税收优先于（　　），法律另有规定的除外。

A. 抵押权　　B. 质押权

C. 留置权　　D. 无担保债权

4. 税务机关扣押商品、货物或者其他财产时，必须开付(　　)；查封商品、货物或者其他财产时，必须开付(　　)。

A. 收据、收据　　B. 清单、清单

C. 清单、收据　　D. 收据、清单

(三) 多项选择题

1. 根据《税收征收管理法》，税务机关有权进行下列哪些税务检查？(　　)

A. 检查纳税人的账簿、记账凭证、报表和有关资料，检查扣缴义务人代扣代缴、代收代缴税款账簿、记账凭证和有关资料

B. 到纳税人的生产、经营场所和货物存放地检查纳税人应纳税的商品、货物或者其他财产，检查扣缴义务人与代扣代缴、代收代缴税款有关的经营情况

C. 询问纳税人、扣缴义务人与纳税或者代扣代缴、代收代缴税款有关的问题和情况

D. 到车站、码头、机场、邮政企业及其分支机构检查纳税人托运、邮寄应纳税商品、货物或者其他财产的有关单据、凭证和有关资料

2. (　　)涉税罚没收入，应当按照税款入库预算级次上缴国库。

A. 司法机关　　B. 税务机关

C. 全国人大　　D. 立法机关

3. 税务机关依照法律、行政法规的规定征收税款，不得(　　)。

A. 少征　　B. 多征

C. 提前征收　　D. 延缓征收

4. 从事生产、经营的纳税人、扣缴义务人必须按照国务院财政、税务主管部门规定的保管期限保管(　　)。

A. 账簿　　B. 记账凭证

C. 完税证明　　D. 经营规划清单

（四）填空题

1. 地方各级人民政府应当依法加强对____内税收征收管理工作的领导或者协调，支持税务机关依法执行职务，依照____计算税额，依法征收税款。
2. 税务机关采取税收保全措施和强制执行措施必须依照法定权限和____，不得查封、扣押纳税人个人及其所扶养家属____的住房和用品。
3. 因纳税人、扣缴义务人____等失误，未缴或者少缴税款的，税务机关在三年内可以追征税款、滞纳金；有特殊情况的，追征期可以延长到____年。
4. 扣缴义务人应扣未扣、应收而不收税款的，由____向纳税人追缴税款，对扣缴义务人处应扣未扣、应收未收税款____的罚款。

（五）简答题

简述税务机关有权核定纳税人应纳税额的情形。

参考答案

（一）判断题

1. √，解析：《税收征收管理法》第 3 条第 2 款。
2. √，解析：《税收征收管理法》第 12 条。
3. ×，解析：《税收征收管理法》第 23 条规定，国家根据税收征收管理的需要，积极推广使用税控装置。纳税人应当按照规定安装、使用税控装置，不得损毁或者擅自改动税控装置。
4. √，解析：《税收征收管理法》第 19 条。
5. ×，解析：根据《税收征收管理法》第 79 条规定，税务机关、税务人员查封、扣押纳税人个人及其所扶养家属维持生活必需的住房和用品的，责令退还，依法给予行政处分；构成犯罪的，依法追究刑事责任。

（二）单项选择题

1. B，解析：《税收征收管理法》第 31 条第 2 款规定，纳税人因有特殊困难，不能按期缴纳税款的，经省、自治区、直辖市国家税务局、地方税务局批准，可以延期缴纳税款，但是最长不得超过 3 个月。

2. A，解析：《税收征收管理法》第 18 条规定，纳税人按照国务院税务主管部门的规定使用税务登记证件。税务登记证件不得转借、涂改、损毁、买卖或者伪造。
3. D，解析：《税收征收管理法》第 45 条规定，税务机关征收税款，税收优先于无担保债权，法律另有规定的除外；纳税人欠缴的税款发生在纳税人以其财产设定抵押、质押或者纳税人的财产被留置之前的，税收应当先于抵押权、质权、留置权执行。
4. D，解析：《税收征收管理法》第 47 条规定，税务机关扣押商品、货物或者其他财产时，必须开付收据；查封商品、货物或者其他财产时，必须开付清单。

（三）多项选择题

1. ABCD，解析：《税收征收管理法》第 54 条规定，税务机关有权进行下列税务检查：（1）检查纳税人的账簿、记账凭证、报表和有关资料，检查扣缴义务人代扣代缴、代收代缴税款账簿、记账凭证和有关资料；（2）到纳税人的生产、经营场所和货物存放地检查纳税人应纳税的商品、货物或者其他财产，检查扣缴义务人与代扣代缴、代收代缴税款有关的经营情况；（3）责成纳税人、扣缴义务人提供与纳税或者代扣代缴、代收代缴税款有关的文件、证明材料和有关资料；（4）询问纳税人、扣缴义务人与纳税或者代扣代缴、代收代缴税款有关的问题和情况；（5）到车站、码头、机场、邮政企业及其分支机构检查纳税人托运、邮寄应纳税商品、货物或者其他财产的有关单据、凭证和有关资料；（6）经县以上税务局（分局）局长批准，凭全国统一格式的检查存款账户许可证明，查询从事生产、经营的纳税人、扣缴义务人在银行或者其他金融机构的存款账户。税务机关在调查税收违法案件时，经设区的市、自治州以上税务局（分局）局长批准，可以查询案件涉嫌人员的储蓄存款。税务机关查询所获得的资料，不得用于税收以外的用途。故 A、B、C、D 项正确。
2. AB，解析：《税收征收管理法》第 75 条规定，税务机关和司法机关的涉税罚没收入，应当按照税款入库预算级次上缴国库。
3. ABCD，解析：《税收征收管理法》第 28 条规定，税务机关依照法律、行政法规的规定征收税款，不得违反法律、行政法规的规定开征、停征、多征、少征、提前征收、延缓征收或者摊派税款。农业税应纳税额按照法律、行政法规的规定核定。

4. ABC，解析：《税收征收管理法》第24条规定，从事生产、经营的纳税人、扣缴义务人必须按照国务院财政、税务主管部门规定的保管期限保管账簿、记账凭证、完税凭证及其他有关资料。

（四）填空题

1. 本行政区域；法定税率。（《税收征收管理法》第5条第2款）
2. 法定程序；维持生活必需。（《税收征收管理法》第42条）
3. 计算错误；5。（《税收征收管理法》第52条第2款）
4. 税务机关；50%以上3倍以下。（《税收征收管理法》第69条）

（五）简答题

答：根据《税收征收管理法》第35条第1款规定，纳税人有下列情形之一的，税务机关有权核定其应纳税额：（1）依照法律、行政法规的规定可以不设置账簿的；（2）依照法律、行政法规的规定应当设置账簿但未设置的；（3）擅自销毁账簿或者拒不提供纳税资料的；（4）虽设置账簿，但账目混乱或者成本资料、收入凭证、费用凭证残缺不全，难以查账的；（5）发生纳税义务，未按照规定的期限办理纳税申报，经税务机关责令限期申报，逾期仍不申报的；（6）纳税人申报的计税依据明显偏低，又无正当理由的。

二十七、土地管理法

（一）判断题

1. 因挖损、塌陷、压占等造成土地破坏，用地单位和个人应当按照国家有关规定负责复垦；没有条件复垦或者复垦不符合要求的，应当缴纳土地复垦费，专项用于土地复垦。复垦的土地应当优先用于农业。（　　）
2. 自《土地管理法》施行之日起，新增建设用地的土地有偿使用费，40%上缴中央财政，60%留给有关地方人民政府。（　　）
3. 临时使用土地的使用者应当按照临时使用土地合同约定的用途使用土地，可以修建永久性建筑物。临时使用土地期限一般不超过2年。（　　）
4. 违反《土地管理法》规定，拒不履行土地复垦义务逾期不改正的，责令缴纳复垦费，专项用于土地复垦，可以处以罚款。（　　）
5. 无权批准征收、使用土地的单位或者个人非法批准占用土地的，超越批准权限非法批准占用土地的，不按照土地利用总体规划确定的用途批准用地的，或者违反法律规定的程序批准占用、征收土地的，其批准文件无效，对非法批准征收、使用土地的直接负责的主管人员和其他直接责任人员，依法给予处分。（　　）

（二）单项选择题

1. 永久基本农田转为建设用地的，由下列哪一机关批准？（　　）

   A. 县级以上人民政府　　B. 设区的市级以上人民政府

   C. 省级人民政府　　D. 国务院

2. 征收农用地的，应当依法先行办理农用地转用审批。对此，下列哪一选项是不正确的？（　　）

   A. 应当同时办理征地审批手续

   B. 经国务院批准农用地转用的，不再另行办理征地审批

C. 经省级人民政府在征地批准权限内批准农用地转用的，不再另行办理征地审批

D. 只要经国务院或省级人民政府批准农用地转用的，均不再另行办理征地审批

3. 国家征收土地的，依照法定程序批准后，由(　　)予以公告并组织实施。

A. 乡级人民政府　　B. 县级人民政府

C. 县级以上地方人民政府　　D. 设区的市级以上地方人民政府

(三) 多项选择题

1. 关于《土地管理法》，下列说法正确的有：(　　)

A. 农村村民出卖、出租、赠与住宅后，再申请宅基地的，不予批准

B. 在土地利用总体规划制定前已建的不符合土地利用总体规划确定的用途的建筑物、构筑物，可以重建、扩建

C. 县级以上人民政府自然资源主管部门对违反土地管理法律、法规的行为进行监督检查

D. 国务院农业农村主管部门负责全国农村宅基地改革和管理有关工作

2. 国有土地和农民集体所有的土地，可以依法确定给单位或者个人使用。使用土地的单位和个人，有(　　)土地的义务。

A. 保护　　B. 管理

C. 开发　　D. 合理利用

3. 土地的所有权和使用权的登记，依照有关不动产登记的(　　)执行。

A. 法律　　B. 地方性法规

C. 行政法规　　D. 政府规章

4. 关于耕地保护，下列说法正确的是：(　　)

A. 国家保护耕地，不控制耕地转为非耕地

B. 国家实行永久基本农田保护制度

C. 禁止任何单位和个人闲置、荒芜耕地

D. 禁止占用永久基本农田发展林果业和挖塘养鱼

5. 征收下列哪些土地，应由国务院批准？(　　)

A. 永久基本农田

B. 永久基本农田以外的耕地超过35公顷

C. 建设用地超过50公顷

D. 其他土地超过70公顷

（四）填空题

1. 征收土地应当给予____的补偿，保障被征地农民原有生活水平____、长远生计有保障。
2. 因挖损、塌陷、压占等造成土地破坏，用地单位和个人应当按照国家有关规定负责____；没有条件复垦或者复垦不符合要求的，应当缴纳____，专项用于土地复垦。复垦的土地应当优先用于农业。
3. 农村村民建住宅，应当符合乡（镇）土地利用总体规划、村庄规划，不得占用____，并尽量使用____。编制乡（镇）土地利用总体规划、村庄规划应当统筹并合理安排____，改善农村村民居住环境和条件。
4. 有关单位和个人对县级以上人民政府自然资源主管部门就土地违法行为进行的监督检查应当____，并提供____，不得拒绝与阻碍土地管理监督检查人员依法执行职务。

（五）简答题

简述哪些耕地应当根据土地利用总体规划划为永久基本农田，实行严格保护。

参考答案

（一）判断题

1. √，解析：《土地管理法》第43条。
2. ×，解析：《土地管理法》第55条第2款规定，自本法施行之日起，新增建设用地的土地有偿使用费，30%上缴中央财政，70%留给有关地方人民政府。具体使用管理办法由国务院财政部门会同有关部门制定，并报国务院批准。
3. ×，解析：《土地管理法》第57条第2、3款规定，临时使用土地的使用者应当按照临时使用土地合同约定的用途使用土地，并不得修建永久性建筑物。

临时使用土地期限一般不超过 2 年。

4. √，解析：《土地管理法》第 76 条。

5. √，解析：《土地管理法》第 79 条第 1 款。

（二）单项选择题

1. D，解析：《土地管理法》第 44 条第 2 款规定，永久基本农田转为建设用地的，由国务院批准。

2. D，解析：《土地管理法》第 46 条第 2 款规定，征收农用地的，应当依照本法第 44 条的规定先行办理农用地转用审批。其中，经国务院批准农用地转用的，同时办理征地审批手续，不再另行办理征地审批；经省、自治区、直辖市人民政府在征地批准权限内批准农用地转用的，同时办理征地审批手续，不再另行办理征地审批，超过征地批准权限的，应当依照本条第一款的规定另行办理征地审批。

3. C，解析：《土地管理法》第 47 条第 1 款规定，国家征收土地的，依照法定程序批准后，由县级以上地方人民政府予以公告并组织实施。

（三）多项选择题

1. ACD，解析：《土地管理法》第 65 条规定，在土地利用总体规划制定前已建的不符合土地利用总体规划确定的用途的建筑物、构筑物，不得重建、扩建。故 B 项错误。

2. ABD，解析：《土地管理法》第 10 条规定，国有土地和农民集体所有的土地，可以依法确定给单位或者个人使用。使用土地的单位和个人，有保护、管理和合理利用土地的义务。

3. AC，解析：《土地管理法》第 12 条第 1 款规定，土地的所有权和使用权的登记，依照有关不动产登记的法律、行政法规执行。

4. BCD，解析：《土地管理法》第 30 条第 1 款规定，国家保护耕地，严格控制耕地转为非耕地。故 A 项错误。

5. ABD，《土地管理法》第 44 条第 1、2 款规定，征收下列土地的，由国务院批准：（1）永久基本农田；（2）永久基本农田以外的耕地超过 35 公顷的；（3）其他土地超过 70 公顷的。征收前款规定以外的土地的，由省、自治区、直辖市人民政府批准。

（四）填空题

1. 公平、合理；不降低。（《土地管理法》第 48 条第 1 款）

2. 复垦；土地复垦费。（《土地管理法》第 43 条）

3. 永久基本农田；原有的宅基地和村内空闲地；宅基地用地。（《土地管理法》第 62 条第 3 款）
4. 支持与配合；工作方便。（《土地管理法》第 70 条）

（五）简答题

答:《土地管理法》第 33 条第 1 款规定，国家实行永久基本农田保护制度。下列耕地应当根据土地利用总体规划划为永久基本农田，实行严格保护:（1）经国务院农业农村主管部门或者县级以上地方人民政府批准确定的粮、棉、油、糖等重要农产品生产基地内的耕地；（2）有良好的水利与水土保持设施的耕地，正在实施改造计划以及可以改造的中、低产田和已建成的高标准农田；（3）蔬菜生产基地；（4）农业科研、教学试验田；（5）国务院规定应当划为永久基本农田的其他耕地。

二十八、城市房地产管理法

（一）判断题

1. 国家根据社会、经济发展水平，扶持发展房地产开发建设，逐步改善居民的居住条件。（　　）
2. 为了公共利益的需要，国家可以征收国有土地上单位和个人的房屋，并依法给予拆迁补偿，维护被征收人的合法权益；征收个人住宅的，还应当保障被征收人的居住条件。（　　）
3. 县级以上地方人民政府房产管理、土地管理部门的机构设置及其职权由省、自治区、直辖市人民政府确定。（　　）
4. 土地使用权出让，是指国家将国有土地使用权永久出让给土地使用者，由土地使用者向国家支付土地使用权出让金的行为。（　　）
5. 采取双方协议方式出让土地使用权的出让金不得高于按国家规定所确定的最高价。（　　）

（二）单项选择题

1. 土地使用权出让合同由市、县人民政府土地管理部门与（　　）签订。

   A. 土地承包人　　B. 土地租赁人

   C. 土地买卖人　　D. 土地使用者

2. 土地使用者按照出让合同约定支付土地使用权出让金的，市、县人民政府土地管理部门必须按照出让合同约定，提供出让的土地；未按照出让合同约定提供出让的土地的，土地使用者有权解除合同，由土地管理部门返还（　　），土地使用者并可以请求违约赔偿。

   A. 土地使用权赔偿金　　B. 土地使用权补偿金

   C. 土地使用权出让金　　D. 土地使用权定金

3. 土地使用权出让金应当(　　)上缴财政，列入预算，用于城市基础设施建设和土地开发。土地使用权出让金上缴和使用的具体办法由国务院。

A. 全部　　B. 二分之一

C. 三分之一　　D. 四分之三

4. 在依法取得的房地产开发用地上建成房屋的，应当凭(　　)向县级以上地方人民政府房产管理部门申请登记，由县级以上地方人民政府房产管理部门核实并颁发房屋所有权证书。

A. 土地所有权证书　　B. 土地承包权证书

C. 土地使用权证书　　D. 土地经营权证书

（三）多项选择题

1. 土地使用权出让，必须符合土地利用(　　)。

A. 总体规划　　B. 城市规划

C. 农村规划　　D. 年度建设用地计划

2. 土地使用权出让，可以采取下列哪些方式？(　　)

A. 出租　　B. 拍卖

C. 招标　　D. 双方协议

3. 房地产开发必须严格执行城市规划，按照(　　)相统一的原则，实行全面规划、合理布局、综合开发、配套建设。

A. 国家利益　　B. 经济效益

C. 社会效益　　D. 环境效益

4. 哪些建设用地的土地使用权，确属必需的，可以由县级以上人民政府依法批准划拨？(　　)

A. 国家机关用地和军事用地

B. 城市基础设施用地和公益事业用地

C. 国家重点扶持的能源、交通、水利等项目用地

D. 法律、行政法规规定的其他用地

（四）填空题

1. 土地使用权因____而终止。

2. 土地使用权出让合同约定的使用年限届满，土地使用者需要继续使用土地的，应当至迟于届满前____申请续期，除根据社会公共利益需要收回该幅土地的，应当予以批准。
3. 以出让方式取得土地使用权进行房地产开发的，必须按照土地使用权出让合同约定的土地用途、动工开发期限开发土地。超过出让合同约定的动工开发日期满____未动工开发的，可以征收相当于土地使用权出让金百分之____以下的土地闲置费；满 2 年未动工开发的，可以无偿收回土地使用权；但是，因不可抗力或者政府、政府有关部门的行为或者动工开发必需的前期工作造成动工开发迟延的除外。
4. 房地产转让，应当签订书面转让合同，合同中应当载明土地使用权____。
5. 以____方式取得的土地使用权，可以设定抵押权。
6. 房地产抵押，应当凭____、____办理。

（五）简答题

请简述以出让方式取得土地使用权的，转让房地产时应当符合的条件。

参考答案

（一）判断题

1. ×，解析：《城市房地产管理法》第 4 条规定，国家根据社会、经济发展水平，扶持发展居民住宅建设，逐步改善居民的居住条件。
2. √，解析：《城市房地产管理法》第 6 条。
3. √，解析：《城市房地产管理法》第 7 条第 2 款。
4. ×，解析：《城市房地产管理法》第 8 条规定，土地使用权出让，是指国家将国有土地使用权（以下简称土地使用权）在一定年限内出让给土地使用者，由土地使用者向国家支付土地使用权出让金的行为。
5. ×，解析：《城市房地产管理法》第 13 条第 3 款规定，采取双方协议方式出让土地使用权的出让金不得低于按国家规定所确定的最低价。

（二）单项选择题

1. D，解析：《城市房地产管理法》第 15 条第 2 款规定，土地使用权出让合同由市、县人民政府土地管理部门与土地使用者签订。

2. C，解析：《城市房地产管理法》第17条规定，土地使用者按照出让合同约定支付土地使用权出让金的，市、县人民政府土地管理部门必须按照出让合同约定，提供出让的土地；未按照出让合同约定提供出让的土地的，土地使用者有权解除合同，由土地管理部门返还土地使用权出让金，土地使用者并可以请求违约赔偿。
3. A，解析：《城市房地产管理法》第19条规定，土地使用权出让金应当全部上缴财政，列入预算，用于城市基础设施建设和土地开发。土地使用权出让金上缴和使用的具体办法由国务院。
4. C，解析：《城市房地产管理法》第61条第2款规定，在依法取得的房地产开发用地上建成房屋的，应当凭土地使用权证书向县级以上地方人民政府房产管理部门申请登记，由县级以上地方人民政府房产管理部门核实并颁发房屋所有权证书。

（三）多项选择题

1. ABD，解析：《城市房地产管理法》第10条规定，土地使用权出让，必须符合土地利用总体规划、城市规划和年度建设用地计划。
2. BCD，解析：《城市房地产管理法》第13条第1款规定，土地使用权出让，可以采取拍卖、招标或者双方协议的方式。
3. BCD，解析：《城市房地产管理法》第25条规定，房地产开发必须严格执行城市规划，按照经济效益、社会效益、环境效益相统一的原则，实行全面规划、合理布局、综合开发、配套建设。
4. ABCD，解析：《城市房地产管理法》第24条规定，下列建设用地的土地使用权，确属必需的，可以由县级以上人民政府依法批准划拨：（1）国家机关用地和军事用地；（2）城市基础设施用地和公益事业用地；（3）国家重点扶持的能源、交通、水利等项目用地；（4）法律、行政法规规定的其他用地。

（四）填空题

1. 土地灭失。（《城市房地产管理法》第21条）
2. 1年。（《城市房地产管理法》第22条第1款）
3. 1年；20。（《城市房地产管理法》第26条）
4. 取得的方式。（《城市房地产管理法》第41条）
5. 出让。（《城市房地产管理法》第48条）
6. 土地使用权证书；房屋所有权证书。（《城市房地产管理法》第49条）

（五）简答题

答：《城市房地产管理法》第39条规定，以出让方式取得土地使用权的，转让房地产时，应当符合下列条件：（1）按照出让合同约定已经支付全部土地使用权出让金，并取得土地使用权证书；（2）按照出让合同约定进行投资开发，属于房屋建设工程的，完成开发投资总额的25%以上，属于成片开发土地的，形成工业用地或者其他建设用地条件。转让房地产时房屋已经建成的，还应当持有房屋所有权证书。

二十九、城乡规划法

（一）判断题

1. 任何单位和个人都应当遵守经依法批准并公布的城乡规划，服从规划管理，并有权就涉及其利害关系的建设活动是否符合规划的要求向城乡规划主管部门查询。(　　)
2. 任何单位和个人都有权向城乡规划主管部门或者其他有关部门举报或者控告违反城乡规划的行为。(　　)
3. 规划条件未纳入国有土地使用权出让合同的，该国有土地使用权出让合同仍有效。(　　)
4. 城乡规划报送审批前，组织编制机关应当依法将城乡规划草案予以公告，并采取论证会、听证会或者其他方式征求专家和公众的意见。公告的时间不得少于15日。(　　)
5. 城乡规划主管部门经上级审批可以在城乡规划确定的建设用地范围以外作出规划许可。(　　)

（二）单项选择题

1. 未取得建设工程规划许可证或者未按照建设工程规划许可证的规定进行建设的，由县级以上地方人民政府城乡规划主管部门责令停止建设；尚可采取改正措施消除对规划实施的影响的，限期改正，处建设工程造价(　　)的罚款；无法采取改正措施消除影响的，限期拆除，不能拆除的，没收实物或者违法收入，可以并处建设工程造价(　　)的罚款。

   A. 10%以下；10%以下　　B. 30%以上；10%以下
   C. 50%以下；50%以下　　D. 5%以上10%以下；10%以下
2. 乡、村庄的建设和发展，应当因地制宜、节约用地，发挥(　　)的作用，引导村民合理进行建设，改善农村生产、生活条件。

A. 村民自治组织　　B. 居民委员会
C. 乡镇人民政府　　D. 党员示范

3. 城市、县、镇人民政府应当根据城市总体规划、镇总体规划、土地利用总体规划和年度计划以及国民经济和社会发展规划，制定近期建设规划，报(　　)。

A. 省级人民政府审批　　B. 省级人大常委会备案
C. 国务院备案　　D. 总体规划审批机关备案

(三) 多项选择题

1. 历史文化名城、名镇、名村的保护以及受保护建筑物的维护和使用，应当遵守有关(　　)的规定。

A. 法律　　B. 行政法规
C. 国务院的规定　　D. 地方性法规

2. 城市地下空间的开发和利用，应当与经济和技术发展水平相适应，遵循统筹安排、综合开发、合理利用的原则，充分考虑(　　)等需要，并符合城市规划，履行规划审批手续。

A. 防灾减灾　　B. 矿产开发
C. 人民防空　　D. 通信

3. 有下列哪些情形之一的，组织编制机关方可按照规定的权限和程序修改省域城镇体系规划、城市总体规划、镇总体规划？(　　)

A. 上级人民政府制定的城乡规划发生变更，提出修改规划要求的
B. 行政区划调整确需修改规划的
C. 因国务院批准重大建设工程确需修改规划的
D. 经评估确需修改规划的

4. 县级以上人民政府城乡规划主管部门对城乡规划的实施情况进行监督检查，有权采取哪些措施？(　　)

A. 要求有关单位和人员提供与监督事项有关的文件、资料，并进行复制
B. 要求有关单位和人员就监督事项涉及的问题作出解释和说明
C. 根据需要进入现场进行勘测
D. 责令有关单位和人员停止违反有关城乡规划的法律、法规的行为

（四）填空题

1. 在城市、镇规划区内进行建筑物、构筑物、道路、管线和其他工程建设的，建设单位或者个人应当向城市、县人民政府城乡规划主管部门或者省、自治区、直辖市人民政府确定的镇人民政府申请办理____。
2. 在乡、村庄规划区内进行乡镇企业、乡村公共设施和公益事业建设的，建设单位或者个人应当向乡、镇人民政府提出申请，由乡、镇人民政府报城市、县人民政府城乡规划主管部门核发____。
3. 城乡规划编制单位取得资质证书后，不再符合相应的资质条件的，由原发证机关____；逾期不改正的，____或者____。
4. 建设单位未在建设工程竣工验收后____个月内向城乡规划主管部门报送有关竣工验收资料的，由所在地城市、县人民政府城乡规划主管部门责令限期补报；逾期不补报的，处____的罚款。
5. 规划条件未纳入国有土地使用权出让合同的，该国有土地使用权出让合同____；对未取得建设用地规划许可证的建设单位批准用地的，由县级以上人民政府____有关批准文件；占用土地的，应当及时____；给当事人造成损失的，应当依法给予____。

（五）简答题

1. 简述从事城乡规划编制工作应当具备的条件。
2. 简述申请办理建设工程规划许可证应当提交的材料。

参考答案

（一）判断题

1. √，解析：《城乡规划法》第9条第1款。
2. √，解析：《城乡规划法》第9条第2款。
3. ×，解析：根据《城乡规划法》第39条规定，规划条件未纳入国有土地使用权出让合同的，该国有土地使用权出让合同无效。

4. ×，解析：《城乡规划法》第 26 条第 1 款规定，城乡规划报送审批前，组织编制机关应当依法将城乡规划草案予以公告，并采取论证会、听证会或者其他方式征求专家和公众的意见。公告的时间不得少于 30 日。
5. ×，解析：《城乡规划法》第 42 条规定，城乡规划主管部门不得在城乡规划确定的建设用地范围以外作出规划许可。

（二）单项选择题

1. D，解析：《城乡规划法》第 64 条规定，未取得建设工程规划许可证或者未按照建设工程规划许可证的规定进行建设的，由县级以上地方人民政府城乡规划主管部门责令停止建设；尚可采取改正措施消除对规划实施的影响的，限期改正，处建设工程造价 5% 以上 10% 以下的罚款；无法采取改正措施消除影响的，限期拆除，不能拆除的，没收实物或者违法收入，可以并处建设工程造价 10% 以下的罚款。
2. A，解析：《城乡规划法》第 29 条第 3 款规定，乡、村庄的建设和发展，应当因地制宜、节约用地，发挥村民自治组织的作用，引导村民合理进行建设，改善农村生产、生活条件。
3. D，解析：《城乡规划法》第 34 条第 1 款规定，城市、县、镇人民政府应当根据城市总体规划、镇总体规划、土地利用总体规划和年度计划以及国民经济和社会发展规划，制定近期建设规划，报总体规划审批机关备案。

（三）多项选择题

1. ABC，解析：《城乡规划法》第 31 条第 2 款规定，历史文化名城、名镇、名村的保护以及受保护建筑物的维护和使用，应当遵守有关法律、行政法规和国务院的规定。
2. ACD，解析：《城乡规划法》第 33 条规定，城市地下空间的开发和利用，应当与经济和技术发展水平相适应，遵循统筹安排、综合开发、合理利用的原则，充分考虑防灾减灾、人民防空和通信等需要，并符合城市规划，履行规划审批手续。
3. ABCD，解析：《城乡规划法》第 47 条第 1 款规定，有下列情形之一的，组织编制机关方可按照规定的权限和程序修改省域城镇体系规划、城市总体规划、镇总体规划：（1）上级人民政府制定的城乡规划发生变更，提出修改规划要求的；（2）行政区划调整确需修改规划的；（3）因国务院批准重大建设工程确需修改规划的；（4）经评估确需修改规划的；（5）城乡规划的审批机关认为应当修改规划的其他情形。

4. ABCD，解析：《城乡规划法》第53条规定，县级以上人民政府城乡规划主管部门对城乡规划的实施情况进行监督检查，有权采取以下措施：（1）要求有关单位和人员提供与监督事项有关的文件、资料，并进行复制；（2）要求有关单位和人员就监督事项涉及的问题作出解释和说明，并根据需要进入现场进行勘测；（3）责令有关单位和人员停止违反有关城乡规划的法律、法规的行为。城乡规划主管部门的工作人员履行前款规定的监督检查职责，应当出示执法证件。被监督检查的单位和人员应当予以配合，不得妨碍和阻挠依法进行的监督检查活动。

（四）填空题

1. 建设工程规划许可证。（《城乡规划法》第40条第1款）
2. 乡村建设规划许可证。（《城乡规划法》第41条第1款）
3. 责令限期改正；降低资质等级；吊销资质证书。（《城乡规划法》第63条）
4. 6；1万元以上5万元以下。（《城乡规划法》第67条）
5. 无效；撤销；退回；赔偿。（《城乡规划法》第39条）

（五）简答题

1. 答：根据《城乡规划法》第24条第1款规定，从事城乡规划编制工作应当具备下列条件，并经国务院城乡规划主管部门或者省、自治区、直辖市人民政府城乡规划主管部门依法审查合格，取得相应等级的资质证书后，方可在资质等级许可的范围内从事城乡规划编制工作：（1）有法人资格；（2）有规定数量的经相关行业协会注册的规划师；（3）有规定数量的相关专业技术人员；（4）有相应的技术装备；（5）有健全的技术、质量、财务管理制度。
2. 答：根据《城乡规划法》第40条第2款规定，申请办理建设工程规划许可证，应当提交使用土地的有关证明文件、建设工程设计方案等材料。需要建设单位编制修建性详细规划的建设项目，还应当提交修建性详细规划。

三十、环境保护法

（一）判断题

1. 各级人民政府应当加强环境保护宣传和普及工作，鼓励基层群众性自治组织、社会组织、环境保护志愿者开展环境保护法律法规和环境保护知识的宣传，营造保护环境的良好风气。（　　）
2. 县级以上地方人民政府环境保护主管部门会同有关部门，根据国家环境保护规划的要求，编制本行政区域的环境保护规划，报上一级环境保护主管部门批准并公布实施。（　　）
3. 未依法进行环境影响评价的开发利用规划，不得组织实施；未依法进行环境影响评价的建设项目，不得开工建设。（　　）
4. 省、自治区、直辖市人民政府对国家环境质量标准中未作规定的项目，可以制定地方环境质量标准；对国家环境质量标准中已作规定的项目，可以制定严于国家环境质量标准的地方环境质量标准。地方环境质量标准应当报国务院环境保护主管部门备案。（　　）
5. 国家实行重点污染物排放总量控制制度。重点污染物排放总量控制指标由国务院下达，省、市、县人民政府分解落实。（　　）

（二）单项选择题

1. 关于污染物排放标准，下列哪一项说法是错误的？（　　）

   A. 国务院环境保护主管部门制定国家污染物排放标准

   B. 县级以上人民政府对国家污染物排放标准中未作规定的项目，可以制定地方污染物排放标准

   C. 对国家污染物排放标准中已作规定的项目，可以制定严于国家污染物排放标准的地方污染物排放标准

   D. 地方污染物排放标准应当报国务院环境保护主管部门备案

2. 关于排污费，下列说法不正确的是：(　　)

A. 排放污染物的企业事业单位和其他生产经营者应当缴纳

B. 排污费应当全部专项用于环境污染防治

C. 按照排污许可证的要求排放污染物可以免征排污费

D. 依照法律规定征收环境保护税的，不再征收排污费

3. 应当由(　　)建立环境污染公共监测预警机制，组织制定预警方案。

A. 国务院　　B. 省、自治区、直辖市人民政府

C. 市政府环保部门　　D. 县级以上人民政府

4. 关于生态保护补偿制度，下列哪一说法是不正确的？(　　)

A. 国家加大对生态保护地区的财政转移支付力度

B. 有关地方人民政府应当落实生态保护补偿资金，确保其用于生态保护补偿

C. 必须按照市场规则进行生态保护补偿

D. 受益地区和生态保护地区人民政府均应在国家指导下进行生态保护补偿

(三) 多项选择题

1. 国家建立跨行政区域的重点区域、流域环境污染和生态破坏联合防治协调机制，应当实行下列哪些举措？(　　)

A. 统一规划　　B. 统一标准

C. 统一监测　　D. 统一的防治措施

2. 国家在哪些区域划定生态保护红线，实行严格保护？(　　)

A. 重点生态功能区

B. 重要的水源涵养区

C. 生态环境敏感区和脆弱区

D. 珍稀、濒危的野生动植物自然分布区域

3. 关于县级以上人民政府环境保护主管部门的职责，下列选项正确的是：(　　)

A. 依法公开环境质量、环境监测、突发环境事件

B. 依法公开环境行政许可、行政处罚、排污费的征收和使用情况等信息

C. 对本行政区域环境保护工作实施统一监督管理

D. 查封、扣押造成污染物排放的设施、设备

4. 关于环境质量标准的制定，下列说法正确的是：(　　)

A. 国家环境质量标准由国务院环境保护主管部门制定

B. 省、自治区、直辖市可以对国家环境质量标准中未作规定的项目制定地方环境质量标准

C. 地方环境质量标准可以低于国家环境质量标准

D. 地方环境质量标准应当报上一级政府备案

5. 建设项目中防治污染的设施应当与主体工程(　　)。

A. 同时设计　　B. 同时审批

C. 同时施工　　D. 同时投产使用

（四）填空题

1. 每年____月____日为环境日。

2. 国务院环境保护主管部门根据____和____，制定国家污染物排放标准。

3. 违反《环境保护法》规定，重点排污单位____或者____环境信息的，由县级以上地方人民政府环境保护主管部门责令公开，处以罚款，并予以公告。

4. 对超过国家重点污染物排放总量控制指标或者未完成国家确定的环境质量目标的地区，____人民政府环境保护主管部门应当____审批其新增重点污染物排放总量的建设项目环境影响评价文件。

5. 重点排污单位应当如实向社会公开其主要污染物的名称、____、排放浓度和总量、超标排放情况，以及____的建设和运行情况，接受社会监督。

（五）简答题

简述国家重点污染物排放总量控制制度。

参考答案

（一）判断题

1. √，解析：《环境保护法》第 9 条第 1 款。

2. ×，解析：《环境保护法》第13条第3款规定，县级以上地方人民政府环境保护主管部门会同有关部门，根据国家环境保护规划的要求，编制本行政区域的环境保护规划，报同级人民政府批准并公布实施。
3. √，解析：《环境保护法》第19条第2款。
4. √，解析：《环境保护法》第15条第2款。
5. ×，解析：《环境保护法》第44条第1款规定，国家实行重点污染物排放总量控制制度。重点污染物排放总量控制指标由国务院下达，省、自治区、直辖市人民政府分解落实。

（二）单项选择题

1. B，解析：《环境保护法》第16条规定，国务院环境保护主管部门根据国家环境质量标准和国家经济、技术条件，制定国家污染物排放标准。省、自治区、直辖市人民政府对国家污染物排放标准中未作规定的项目，可以制定地方污染物排放标准；对国家污染物排放标准中已作规定的项目，可以制定严于国家污染物排放标准的地方污染物排放标准。地方污染物排放标准应当报国务院环境保护主管部门备案。
2. C，解析：《环境保护法》第43条规定，排放污染物的企业事业单位和其他生产经营者，应当按照国家有关规定缴纳排污费。排污费应当全部专项用于环境污染防治，任何单位和个人不得截留、挤占或者挪作他用。依照法律规定征收环境保护税的，不再征收排污费。
3. D，解析：《环境保护法》第47条第2款规定，县级以上人民政府应当建立环境污染公共监测预警机制，组织制定预警方案；环境受到污染，可能影响公众健康和环境安全时，依法及时公布预警信息，启动应急措施。
4. C，解析：《环境保护法》第31条规定，国家建立、健全生态保护补偿制度。国家加大对生态保护地区的财政转移支付力度。有关地方人民政府应当落实生态保护补偿资金，确保其用于生态保护补偿。国家指导受益地区和生态保护地区人民政府通过协商或者按照市场规则进行生态保护补偿。

（三）多项选择题

1. ABCD，解析：《环境保护法》第20条第1款规定，国家建立跨行政区域的重点区域、流域环境污染和生态破坏联合防治协调机制，实行统一规划、统一标准、统一监测、统一的防治措施。
2. AC，解析：《环境保护法》第29条第1款规定，国家在重点生态功能区、生态环境敏感区和脆弱区等区域划定生态保护红线，实行严格保护。

3. ABCD，解析：《环境保护法》第 54 条第 2 款规定，县级以上人民政府环境保护主管部门和其他负有环境保护监督管理职责的部门，应当依法公开环境质量、环境监测、突发环境事件以及环境行政许可、行政处罚、排污费的征收和使用情况等信息。A、B 项正确。《环境保护法》第 10 条第 1 款规定，县级以上地方人民政府环境保护主管部门，对本行政区域环境保护工作实施统一监督管理。C 项正确。《环境保护法》第 25 条规定，企业事业单位和其他生产经营者违反法律法规规定排放污染物，造成或者可能造成严重污染的，县级以上人民政府环境保护主管部门和其他负有环境保护监督管理职责的部门，可以查封、扣押造成污染物排放的设施、设备。D 项正确。
4. AB，解析：《环境保护法》第 15 条规定，国务院环境保护主管部门制定国家环境质量标准。省、自治区、直辖市人民政府对国家环境质量标准中未作规定的项目，可以制定地方环境质量标准；对国家环境质量标准中已作规定的项目，可以制定严于国家环境质量标准的地方环境质量标准。地方环境质量标准应当报国务院环境保护主管部门备案。
5. ACD，解析：《环境保护法》第 41 条规定，建设项目中防治污染的设施，应当与主体工程同时设计、同时施工、同时投产使用。防治污染的设施应当符合经批准的环境影响评价文件的要求，不得擅自拆除或者闲置。

（四）填空题

1. 6；5。（《环境保护法》第 12 条）
2. 国家环境质量标准；国家经济、技术条件。（《环境保护法》第 16 条第 1 款）
3. 不公开；不如实公开。（《环境保护法》第 62 条）
4. 省级以上；暂停。（《环境保护法》第 44 条第 2 款）
5. 排放方式；防治污染设施。（《环境保护法》第 55 条）

（五）简答题

答：根据《环境保护法》第 44 条的规定，国家实行重点污染物排放总量控制制度。重点污染物排放总量控制指标由国务院下达，省、自治区、直辖市人民政府分解落实。企业事业单位在执行国家和地方污染物排放标准的同时，应当遵守分解落实到本单位的重点污染物排放总量控制指标。

对超过国家重点污染物排放总量控制指标或者未完成国家确定的环境质量目标的地区，省级以上人民政府环境保护主管部门应当暂停审批其新增重点污染物排放总量的建设项目环境影响评价文件。

三十一、环境影响评价法

(一) 判断题

1. 环境影响评价必须客观、公开、公正，综合考虑规划或者建设项目实施后对各种环境因素及其所构成的生态系统可能造成的影响，为决策提供科学依据。(　　)
2. 专项规划的编制机关在报批规划草案时，应当将环境影响报告书一并附送审批机关审查；未附送环境影响报告书的，审批机关不予审批。(　　)
3. 设区的市级以上人民政府或者省级以上人民政府有关部门在审批专项规划草案时，应当对环境影响报告书结论以及审查意见予以采纳，并作为审批的唯一依据。(　　)
4. 作为一项整体建设项目的规划，按照建设项目进行环境影响评价，仍须进行规划的环境影响评价。(　　)
5. 生态环境主管部门应当为建设单位指定编制建设项目环境影响报告书、环境影响报告表的技术单位。(　　)

(二) 单项选择题

1. 关于建设项目的环境影响评价，下列说法不正确的是：(　　)
   A. 建设项目的环境影响评价实行分类管理
   B. 可能造成轻度环境影响的，应当编制环境影响报告书，对产生的环境影响进行分析或者专项评价
   C. 对环境影响很小、不需要进行环境影响评价的，应当填报环境影响登记表
   D. 可能造成重大环境影响的，应当编制环境影响报告书，对产生的环境影响进行全面评价

2. 关于建设单位开展环境影响评价，下列哪一项说法是错误的？（　　）
   A. 建设单位具备环境影响评价技术能力的，可以自行对其建设项目开展环境影响评价
   B. 建设单位可以委托技术单位对其建设项目开展环境影响评价
   C. 接受委托的技术单位不得与建设项目环境影响报告书、环境影响报告表的审批部门存在任何利益关系
   D. 接受委托的技术单位应当对其编制的建设项目环境影响报告书、环境影响报告表的内容和结论负责
3. 关于建设项目的环境影响报告书、报告表的审批，哪一项是正确的？（　　）
   A. 由建设单位按照国务院的规定报有审批权的生态环境主管部门审批
   B. 环境影响报告书应当自收到之日起 90 日内审批
   C. 环境影响报告表应当自收到之日起 60 日内审批
   D. 审核、审批建设项目环境影响报告书、报告表以及备案环境影响登记表，只收取工本费
4. 建设项目可能造成跨行政区域的不良环境影响，有关生态环境主管部门对该项目的环境影响评价结论有争议的，其环境影响评价文件由（　　）审批。
   A. 国务院　　　　B. 省级生态环境主管部门
   C. 省级人民政府　　　　D. 共同的上一级生态环境主管部门
5. 建设项目的环境影响评价文件自批准之日起超过（　　）年，方决定该项目开工建设的，其环境影响评价文件应当报原审批部门重新审核。
   A. 2　　　　B. 3
   C. 5　　　　D. 10

（三）多项选择题

1. 专项规划的环境影响报告书应当包括下列哪些内容？（　　）
   A. 实施该规划对环境可能造成影响的分析、预测和评估
   B. 预防或者减轻不良环境影响的对策和措施
   C. 环境影响评价的结论
   D. 对环境造成破坏的处罚措施

2. 设区的市级以上人民政府在审批专项规划草案，作出决策前，应当先由人民政府指定的生态环境主管部门或者其他部门召集有关部门代表和专家组成审查小组。对于审查小组，下列哪些说法是正确的？（　　）

A. 负责对环境影响报告书进行审查，并提出书面审查意见

B. 设区的市级以上人民政府或者省级以上人民政府有关部门在审批专项规划草案时，应当将审查意见作为决策的重要依据

C. 审查小组的专家，应当从按照国务院生态环境主管部门的规定设立的专家库内的相关专业的专家名单中推选产生

D. 审查小组提出修改意见的，专项规划的编制机关应当采纳

3. 建设项目的环境影响报告书应当包括下列哪些内容？（　　）

A. 建设项目周围环境现状

B. 建设项目对环境可能造成影响的分析、预测和评估

C. 建设项目对环境影响的经济损益分析

D. 环境影响评价的结论

4. 下列建设项目的环境影响评价文件应由国务院生态环境主管部门负责审批的有：（　　）

A. 核设施建设项目

B. 跨省的建设项目

C. 跨设区的市的建设项目

D. 由国务院审批的或者由国务院授权有关部门审批的建设项目

5. 在项目建设、运行过程中产生不符合经审批的环境影响评价文件的情形的，建设单位应当组织环境影响的后评价，采取改进措施，并报（　　）备案。

A. 生态环境主管部门　　B. 原环境影响评价文件审批部门

C. 规划审批机关　　D. 原建设项目审批部门

（四）填空题

1. 国家加强环境影响评价的____和____建设，鼓励和支持对环境影响评价的方法、技术规范进行科学研究，建立必要的环境影响评价____制度，提高环境影响评价的科学性。

2. 国务院有关部门、____以上地方人民政府及其有关部门，对其组织编制的____的有关规划，区域、流域、海域的建设、开发利用规划，应当在规划编制过程中组织进行环境影响评价，编写该规划有关环境影响的篇章或者说明。
3. 编制专项规划应当在该专项规划草案____前，组织进行环境影响评价，并向审批该专项规划的机关提出____。进行环境影响评价的规划的具体范围，由国务院生态环境主管部门会同国务院有关部门规定，报____批准。
4. 专项规划的编制机关对可能造成____并____的规划，应当在该规划草案报送审批前，举行论证会、听证会，或者采取其他形式，征求有关单位、专家和公众对环境影响报告书草案的意见。但是，国家规定需要____的情形除外。
5. 对环境有重大影响的规划实施后，____应当及时组织环境影响的跟踪评价，并将评价结果报告____；发现有明显不良环境影响的，应当及时提出改进措施。
6. 已经进行了环境影响评价的规划包含具体建设项目的，规划的环境影响评价结论应当作为建设项目环境影响评价的____，建设项目环境影响评价的内容应当根据规划的环境影响评价审查意见予以____。
7. 建设单位应当对建设项目环境影响报告书、环境影响报告表的内容和结论____，接受委托编制建设项目环境影响报告书、环境影响报告表的技术单位对其编制的建设项目环境影响报告书、环境影响报告表承担____。
8. 负责审批建设项目环境影响报告书、环境影响报告表的生态环境主管部门应当将编制单位、编制主持人和主要编制人员的相关违法信息记入____，并纳入____和____向社会公布。

（五）简答题

简述建设项目的环境影响评价的分类管理制度。

参考答案

（一）判断题

1. √，解析：《环境影响评价法》第 4 条。
2. √，解析：《环境影响评价法》第 12 条。
3. ×，解析：《环境影响评价法》第 14 条第 2 款规定，设区的市级以上人民政府或者省级以上人民政府有关部门在审批专项规划草案时，应当将环境影响报告书结论以及审查意见作为决策的重要依据。
4. ×，解析：《环境影响评价法》第 18 条第 2 款规定，作为一项整体建设项目的规划，按照建设项目进行环境影响评价，不进行规划的环境影响评价。
5. ×，解析：《环境影响评价法》第 20 条第 4 款规定，任何单位和个人不得为建设单位指定编制建设项目环境影响报告书、环境影响报告表的技术单位。

（二）单项选择题

1. B，解析：《环境影响评价法》第 16 条第 1、2 款规定，国家根据建设项目对环境的影响程度，对建设项目的环境影响评价实行分类管理。建设单位应当按照下列规定组织编制环境影响报告书、环境影响报告表或者填报环境影响登记表（以下统称环境影响评价文件）：（1）可能造成重大环境影响的，应当编制环境影响报告书，对产生的环境影响进行全面评价；（2）可能造成轻度环境影响的，应当编制环境影响报告表，对产生的环境影响进行分析或者专项评价；（3）对环境影响很小、不需要进行环境影响评价的，应当填报环境影响登记表。
2. D，解析：《环境影响评价法》第 19 条第 1、4 款规定，建设单位可以委托技术单位对其建设项目开展环境影响评价，编制建设项目环境影响报告书、环境影响报告表；建设单位具备环境影响评价技术能力的，可以自行对其建设项目开展环境影响评价，编制建设项目环境影响报告书、环境影响报告表。接受委托为建设单位编制建设项目环境影响报告书、环境影响报告表的技术单位，不得与负责审批建设项目环境影响报告书、环境影响报告表的生态环境主管部门或者其他有关审批部门存在任何利益关系。第 20 条第 1 款规定，建设单位应当对建设项目环境影响报告书、环境影响报告表的内容和结论负责，接受委托编制建设项目环境影响报告书、环境影响报告表的技术单位对其编制的建设项目环境影响报告书、环境影响报告表承担相应责任。

3. A，解析：《环境影响评价法》第22条规定，建设项目的环境影响报告书、报告表，由建设单位按照国务院的规定报有审批权的生态环境主管部门审批。海洋工程建设项目的海洋环境影响报告书的审批，依照《中华人民共和国海洋环境保护法》的规定办理。审批部门应当自收到环境影响报告书之日起60日内，收到环境影响报告表之日起30日内，分别作出审批决定并书面通知建设单位。国家对环境影响登记表实行备案管理。审核、审批建设项目环境影响报告书、报告表以及备案环境影响登记表，不得收取任何费用。
4. D，解析：《环境影响评价法》第23条第3款规定，建设项目可能造成跨行政区域的不良环境影响，有关生态环境主管部门对该项目的环境影响评价结论有争议的，其环境影响评价文件由共同的上一级生态环境主管部门审批。
5. C，解析：《环境影响评价法》第24条第2款规定，建设项目的环境影响评价文件自批准之日起超过5年，方决定该项目开工建设的，其环境影响评价文件应当报原审批部门重新审核；原审批部门应当自收到建设项目环境影响评价文件之日起10日内，将审核意见书面通知建设单位。

（三）多项选择题

1. ABC，解析：《环境影响评价法》第10条规定，专项规划的环境影响报告书应当包括下列内容：（1）实施该规划对环境可能造成影响的分析、预测和评估；（2）预防或者减轻不良环境影响的对策和措施；（3）环境影响评价的结论。
2. AB，解析：《环境影响评价法》第13条第1、2款规定，设区的市级以上人民政府在审批专项规划草案，作出决策前，应当先由人民政府指定的生态环境主管部门或者其他部门召集有关部门代表和专家组成审查小组，对环境影响报告书进行审查。审查小组应当提出书面审查意见。参加前款规定的审查小组的专家，应当从按照国务院生态环境主管部门的规定设立的专家库内的相关专业的专家名单中，以随机抽取的方式确定。第14条第1、2款规定，审查小组提出修改意见的，专项规划的编制机关应当根据环境影响报告书结论和审查意见对规划草案进行修改完善，并对环境影响报告书结论和审查意见的采纳情况作出说明；不采纳的，应当说明理由。设区的市级以上人民政府或者省级以上人民政府有关部门在审批专项规划草案时，应当将环境影响报告书结论以及审查意见作为决策的重要依据。
3. ABCD，解析：《环境影响评价法》第17条。

4. ABD，解析：《环境影响评价法》第23条第1款规定，国务院生态环境主管部门负责审批下列建设项目的环境影响评价文件：(1) 核设施、绝密工程等特殊性质的建设项目；(2) 跨省、自治区、直辖市行政区域的建设项目；(3) 由国务院审批的或者由国务院授权有关部门审批的建设项目。
5. BD，解析：《环境影响评价法》第27条规定，在项目建设、运行过程中产生不符合经审批的环境影响评价文件的情形的，建设单位应当组织环境影响的后评价，采取改进措施，并报原环境影响评价文件审批部门和建设项目审批部门备案；原环境影响评价文件审批部门也可以责成建设单位进行环境影响的后评价，采取改进措施。

（四）填空题

1. 基础数据库；评价指标体系；信息共享。（《环境影响评价法》第6条第1款）
2. 设区的市级；土地利用。（《环境影响评价法》第7条第1款）
3. 上报审批；环境影响报告书；国务院。（《环境影响评价法》第8、9条）
4. 不良环境影响；直接涉及公众环境权益；保密。（《环境影响评价法》第11条第1款）
5. 编制机关；审批机关。（《环境影响评价法》第15条）
6. 重要依据；简化。（《环境影响评价法》第18条第3款）
7. 负责；相应责任。（《环境影响评价法》第20条第1款）
8. 社会诚信档案；全国信用信息共享平台；国家企业信用信息公示系统。（《环境影响评价法》第20条第3款）

（五）简答题

答：根据《环境影响评价法》第16条规定，国家根据建设项目对环境的影响程度，对建设项目的环境影响评价实行分类管理。建设单位应当按照下列规定组织编制环境影响报告书、环境影响报告表或者填报环境影响登记表（以下统称环境影响评价文件）：(1) 可能造成重大环境影响的，应当编制环境影响报告书，对产生的环境影响进行全面评价；(2) 可能造成轻度环境影响的，应当编制环境影响报告表，对产生的环境影响进行分析或者专项评价；(3) 对环境影响很小、不需要进行环境影响评价的，应当填报环境影响登记表。建设项目的环境影响评价分类管理名录，由国务院生态环境主管部门制定并公布。